KÖLNER SAMMELSURIUM

⎯⎯⎯• ANSTELLE EINER EINLEITUNG* •⎯⎯⎯

Jede Stadt** hat ihre besondere Art, Hühner*** aufzuschneiden.****

* Als mir die Idee zu diesem Buch kam, da dachte ich zunächst: Häppchenjournalismus, das muss nicht sein! Und das Konzept ist auch nicht neu! – Aber kaum eine halbe Stunde später lag eine endlose Liste mit Fragen vor mir: Warum heißt der Melaten-Friedhof Melaten, warum Nippes Nippes? Warum »schielt« die Schäl Sick, und sind die Heinzelmännchen, Hämchen und Fisematentchen tatsächlich so kölsch, wie das mancher gerne hätte? Nach den Fragen begann die Recherche, die wiederum zu immer neuen Fragen, Um- und Abwegen führte. Und am Ende steht nun dieses Sammelsurium. Sein Ziel ist es, die Leser zum Staunen, Schmunzeln und Kopfschütteln zu bringen. Wenn der eine oder die andere ein besonders interessantes »Häppchen« zum Anlass nimmt, in entsprechenden Fachbüchern ausführlicher zu recherchieren, ist das dem Autor nur recht. Und jene, die alles schon vorher wussten, mögen wenigstens zustimmend nicken. ** Aber vor allem Köln! *** Oder Hähne. Oder Röggelchen. **** Togoisches Sprichwort.

⎯⎯⎯• DREI ERKLÄRUNGEN FÜR FISEMATENTEN •⎯⎯⎯

Unbestritten strotzt das Kölsche vor französischstämmigen Wörtern. Zwei Wurzeln der Fisematenten* stammen deshalb auch aus der Franzosenzeit**:

1) Es komme von »Visite ma tente!« – Die napoleonischen Besatzungssoldaten hätten kölsche Mädchen somit aufgefordert, sie in ihrem Zelt zu besuchen.

2) »J'ai visité ma tante« (Ich habe meine Tante besucht) sei eine Ausrede verspäteter Passanten gegenüber den französischen Straßenkontrollen gewesen.

3) Es gehe zurück auf lat. »visae patentes«. Dabei handelt es sich um offizielle Schriftstücke, deren undurchsichtige bis schikanöse Verwaltung den Begriff in Verruf brachten. Über nhd. »visepatenten« (dummes Zeug, Nichtigkeiten) und »visimetent« (übertriebene Ausschmückung, Erfindung nahe der Lüge; s. a. »visamente« = Wappenzierrat) wurde das Wort ab dem 16. Jahrhundert als Verspottung bürokratisch-amtlicher Umständlichkeiten benutzt, bis es seine heutige Bedeutung »Dummheiten« annahm.

* Richtig, also hochdeutsch, geschrieben wird das Wort mit einem zweiten i: Fisimatenten. Aber so spricht es, zumindest in Köln, niemand aus. ** Wobei man direkt dazusagen muss: Die Fisematenten sind alles Mögliche, aber keinesfalls eine Kölner Erfindung und auch keine Kreation aus napoleonischer Zeit: Der Ausdruck ist bereits für den Dreißigjährigen Krieg (1618–48) nachgewiesen.

• NAMEN UND SCHREIBWEISEN •

HEIMISCH

Oppidum Ubiorum
Colonia Claudia Ara Agrippinensium
Sancta Colonia Dei Gratia Romanae Ecclesiae Fidelis Filia*
Cöllen, Cölln, Köllen, Kölln, Coellen, Koellen
Cöln
Köln
Kölle
Colonia**
Koeln, koeln***

INTERNATIONAL

Cologne : *Englisch, Französisch*
Colonia : *Italienisch, Spanisch*
Colónia : *Portugiesisch*
Colònia : *Katalanisch*   Kiolni : *Georgisch*
K'oln : *Bulgarisch*   Kjol'n : *Russisch, Ukrainisch*
Keln : *Serbisch*   Köln : *Schwedisch, Norwegisch*
Këln : *Albanisch*   Kolín nad Rýnem : *Tschechisch*
Kelnas : *Litauisch*   Kolín nad Rýnom : *Slowakisch*
Ķelne : *Lettisch*   Kollonyu : *Koreanisch*
Kelong : *Chinesisch*   Koln : *Persisch, Paschtunisch*
Kerun : *Japanisch*   Kolonia : *Baskisch, Polnisch*
Keulen : *Niederländisch*   Kolōnía : *Griechisch*
Khōlōn : *Thailändisch*   Kolonjo : *Esperanto*
Kolonya : *Türkisch*
Kūlūniyā : *Arabisch*
Qōln : *Hebräisch*

*»Heiliges Köln von Gottes Gnaden, der römischen Kirche getreue Tochter« – »Sancta« war ein Titel, den die Stadt seit dem 12. Jahrhundert neben Jerusalem, Konstantinopel und Rom führen durfte. ** Vor allem Karnevaleskisch, Betonung auf der zweiten Silbe. *** Internetisch. Im weltweiten Netz finden sich auch weitere Varianten wie Coln, Koln, Colln oder Kolln. Sie stammen von global orientierten Kölschen bzw. von Tastaturen ohne deutsche Umlaute. Wem das zu viel Ge-Kölle ist, der spricht auch schon einmal von der »Domstadt«, der »rheinischen Metropole«, der »Stadt von Millowitsch und 4711«. Und so weiter.

BAUMARTEN IM STADTGEBIET

In Kölner Wäldern wachsen über 50 verschiedene,
überwiegend heimische Baumarten.

Kiefer: 16 %
Fichte: 4 %
Lärche: 1 %
Douglasie und
sonstige Nadelhölzer: 1 %
Eiche: 15 %
Buche: 11 %
Pappel: 7 %
ALH* (Ahorn, Esche, Hainbuche, Linde,
Vogelkirsche, Ulme usw.): 32 %
ALN** (Birke, Erle, Robinie, Roteiche usw.): 13 %

Nicht nennenswert schlägt der Anteil »exotischer« Hölzer
wie Hickory, Schwarznuss oder Götterbaum zu Buche.

* Botanisches Kürzel. Steht für »Andere Laubhölzer mit hoher Umtriebzeit« (= Lebensdauer).
** »Andere Laubhölzer mit niedriger Umtriebzeit.«

EINIGE MASSE DES RHEINENERGIE-STADIONS

Sitz- und Stehplätze in der Bundesliga 50.997
Sitzplätze bei internationalen Spielen 46.134
Spielfeldmaße ....105 x 68 m
Gebäudeumfang ....860,60 m
Höhe Oberkante Lichtstele...71,95 m
Bruttogeschossfläche inklusive Tribünen ....110.559 m^2
Neigungswinkel Unterrang Süd ....26,6 °
Maximale Entfernung zum Spielfeld......61,45 m im Oberrang Nord/Süd
Minimale Entfernung...............................9,35 m im Unterrang Ost/West
Anzahl der Fertigteile für den Bau 10.230
Laufende Meter Stahlseile 5.684
Schwerstes Fertigteil (Zahnbalken diagonales Mundloch) .... 65 t
Masse Stahl ....5.250 t
Flutlichtanlage ....1.500 Lux
Sportlerbereich...1.525 m^2
VIP-Bereich ....5.538 m^2
Gesamtkosten des Umbaus ....117,5 Mio. Euro

DIE ERWERBSBERUFE
DER LETZTEN ELF KARNEVALSPRINZEN

1996 · Geschäftsführer einer Matratzen-Kette · KURT III.
1997 · Bauunternehmer · THOMAS I.
1998 · Inhaber einer Firma für Verleih von Porzellan und Geschirr · KONSTANTIN I.
1999 · Inhaber einer Spedition · KURT IV.
2000 · Vertriebsleiter eines Großkonzerns · RALF II.
2001 · Inhaber einer Firma für Gebäude-System-Technik · FRANZ VIII.
2002 · Installateurmeister im väterlichen Betrieb · MICHAEL I.
2003 · Inhaber einer Recycling-Firma · DIETMAR I.
2004 · Inhaber eines Metallbetriebs · WOLFGANG I.
2005 · Manager einer Entsorgungsgesellschaft · WALTER II.
2006 · Verkaufsförderungsleiter einer Brause-Firma · JOSEF VII.

DAS DOMKAPITEL

Lat.	caput	= Kopf, Hauptstadt
	capitalis	= zum Haupt gehörig, Haupt-
	capitulum	= Versammlung einer geistlichen Gemeinschaft, Abschnitt eines Schriftwerks

Das Domkapitel existiert seit Anfang des 13. Jahrhunderts. Es handelt sich um eine vom Erzbistum unabhängige Körperschaft. Zu den früher 50 Mitgliedern zählten u.a. der Papst und der deutsche Kaiser.

Seit 1825 besteht das Domkapitel aus:

dem Dompropst
dem Domdechanten
zehn residierenden* und
vier nichtresidierenden Domkapitularen.**

Die wichtigste Aufgabe der insgesamt 16 Mitglieder ist die Wahl des jeweils neuen Erzbischofs. Bei ihrer Entscheidung sind sie gebunden an die Vorauswahl des Papstes, der ihnen drei Kandidaten anbietet.

* Die Aufgaben der residierenden Kapitulare: würdige Gestaltung der Dom-Gottesdienste, Erhalt des Doms, Verwaltung seines Vermögens.   ** Zu Letzteren gehören z.B. Professoren der Katholisch-Theologischen Fakultät in Bonn.

DIE RINGE UND IHRE NAMEN

Die Kölner Ringstraße entstand ab 1881 im Rahmen einer Stadterweiterung, der die mittelalterliche Festungsmauer zum Opfer fiel. Geplant wurde sie von dem Architekten Josef Stübben. Die Namen der einzelnen Ringabschnitte entsprechen von Süden nach Norden weitgehend der Abfolge der deutschen Königs- und Kaisergeschlechter.

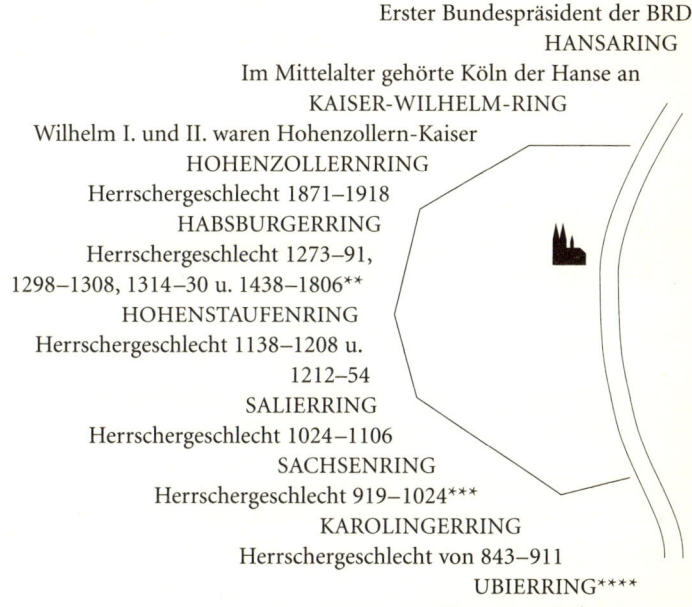

THEODOR-HEUSS-RING*
Erster Bundespräsident der BRD
HANSARING
Im Mittelalter gehörte Köln der Hanse an
KAISER-WILHELM-RING
Wilhelm I. und II. waren Hohenzollern-Kaiser
HOHENZOLLERNRING
Herrschergeschlecht 1871–1918
HABSBURGERRING
Herrschergeschlecht 1273–91,
1298–1308, 1314–30 u. 1438–1806**
HOHENSTAUFENRING
Herrschergeschlecht 1138–1208 u.
1212–54
SALIERRING
Herrschergeschlecht 1024–1106
SACHSENRING
Herrschergeschlecht 919–1024***
KAROLINGERRING
Herrschergeschlecht von 843–911
UBIERRING****
Westgermanischer Stamm,
von den römischen Stadtgründern ins Linksrheinische umgesiedelt

Unterteilt wurden die Ringe durch die Anlage verschiedener großer und kleiner Plätze. In der Reihenfolge von Süd nach Nord: Chlodwigplatz – Barbarossaplatz – Zülpicher Platz – Rudolfplatz – Friesenplatz – Ebertplatz (früher Platz am Deutschen Ring). Manche ihrer Namen kongruieren mit dem entsprechenden Ringabschnitt, andere sind geographisch bedingt.

* Hieß zunächst Deutscher Ring.   ** Firmieren seit 1742 als Wittelsbacher Habsburg-Lothringer. Die zeitlichen Lücken erklären sich durch Zwischenregentschaften kleinerer Dynastien.   *** Die sächsische Dynastie läuft für gewöhnlich unter dem Namen »Ottonen«.
**** Ginge es tatsächlich um die Macht in der Stadt, müsste er »Römerring« heißen.

• EIN VERZWEIFELTER KOMMENTAR • ZUR RECHTSCHREIBREFORM

Von Herrmann Weinsberg (1518–97, Kölner Bürger und Ratsherr):

" *Die groisse verenderong in der schrift kann ich nit vorbeigan, wie schribergesellen in canzeleien, vor gerichten, die rechensmeister so seltzame litern, boichstaben mit groissen, langen strichwormen machen, die vorhin nit breuchlich waren. Ich besorg, wa die verenderung der boichstaben nit gesteurt und gebessert wirt werden, sol man die alte schrift bei der neuwer und die neue bei der alten nit kennen. Und ist ein grois missbrauch.* **"**

• HÄUSER, FELSEN UND GEHEGE DES ZOOS •

1860 · Gründung durch Dr. Caspar Garthe
1863 · ALTES ELEFANTENHAUS
    (ursprünglich für Giraffen und Antilopen konzipiert)
1887 · SEELÖWENFELSEN
1899 · VOGELHAUS
    (heute Südamerikahaus, Kapuzineraffen u.a.)
1914 · PAVIANFELSEN
1971 · AQUARIUM (war zunächst eigenständig)*
1973 · LEMURENHAUS
1985 · URWALDHAUS FÜR MENSCHENAFFEN
1994 · LEOPARDEN-GROSSGEHEGE
1996 · AUSSENANLAGE FÜR BONOBOS
1997 · EULENKLOSTER**
2000 · NEUES TROPENHAUS (»Regenwald«)
2002 · KLEINSÄUGERANLAGE
    (u.a. für Fischotter, Erdmännchen und Waschbären)
2004 · ELEFANTENPARK

* Die 57 Jahre Zwischenzeit sind den Weltkriegen, vor allem dem Zweiten, geschuldet, in dem der Kölner Zoo völlig zerstört wurde. Trotzdem feierte man bereits 1947 seine Wiedereröffnung. ** Im selben Jahr zog der letzte Eisbär aus der alten, trostlosen Bassin-Anlage aus. Seitdem werden hier Seehunde wissenschaftlich erforscht.

• DER BLICK DER FREMDEN I •

»Köln ist die hässlichste und schmutzigste Stadt, die ich je gesehen habe.«
JOHN WESLEY, 1738

———• BAND-NAMEN UND IHR URSPRUNG •———

BLÄCK FÖÖSS: Die kölscheste aller Kölner Mundartbands hat in den 60er Jahren mit englischer Beatmusik begonnen. »Stowaways« nannte man sich damals und spekulierte durchaus auf eine internationale Karriere. Bald jedoch stellte sich heraus, dass man mit kölschen Liedern deutlich erfolgreicher war. Um sich den Ruf als Beatband nicht zu verderben, suchte man für solche Auftritte nach einem anderen, deutschen Namen. Und um gleichzeitig noch eine Prise Anglophilie einzustreuen, verfielen Engel, Stokklosa & Co. auf einen gelungenen Kompromiss: Bläck Fööss, die schwarzen, nackten Füße. In ihrer Anfangszeit trat die Gruppe dann tatsächlich stets ohne Schuhe und Socken auf.

BAP: Beim Namen fange es schon an, nörgeln altgediente kölsche Eingeborene. Da werde doch schon deutlich, dass der Wolfgang Niedecken kein echtes Kölsch sprechen könne. Denn BAP, das soll »Papa« heißen und an des Frontmanns Vater erinnern. Aber wie man im Karneval keine »Bappnas« trage, so gebe es im Kölschen auch keinen »Bap« - Papa.* Tatsächlich bevorzugen einschlägige Lexika die Variante mit P. Spricht man jedoch einen Satz wie »Minge Pap es am schänge« ein paar Mal schnell hintereinander, so stellt man fest: Des Papas erster Buchstabe ist weder ein klares P noch B, sondern liegt phonetisch irgendwo dazwischen.

PAVEIER: Hier stehen keineswegs »Paff-Eier« auf der Bühne, die Hühnerprodukte zertrümmern. Stattdessen wird dieses Wort mit einem *w* gesprochen und auf der zweiten Silbe betont. Ein Paveier ist ein Straßenpflasterer, was umso glaubhafter wird, wenn man z.B. nach Frankreich schaut: »Pavage« heißt dort nämlich Straßenpflaster, der Begriff stammt also aus der französischen Besatzungszeit (1794–1814).

* Zumal man in Köln eher »Vatter« als »Pap« sagt.

———• ECKDATEN ZUM STÄDTISCHEN ABWASSER •———

Länge des Kölner Kanalnetzes..2.400 Kilometer*
Anzahl der Klärwerke ....5 Stück
Größe des Stammheimer Klärwerks......................................70 Fußballfelder
Stammheimer Abwasser bei Sommerwetter .....108.000 Badewannen/Std.**
Stammheimer Abwasser bei Regen......................324.000 Badewannen/Std.

* 1914: 506 km, Mitte der 1950er Jahre: 800 km.   ** Also 30 Badewannen pro Sekunde.

DIE KPD IM KÖLNER STADTPARLAMENT

Jahr	Prozente	Sitze
1924	16,7	16 *(von 91)*
1929	13,7	13 *(von 95)*
1933*	11,1	10 *(von 95)*
1946	9,3	2 *(von 51)*
1948	10,9	5 *(von 44)*
1952	4,9	0 *(von 66)*

1956 wurde die KPD verboten.

* Die Mandate der KPD wurden nicht anerkannt.

WICHTIGE ZAHLEN I

11 Mitglieder bilden den gleichnamigen Rat im Karneval,

11 Flammen symbolisieren die

11.000 dahingemetzelten Jungfrauen der heiligen Ursula, während am

11.11., 11 Uhr 11 jedes Jahres nicht getrauert, sondern der Fasteleersauftakt gefeiert wird.

Die gleiche Zahl findet sich, bar jeder religiösen oder alaafigen Konnotation, in

4711, jener Hausnummer eines Duftwasserherstellers, die umso leichter in alle Welt zog, als sie sich auf Englisch auch noch reimt.

11, um es revolutionär abzuschließen, steht für

Egalité Liberté Fraternité.

DAS ENDE DES LEPROSENHAUSES MELATEN

Anfang des 18. Jahrhunderts war die Lepra so gut wie ausgerottet. Dennoch gab es Menschen, die ein enormes kriminelles Interesse am Fortbestand der Krankheit hatten. Zu ihnen zählte die »Große Siechenbande« aus Ratingen bei Düsseldorf. Ausgestattet mit ergaunerten Lepra-Schaubriefen (einer amtlichen Beglaubigung der Krankheit) sowie der charakteristischen Leprosentracht (Siechenmantel und Siechenklappern), führte der kopfstarke Familienclan ein Leben im Verborgenen. Leprosenhäuser wie das von Melaten* boten ihm Unterschlupf und Schutz, zumal diese Orte von der Bevölkerung weiträumig gemieden wurden. Eines Tages im Jahre 1712 jedoch flog die Bande auf: Einige beim Obstdiebstahl ertappte Kinder prahlten, anstatt sich reuig zu zeigen, mit den Verbrechen ihrer Eltern und Großeltern. Zahllose Verstecke mit Kleider- und Knochenresten wurden ausgehoben. Außerdem ergaben die Ermittlungen, dass kein einziges Mitglied der Bande tatsächlich an Lepra erkrankt war. Im darauf folgenden Prozess wies man der Sippe insgesamt 18 Raubmorde und Mordversuche nach, ein Großteil der Familie wurde hingerichtet.

Auch in Köln interessierte man sich für die Tatsache, dass die Große Siechenbande ihre Lepraerkrankung nur vorgetäuscht hatte. Eine ärztliche Untersuchung in Melaten ergab, dass von den neun Bewohnern lediglich eine Frau leichte Symptome der Krankheit aufwies. Wie in den Herzogtümern Jülich und Berg (wozu Düsseldorf gehörte) wurden daraufhin auch die Kölner Stationen für immer geschlossen.

* Insgesamt vier Leprosorien gab es vor den Toren der Stadt. Das größte von ihnen – vor jenen in Riehl, Rodenkirchen und am Judenbüchel (Südstadt) – war das von Melaten. Urkundlich belegt ist es seit Ende des 12. Jahrhunderts. Der Name erklärt sich durch das französische malade (dt. krank) bzw. das lateinische male habitus (dt. schlechter Zustand). Die gut 500 Jahre alte Kapelle des heutigen Friedhofs bildet den letzten Überrest der ehemals weiträumigen Hofanlage.
Quelle: Martin Uhrmacher: Die Lepra in Köln, in: krank/gesund. 2000 Jahre Krankheit und Gesundheit in Köln

FÜNF ZWEISPRACHIGE STRASSENSCHILDER

CLÔITRE SS. APÔTRES – ST. APOSTELNKLOSTER	*an St. Aposteln*
PORTE DE L'AIGLE – ADLERPFORTE	*am Eigelsteintor*
PORTE DES COQS – HAHNENPFORTE	*am Hahnentor*
RUE DE L'ARSENAL – ZEUGHAUSGASSE	*am Stadtmuseum*
RUE DE L'ÉCREVISSE – KREBSGASSE	*am Schauspielhaus*

• EINIGE EIGENARTEN •
DER KÖLSCHEN GRAMMATIK

Das Kölsche ist geprägt von einer Reihe grammatischer Vereinfachungen. Hier die wichtigsten:

1) Kölsch kennt KEINEN GENITIV. Besitzanzeigende Fälle werden mit Dativ und angehängtem Possessivpronomen gebildet: Das Haus meines Bruders = Mingem Broder si Huus; Das ist seins = Dat is dem sing.

2) Der INFINITIV endet, außer bei einigen unregelmäßigen Verben, auf -e: setzen = setze; fummeln = fummele; ärgern = ärjere, aber: stehen = stonn; gehen = jonn; tun = dunn.

3) Die KONJUGATION wird häufig vereinfacht, indem 1. und 3. Person Plural mit der 1. Person Singular zusammenfallen: Ich gehe, wir gehen, sie gehen = ich jonn, mir jonn, sei jonn.

4) PERSONALPRONOMEN und personenbezogene Artikel reduzieren sich auf die männliche und die sächliche Form: die Kleine = dat Klein; Darf sie das? = Darf dat dat?

5) Die VERGANGENHEITSFORM PRÄTERITUM wird im mündlichen Sprachgebrauch – außer bei Hilfsverben – oft durch das Perfekt ersetzt: Ich ging = Ich bin jejange. Diese Entwicklung zur Vernachlässigung der einfachen Vergangenheit ist auch in der allgemeinen deutschen Umgangssprache zu beobachten. Endet das Partizip auf mehreren Konsonanten, wird in der Regel eine leichter aussprechbare Sonderform gebildet: gelegt = jelaat; gemacht = jemaat; versucht = versöök.

6) Eine Besonderheit ist ein im Hochdeutschen unbekanntes REFLEXIV, das zur Verdeutlichung bestimmter Tätigkeiten verwendet wird: Er hat ein Brötchen gegessen = Dä hat sich e Brüütsche jejesse.

7) Das Kölsche kennt die VERLAUFSFORM. Für fortlaufende Handlungen oder Zustände wird tun + Infinitiv verwendet: Er wohnt dort = Dä dät do wunne. Entsprechend der deutschen Umgangssprache benutzt der Kölner auch »ist am« + Infinitiv: Er schläft gerade = Dä is jrad am schlofe.

8) Die PLURALBILDUNG erfolgt häufig durch -e: Das Ding, die Dinger = dat Ding, die Dingere.

9) VERKLEINERUNGSFORMEN sind überaus häufig anzutreffen. Im Singular werden sie mit -(s)che oder -je gebildet, je nach Harmonie mit dem vorangehenden Wort: leckeres Bierchen = lecker Biersche, Tässchen = Tässje. Im Plural wird ein -r angehängt: (mehrere) Pferdchen = Pädscher.

———— • **LÄNDERSPIELE IN MÜNGERSDORF** • ————

Es gibt Stadien in Deutschland, die deutlich mehr Länderspiele ausrichten durften. Aber wohl kaum eines, in dem die deutsche Mannschaft nur ein einziges verlor.

Datum	Gegner	Ergebnis	Zuschauer
20.11.1927	NIEDERLANDE	2:2	50.000
23.6.1929	SCHWEDEN	3:0	52.000
12.5.1935	SPANIEN	1:2	74.000
6.2.1938	SCHWEIZ	1:1	78.000
6.4.1941	UNGARN	7:0	70.000
4.5.1952	IRLAND	3:0	75.000
22.3.1953	ÖSTERREICH	0:0	76.000
23.12.1956	BELGIEN	4:1	65.000
21.10.1959	NIEDERLANDE	7:0	62.000
19.11.1966	NORWEGEN	3:0	38.000
17.10.1970	TÜRKEI	1:1	53.000
27.4.1977	NORDIRLAND	5:0	58.000
17.10.1979	WALES	5:1	61.000
14.4.1982	TSCHECHOSLOWAKEI	2:1	57.000
17.10.1984	SCHWEDEN	2:0	61.000
18.4.1987	ITALIEN	0:0	55.000
15.11.1989	WALES	2:1*	60.000
17.11.1993	BRASILIEN	2:1	51.000
22.4.1998	NIGERIA	1:0	40.000
31.3.2004	BELGIEN	3:0	46.000

* Ohne diesen Sieg im letzten Qualifikationsspiel wäre Deutschland nicht zur WM in Rom gefahren (und dann natürlich auch nicht Weltmeister geworden). Den entscheidenden Treffer erzielte in der 48. Minute der Kölner Thomas Häßler mit einer herrlichen Direktabnahme. In Fachkreisen spricht man in diesem Zusammenhang auch vom legendären »Kölner Tor«.

———————— • **EISDECKEN AUF DEM RHEIN** • ————————

❂ 1830, 1848 und 1895 war der Rhein in Köln mit einer dichten, tragfähigen Eisdecke überzogen.

❂ 1929 lagerte sich Treibeis an den Ufern und im Bereich der Brücken an.

❂ 1953/54 wälzten sich gefährliche Schollen ächzend flussabwärts.

❂ 1962/63 registrierte man das letzte kleinere Treibeis, bevor das aufgeheizte Abwasser von Kraftwerken und Industriebetrieben weitere Schollenbildung verhinderte.

GOOGLE-MELDUNGEN AN EINEM TAG IM 1. JAHRZEHNT DES 3. JAHRTAUSENDS

»Bernd Imgrund«	11.700	»Sonne«	3.190.000
»Blühende Landschaften«	41.400	»Picasso«	4.150.000
»Currywurst«	189.000	»Michael Jackson«	4.530.000
»Mick Jagger«	609.000	»Beethoven«	4.639.000
»Maggi«	648.000	»Superstar«	5.190.000
»David Beckham«	783.000	»Liebe«	6.140.000
»4711«	963.000	»Coca-Cola«	6.350.000
»Leverkusen«	1.080.000	»Beatles«	6.450.000
»Bibel«	1.180.000	»Shakespeare«	6.500.000
»Karl Marx«	1.370.000	»Adidas«	7.890.000
»Mond«	1.560.000	»Düsseldorf«	7.950.000
»McDonald's«	2.300.000	»Ferrari«	9.420.000
»Freiheit«	2.750.000	»Köln«	10.900.000

DIE RAZZIA VOM 7. DEZEMBER 1998

Das Verhältnis von städtischen Beamten zu freien Unternehmern war von jeher ein heikles. Welche Firma bekommt welchen Auftrag und zu welchen Konditionen? Jahrzehntelang war Köln von größeren Skandalen verschont geblieben, der Klüngel fristete sein eigennützig geduldetes, verschmitzt belächeltes Dasein. An jenem Wintertag jedoch verlor das Wort seine Unschuld. Die Bilanz:

Startschuss der Aktion: 5 Uhr morgens +++ *Temperatur:* 2° +++ *Beteiligte Polizisten:* 200 +++ *Durchsuchte Wohnungen und Firmensitze:* 51 +++ *Festgenommene Personen:* 24* +++ *Delikte:* Kartellgründung, Bestechung, Bestechlichkeit, Betrug, Untreue, Korruption, Preis- und Auftragsabsprachen, Nichtberücksichtigung von Mitbewerbern, Unterschlagung, Steuerhinterziehung.

In den nächsten Monaten weitete sich die Sache aus. Auf weitere Razzien folgten bald der SPD-Parteispendenskandal (Stichwort: Müllverbrennungsanlage) sowie die Affäre um den Oberstadtdirektor und designierten Oberbürgermeister Klaus Heugel. Er hatte Insiderwissen für profitträchtige Aktienkäufe genutzt. Heugel dankte ab, und nahezu die komplette Führungsriege der Kölner Sozialdemokraten verschwand in der Versenkung.

* 22 städtische Angestellte und zwei Unternehmer.

——• DIE BESCHREIBUNG EINER KULTISCHEN •—— WASCHUNG DURCH PETRARCA

Im Jahre 1333 besuchte der berühmte italienische Schriftsteller Köln. Es war der 24. Juni, Vorabend zum längsten Tag des Jahres, und was Petrarca bei seiner Ankunft am Rhein beobachtete, raubte ihm den Atem:

»Von Aachen kam ich nach Köln, das durch seine Lage, seine Bevölkerung und durch den Fluss sehr berühmt ist. Am Tag vor St. Johannes war's – die Sonne neigte sich bereits ihrem Untergang zu, und alsbald führten mich meine Freunde zum Ufer, wo ich ein prächtiges Schauspiel bewundern konnte. Das ganze Ufer war mit einer unermesslichen Menge Frauen bedeckt. Ich staunte. Gütiger Gott, was für schöne Gestalten, Gesichter, Kleider! Wer das Herz von anderen Leidenschaften frei gehabt hätte, konnte sich da verlieben. Ich hatte mich an einem etwas erhöhten Ort aufgestellt, und ich sah sie nacheinander alle in ihren Festgewändern. Frauen in lebhafter Erregung, manche mit duftenden Kräutern bekränzt, die Ärmel hatten sie bis zu den Ellbogen aufgestreift. Sie badeten im Fluss die Hände und die weißen Arme und murmelten dabei in ihrer mir unbekannten Sprache, ich weiß nicht was für Worte. Man sagte mir, das sei ein uralter Brauch, und das Volk sei fest davon überzeugt, alles drohende Unheil des ganzen Jahres spüle die Waschung am Fluss an diesem Tag hinweg.«

Verschiedene Quellen belegen, dass sich der Brauch der rituellen Waschung vor der Sommersonnenwende in Köln bis ins 19. Jahrhundert hielt. Petrarcas Text animierte den Lyriker Thomas Kling (1957–2005) zu dem Gedicht »Petrarca an den Kardinal Colonna«, zu finden in Thomas Kling: Auswertung der Flugdaten.

——• DER BLAU-GOLD-COCKTAIL •——

In den 1920er Jahren – und bis in die 80er hinein – mixte man an einigen Kölner Hotelbars folgenden stadthistorisch bedeutsamen Drink:

In einem Shaker werden gerüttelt:

ᘛᘚ ᘛᘚ ᘛᘚ ᘛᘚ ᘛᘚ

1 cl Danziger Gold-Wasser
1 cl Curaçao blau
3 cl Wodka
der Saft einer halben Zitrone
ein Dash »4711 Echt Kölnisch Wasser«.

Quelle: Werner Schäfke (Hg.): Oh! De Cologne

EIN KÖLSCHER KATERKILLER

Zu Muuzemändelcher greift der Kölner gerne, bevor er an
Weiberfastnacht aus dem Haus geht.
Hier ein bewährtes Rezept (für 4 Personen):

Zutaten
50 g Butter
125 g Puderzucker
2 Eier
300 g Mehl
100 gemahlene Mandeln
1 Päckchen Backpulver

Zubereitung
Die Butter schmelzen lassen, abkühlen und schaumig rühren.
Zucker und Eier nach und nach darunter mischen.
Mehl und Backpulver vermengen, die Hälfte davon unter den Teig rühren,
den Rest hineinkneten. Den Teig auf 2–3 cm Höhe ausrollen,
Muuzemändelcheformen ausstechen
und in heißem Öl schwimmen lassen, bis sie hellbraun sind.
Zuletzt in etwas Puderzucker wenden.

WAS MAN ÜBER LEVERKUSEN
IM WELTWEITEN NETZ ERFÄHRT

» *Leverkusen ist an das deutsche Autobahnnetz gut angebunden. Bekannt
ist Leverkusen vor allem durch das Autobahnkreuz Leverkusen. Hier treffen
die A1 und die A3 aufeinander.*
*In Leverkusen erscheint der Leverkusener Anzeiger als Ableger des Kölner
Stadt-Anzeigers.*
*Der TuS 05 Quettingen e.V. ist mit über 1.000 Mitgliedern und 21 Sportab-
teilungen der größte gemeinnützige Verein im Leverkusener Breitensport.*
*Die Stadt verfügt über kein eigenes Theater. Leverkusen hat keine Univer-
sität und keine Fachhochschule. Der höchste Punkt des Stadtgebiets befindet
sich bei der Zufahrt zur Mülldeponie Burscheid.* **«**

Alle Zitate stammen – wortwörtlich, mit einigen Auslassungen – aus
Wikipedia, der freien Enzyklopädie im Internet.

ELF ORIGINELLE PSEUDONYME
VON SCHRIFTSTELLERN

ZENTRODADA = Alfred Emanuel Ferdinand Gruenwald* (1892–1927, in Köln aufgewachsen; Sozialist, Dadaist)

BOULANGER = Bernd Becker (1879–unbek., Kölner Kaufmann; bekannt für biographische und Heimatromane)

COLLOFINO = Josef Feinhals (1867–1947, in Köln geboren, Fabrikant; verfasste Sachbücher und Humoreskes)

GEHAHA = Gustav H. Halm (1889–1948, Kölner Bank-Archivar und freier Schriftsteller; schrieb vor allem Märchen und Jugendromane)

MARIE IM GRUND** = Marie Grundschöttel (1832–97, Lehrerin in Köln; veröffentlichte Prosa und Lyrik)

ERNST KAISER = Ewald August König (1833–88, Kölner Schriftsteller; Verfasser von Krimis und Unterhaltungsromanen)

BLUM KEULENSCHWINGER = Anton Wilhelm Florentin von Zuccalmaglio*** (1803–1869, aufgewachsen in Köln, Hauslehrer, Reisender; war bekannt als Dichter, Dramatiker und Liederkomponist)

KORNSCHLAG = Karl Schnog**** (1897–1964, geboren in Köln, Kabarettist, Redakteur; Schöpfer von Satiren, Hörspielen, Dramen, Erzählungen u.v.m.)

NERES = Jakob Werner***** (1898–1962, Kölner Druckereifachmann; schrieb Heimatliteratur, Mundarttexte u.a. für das Hänneschen-Theater)

G. REINECKE = Georg Fuchs (1868–1932, Kölner Politiker und Rechtsanwalt, veröffentlichte nebenher kölsche Mundarttexte und Memoiren)

ICH = Ferdinand Franz Wallraf (1748–1824, Kölner Kunstsammler; verfasste Sachbücher, Gedichte und frühe Mundarttexte)

---

* Nannte sich meistens Johannes Theodor Baargeld, manchmal auch Jesaias.   ** Das Pseudonym ist nicht wirklich originell und wurde nur dank seiner Nähe zum Namen des Sammelsurium-Autors berücksichtigt.   *** Weitere Künstlernamen: Dorfküster Wedel, Gottschalk Wedel, Schulmeister Wedel, Waldbruder, Wilhelm v. Waldbrühl, St. Diamond. Zuccalmaglios Lieder wurden u.a. von Brahms und Schumann vertont, er schrieb das berühmte »Kein schöner Land«.   **** Die Originalität dieses Pseudonyms erschließt sich nicht sogleich. Bei »Kornschlag« handelt es sich um ein Anagramm seines Geburtsnamens, das heißt beide Namen bestehen aus den gleichen Buchstaben.   ***** Neres ist die kölsche Form von Werner.
Quelle: Everhard Kleinertz u. Enno Stahl: Das Kölner Autoren-Lexikon

• WAS EIN WAHRER JACOB IST •

Er trägt einen modifizierten Blaumann, einen Bierkranz und ist gegenüber Kaiser wie Bettler gleichermaßen mürrisch: der kölsche Cöbes. Seinen Namen verdankt er den Jacobspilgern (kölsch Jacob = Cöbes), die in alter Zeit in Köln Station machten. Nun waren diese Wanderer auf ihrem langen Weg nach Santiago (= Hl. Jacob) de Compostela nicht selten recht knapp bei Kasse, und da traf es sich gut, dass in Kölner Brauhäusern immer ein Job zu haben war. Bei den Gastronomen waren die tief gläubigen Pilger gern gesehen, sodass sich irgendwann der Einheitsname »Cöbes« für jedweden Kellner durchsetzte. Auch andere Arbeitssuchende sprangen geschickt auf diesen Zug auf, gaben sich als Pilger aus und kredenzten Kölsch. Ihnen – und dem Misstrauen der Kneipengäste – verdankt sich der folgende Spruch: »Das ist aber auch nicht der wahre Jacob!«

• 15 KINOS DER VORKRIEGSZEIT •

APOLLOTHEATER · Altstadt, Gertrudenstraße 10 · *nicht erhalten*
ATRIUM · Zollstock, Höninger Weg 268 · *nicht erhalten*
BUCHFORSTER LICHTSPIELE · Buchforst, Waldecker Straße 19 ·
   nicht erhalten
CORSO · Kalk, Kalker Hauptstraße 145 · *nicht erhalten*
DEULICH – DEUTZER LICHTSPIELE · Deutz, Deutzer Freiheit 67 ·
   nicht erhalten
GLORIA PALAST · Altstadt, Breite Straße 21 · *nicht erhalten*
HELIOS-LICHTSPIELE · Ehrenfeld, Venloer Straße 383 ·
   Gebäude erhalten
LIBRA – LICHTSPIELE BRAUNSFELD · Braunsfeld,
   Aachener Straße 559 · *stark verändert wiederaufgebaut*
LICHTBURG · Kalk, Kalker Hauptstraße 118-122 · *zerstört,*
   heute steht dort der Kaufhof
MERLI – MERHEIMER LICHTSPIELE · Weidenpesch,
   Friedrich-Karl-Straße 26 · *nicht erhalten*
NEUES THEATER · Mülheim, Buchheimer Straße 12–24 ·
   Gebäude erhalten
PHOEBUS LICHTSPIELE · Sülz, Sülzburgstraße 146–156 ·
   nicht erhalten
REGINA – LICHTSPIELE · Altstadt, Weidengasse 34 ·
   nicht erhalten
SCALA THEATER · Altstadt, Herzogstraße 9 · *nicht erhalten*
THALIA THEATER · Kalk, Taunusstraße 2 · *Gebäude erhalten*

──• DIE EWIGE TABELLE DER 2. BUNDESLIGA •──

1974 wurden die alten Regionalligen zugunsten einer zunächst zweigleisigen 2. Bundesliga aufgelöst. Rechnet man sämtliche Punkte zusammen, ergibt sich folgendes erstaunliche Bild*:

	Jahre	Spiele	Siege	Remis	Niederl.	Tore	Punkte
1. Fortuna Köln**	26	970	371	263	336	1.589:1.432	1.376
2. Stuttgarter Kickers	23	864	350	214	300	1.400:1.199	1.264
3. Hannover 96	22	818	341	232	245	1.398:1.105	1.255
...							
48. 1. FC Köln	4	136	69	35	32	239:170	242
...							
67. Viktoria Köln***	3	118	40	39	39	197:191	159

* Stand ist das Saisonende 2004/05.   ** Der Verein aus der Südstadt ist zwar durch Misswirtschaft inzwischen in den Gefilden des Amateurfußballs verschwunden, hält sich aber hartnäckig auch noch in weiteren Profi-Statistiken: Zweimal stellte man den Torschützenkönig, und von den 40 Rekord-Spielern der 2. Liga kickten sechs für die Fortuna.   *** Auch die rechtsrheinische Viktoria konnte nie mehr an die alten, erfolgreichen Zeiten anknüpfen. Von 1978–80 spielte sie in der 2. Liga Nord. Den Einzug in die eingleisige 2. Liga verpasste sie knapp.

──• EINIGE DATEN •──
ZUR RÖMISCHEN STADTMAUER

Bauzeit: 2. Hälfte des 1. Jahrhunderts
In Funktion: bis zum 12. Jahrhundert* · *Länge*: 3.911,8 Meter
Umschlossene Fläche: 96,8 Hektar** · *Anzahl der Türme*: 19
Toranlagen: 9 · *Dicke*: rund 2,4 Meter*** · *Höhe*: bis zu 8 Meter

* Nach der Stadterweiterung von 1106 verlor sie ihre Bedeutung.   ** Im Norden folgte sie der heutigen Zeughaus- und Komödienstraße sowie der Trankgasse, im Süden den Bächen, gen Westen ungefähr der Linie St.-Apern-, Gertruden- und Clemensstraße/Mauritiussteinweg.   *** Der zwischen die Quader gefüllte Kalkmörtel erfüllt selbst die DIN-Normen für heutigen Betonbau.

• ACHT KÖLSCHE SPRÜCHE •

1	*Et es, wie et es.*
2	*Et kütt, wie et kütt.*
3	*Et hät noch immer jot jejange.**
4	*Mer sin noch nit langs Schmitz Backes.***
5	*Jede Jeck es anders.*
6	*Jeck loss Jeck elans.****
7	*Dä Ein sät esu, dä Andere sät esu.*
8	*Küss de hück nit, küss de morje.*

Natürlich gibt es noch zahllose weitere Redensarten. Und selbstverständlich existieren auch von den hier aufgeführten hochdeutsche Varianten. Das »typisch Kölsche« an diesen acht Sprüchen ist allerdings: Sie werden jeden Tag so viele tausend Male wiederholt, dass sie sich den hier Lebenden in Herz und Geist eingebrannt haben. Die Macht des Faktischen als rhetorisches Perpetuum mobile, sozusagen.

* Konträr zu dieser kölschen steht die berühmte internationale Lebensweisheit, die »Murphy's Law« genannt wird. Sie besagt nämlich, dass alles, was schief gehen kann, auch schief gehen wird. ** Meint auf Hochdeutsch, dass wir noch längst nicht aus dem Schlimmsten raus sind. Aber dass wir es schaffen werden, ist eigentlich klar, denn »Kütt m'r övver d'r Hungk, kütt m'r och övver d'r Stetz.« Und wenn es doch mal nicht fluppt, hilft noch ein anderer Spruch: »Drieß jet op d'r Driss.« – Nicht übersetzbar, weil sonst zu vulgär, aber auf Kölsch so nonchalant wie fatalistisch. *** Die friedfertige Liberalität dieser Aufforderung steckt auch in jenem legendären Grußwort, das ein Kölner Stadtsoldat am 6. Oktober 1794 den einrückenden französischen Truppen entgegengebracht haben soll: »Nit scheeße, do stonn doch Minsche!«

• GEBURTEN •

Jahr	Geburten insgesamt	Davon Mädchen	Mädchen in %
1995	9.754	4.751	48,7
1996	10.408	5.076	48,8
1997	10.409	5.103	49,0
1998	10.030	4.911	49,0
1999	10.093	4.927	48,8
2000	9.923	4.761	48,0
2001	9.798	4.750	48,5
2002	9.615	4.638	48,2
2003	9.566	4.642	48,5
2004	9.383*	4.581	48,8

* Zum Vergleich: Im selben Jahr hatte die Stadt 9.167 Sterbefälle zu verzeichnen.
Quelle: Stadt Köln

• WILLI OSTERMANNS •
SELTEN GESUNGENE STROPHEN

Willi Ostermann (1876–1936) ist *der* Kölner Mundartsänger. Viele seiner zahllosen kölschen Lieder sind noch heute so beliebt wie bekannt, man denke nur an »Einmal am Rhein«, »Dem Schmitz sing Frau eß durchgebrannt«, »Villa Billa« oder »Kutt erop! Kutt erop! Kutt erop!«. Darüber hinaus jedoch ragen zwei Kompositionen, für die das neudeutsche Wort »Kultstatus« nicht ausreicht. Es handelt sich vielmehr im wahrsten Sinne um kölsche Hymnen, die im Karneval genauso abgesungen werden wie auf mancher Totenfeier. Aber trotz ihrer Beliebtheit enthalten beide Lieder eine Strophe, die den meisten Menschen inzwischen unbekannt ist, weil sie heutzutage gerne ausgelassen wird.

OCH WAT WOR DAT FRÖHER SCHÖN DOCH EN COLONIA,
2. Strophe:

> *Wer hätt dann fröher jet vum Jazz un Steppe,*
> *Jet vun dem hochmoderne »Blus« gekannt?*
> *Die Blus, die mir gekannt, dren sooch mer höppe*
> *Et Bell em Walzertempo lans de Wand.*
> *Ich küsse Ihre Hand, wie hück se kruffe,*
> *Dat hät mer fröh'r zo sage sich schineet,*
> *Do heeß et einfach:»Liehn mer ens ding Schluffe,*
> *Ich ben zum nächste Schottich ankascheet!«*

Refrain: *Och wat wor dat fröher schön doch en Colonia ...*

1930

HEIMWEH NACH KÖLN,
2. Strophe:

> *Ich han su off vum Rhing gesunge,*
> *Vun unsem schöne, deutsche Strom,*
> *Su Deutsch wie he ming Leeder klunge,*
> *Su Deutsch bliev Köln met singem Dom.* *

Refrain: *Wenn ich su an mein Heimat denke ...*

1936

---

* »Heimweh nach Köln« entstand drei Jahre nach Hitlers Machtübernahme, kurz vor Willi Ostermanns Tod am 6. August 1936. Der deutschnationale Ton steht in der Tradition der antinapoleonischen »Rheinlieder« vom Anfang des 19. Jahrhunderts (Ernst Moritz Arndt u.a.). Auch mag er dem braunen Zeitgeist geschuldet sein. Willi Ostermann ist 1935 in die NSDAP eingetreten, aber nach allem, was man weiß, war er kein Nazi. Das Absingen des Heimweh-Liedes wurde gegen Ende des Krieges verboten, Begründung: Es untergrabe die »Kampfmoral der Truppe«.
Quelle u.a.: Reinold Louis (Hg.): Willi Ostermann in Gold, CD-Beilage

───• FACHCHINESISCH IM 17. JAHRHUNDERT •───

Die Kneipen vor den Toren der Stadt waren im 17. Jahrhundert beliebte Ausflugsziele des einfachen Volkes. Den Ratsherren jedoch waren diese frevlerischen, zumeist in wilden Saufereien endenden Pilgerzüge ein Dorn im Auge. Auf Amtskölnisch klingt ihr Urteil* – in einem Satz! – folgendermaßen:

Als Von deme fast täglichs, insbesonderheit an heyligen Sonn- und Feyertagen sich Zutragendem heuffigem Auß- und Zulauff des gemeinen Volcks auß hiesiger Statt, nach dem, nechst vor der Eigelsteins Pfortzen gelegenem Zum Nippes genentem ohrt, Und daheselbst verkauffendem schädtlichen gebrendtem Gewäßer, und unduchtigem alhie verbottenem underhäupt Bier, wadurch nicht allein der schuldiger Gotteßdienst vernachläßiget, der Sinn und Verstand den Menschen geschwindt benohmmen, und alßo zu allerhandt Sündt und Lasteren das Thor eröffnet Wirt, sondern auch bey starkkem und späten abendlichem Zurück- und Einlauff des Volcks gegen eines ehrsamen hochwürdigen Raths jüngsthin ernewerte Edicta, allerhandt Frembde, Lediggänger, Betler und dergleichen Unnutzes gesindtlein Vermischt mit einschleichen, in rhatsstatt erwehnung beschehen, Ist zeitlich Regierendem Herrn Bürgermeister von Cronenberg alß Vornembsten Kriegscommissario, daßjhenig, Waß zu dessen nötiger Remedyrung, wegen frühe zeitiger Verschließung der Eigelsteins Pforten an besagten Son- und Feyertägen, oder wenigs eintziger Offenhaltung der also genänter Steringen, Zu beßerer observation und entscheidung der einkommender vorschlagen, oder ihre Herrschaft sonsten darzu dienlich und rathsamb Zu sein erkennet werden, der gebühr anzuschaffen commission und macht auffgetragen worden.

* Die Beschlussvorlage stammt vom 15.9.1670 und bezieht sich in diesem Fall auf Nippes. Die Unregelmäßigkeiten der Groß-, Klein- und Rechtschreibung entsprechen dem Original. Quelle: Reinhold Kruse: Nippes - wat es dat eijentlich?

───• WARUM DAS STADTZENTRUM •─── AUF DER SCHÄL SICK LIEGT

Man nehme eine handelsübliche Landkarte (Maßstab z.B. 1:100.000) und schneide Köln an der Stadtgrenze entlang aus. Sodann klebe man das Ganze auf ein festes Stück Pappe und gleiche die Ränder an. Balanciert man dieses nun auf einem Kuliknopf oder dem Zeigefinger, wo wird sich die Stadt wohl einpendeln? – In Deutz, genauer gesagt mitten im Tanzbrunnen. Ergo: Wer ab durch die Mitte will, muss über den Rhein fahren.

MITTELALTERLICHE STADTTORE
UND -TÜRME, DIE IN FESTER HAND SIND

Von Süden nach Norden

BAYENTURM*
Sitz des Feministischen Archivs sowie der Emma-Redaktion
ULREPFORTE
Sitz der Roten Funken
SACHSENTURM**
Sitz der Blauen Funken
TURM NÖRDLICH DES SACHSENTURMS***
Sitz der Prinzengarde
HAHNENTOR
Sitz der Ehrengarde
KUNIBERTSTURM****
in Privatbesitz

Eigelstein- und Severinstorburg
sowie der Gereonsmühlenturm (genannt »Tower«)
können angemietet werden. Der Malakoffturm gehört heute
zum Schokoladenmuseum. Er ist allerdings nicht – wie vielfach
angenommen – ein Relikt der mittelalterlichen Stadtmauer, sondern
stammt aus der Mitte des 19. Jahrhunderts.

* Auch FrauenMediaTurm. ** Auch Funkenturm. *** Auch Prinzengardeturm.
**** Eigentlich handelt es sich nur um Reste, das Gefängnis-Türmchen heißt seit dem
18. Jahrhundert auch »die Weckschnapp«. Unter einer Falltür lauerten angeblich scharfe, senkrecht aufgestellte Messer, darüber baumelte ein den Verhungernden lockendes Brötchen.

DIE AUFSTELLUNG DES FC AM 29.4.1978

Mit einem 5:0 beim FC St. Pauli wurde der FC am 34. Spieltag der Saison
1977/78 zum bislang letzten Mal Deutscher Meister. Auf dem Feld waren
folgende Spieler:

TONI SCHUMACHER · BERND CULLMANN · HEINZ FLOHE
(79. HERBERT HEIN) · ROLAND GERBER ·
ROGER VAN GOOL · HARALD KONOPKA · DIETER MÜLLER ·
HERBERT NEUMANN · YASUHIKO OKUDERA ·
GERD STRACK (89. HEINZ SIMMET) · HERBERT ZIMMERMANN
Trainer: HENNES WEISWEILER

────• BERÜHMTE KÖLNER UND KÖLNERINNEN •────

Die folgende alphabetische Liste präsentiert Menschen des 20. Jahrhunderts, die ein Gutteil ihres Lebens in Köln verbrachten und – so oder so – wichtig sind für diese Stadt. Ein *K* am Ende der Notiz verweist auf gebürtige Kölner, ein *I* auf Imis.

ADENAUER, KONRAD
(1876–1967) · Politiker, Oberbürgermeister, Bundeskanzler · *K*
ANTWERPES, FRANZ-JOSEF
(geb. 1934) · Politiker, Regierungspräsident · *I*
BERBUER, KARL (1900 –77) · Komponist, Texter, Sänger · *K*
BÖLL, HEINRICH (1917–85) · Schriftsteller · *K*
BOSCH, CARL (1874–1940) · Chemiker (Nobelpreis 1930), Techniker und Industrieller · *K*
BRINKMANN, ROLF DIETER
(1940–75) · Lyriker · *I*
DOMIN, HILDE (geb. 1909) · Schriftstellerin, Lyrikerin · *K*
ENGEL, TOMMY (geb. 1949) · Sänger, Schlagzeuger · *K**
FRINGS, JOSEF KARDINAL
(1887–1978) · Erzbischof · *I*
HARGESHEIMER, CARL-HEINZ
(1924–71) · Künstlername Chargesheimer, Fotograf · *K*
HERR, TRUDE (1927–91) · Schauspielerin, Sängerin, Theaterchefin · *K*
JUSSENHOVEN, GERHARD
(geb. 1911) · Komponist · *K*
KAGEL, MAURICIO (geb. 1931) · Komponist, Dirigent · *I*
KATZER, HANS (1919–96) · Politiker, Bundesminister · *K*
KIER, UDO (geb. 1944) · Schauspieler · *K*

KLAUKE, JÜRGEN (geb. 1943) · Künstler, Fotograf, Performer · *I*
KÖNIG, RALF (geb. 1960) · Comic-Zeichner · *I*
KONSALIK, HEINZ G.
(1921–1999) · Schriftsteller · *K*
KREKEL, LOTTI (geb. 1941) · Sängerin, Schauspielerin · *K*
KÜHN, DIETER (geb. 1935) · Schriftsteller · *K*
LÖRING, JEAN (1934–2005) · Präsident von Fortuna Köln · *K*
LUDWIG, IRENE (geb. 1927) · Kunstmäzenin · *I*
LUDWIG, PETER (1925–96) · Kunstmäzen · *I*
MILLOWITSCH, WILLY
(1909–99) · Volksschauspieler, Sänger · *K***
NASSE-MEYFARTH, ULRIKE
(geb. 1956) · Hochspringerin (zweifache Olympiasiegerin) · *I*
NIEDECKEN, WOLFGANG (geb. 1953) · Sänger, Texter · *K*
OSTERMANN, WILLI
(1876–1936) · Komponist und Sänger · *K*
PETRY, WOLFGANG (geb. 1951) · Sänger · *K*
POSCHMANN, WOLF-DIETER
(geb. 1951) · Sportmoderator · *K*
PÜTZ, JEAN (geb. 1936) · Fernsehmoderator · *K*
RAAB, STEFAN (geb. 1966) · Fernsehmoderator · *K*

RICHTER, GERHARD (geb. 1932)
· Maler · *I*

SANDER, AUGUST (1876–1964)
· Fotograf · *I*

SCHÄFER, HANS (geb. 1927) ·
Fußballspieler, FC-Kapitän
(Weltmeister 1954) · *K*

SCHEEL, MILDRED (1932–85) ·
Ärztin, Präsidentin der Deutschen Krebshilfe · *K*

SCHEUCH, ERWIN (1928–2003)
· Soziologe · *K*

SCHMIDT, HARALD (geb. 1957)
· Kabarettist, Moderator · *I*

SCHMITZ, JUPP (1901–91) ·
Sänger · *K*

SCHULT, HA (geb. 1939) ·
Künstler · *I*

SCHULZ, PURPLE (geb. 1956) ·
Sänger · *K*

SCHUMACHER, HARALD/TONI
(geb. 1954) · Fußballtorwart · *I****

SÖLLE, DOROTHEE
(1929–2003) · Theologin,
Literaturwissenschaftlerin · *K*

SCHWARZER, ALICE (geb. 1942) ·
Journalistin, Frauenrechtlerin · *I*

STEIN, EDITH (1891–1942) ·
Philosophin, in Köln
Karmeliterin · *I*

STOCKHAUSEN, KARLHEINZ
(geb. 1928) · Komponist · *I*

WELLERSHOFF, DIETER (geb.
1925) · Schriftsteller · *I*

WHITE, JACK (geb. 1944) · Komponist, Produzent · *K*

WISCHNEWSKI, HANS-JÜRGEN
(1922–2005) · Gewerkschafts-
funktionär, Politiker,
Bundesminister · *I*

* Die Aufnahme Tommy Engels mag verdeutlichen, wie unvollständig diese Liste bleiben muss. Genauso gut könnte man hier seine alten Bläck-Fööss-Mitstreiter aufnehmen.   ** Für Mariele und Peter gilt dasselbe wie für die Fööss.   *** Obwohl kaum jemand so stark mit Köln identifiziert wird wie der »Tünn«, stammt er ursprünglich aus Düren.

─────────── • **DER BLICK DER FREMDEN II** • ───────────

»*Diese weitläufige, erzkatholische Stadt ist sehr unangenehm und sehr schlecht bebaut. Ich war froh, diesen verdrießlichen Ort zu verlassen.*«
ALBRECHT VON HALLER, um 1727

─────────────── • **DAS RHEINGOLD** • ───────────────

Der Sage nach wurde der Nibelungenschatz, das Rheingold, bei Worms in den Fluss versenkt. Demgemäß könnte eine gewisse Menge des Edelme-talls durchaus in Köln angespült worden sein. Nachweisen lässt sich der Fund immerhin in Kölner Kiesgruben, samt und sonders Hinterlassen-schaften einstiger Rheinarme. Der Goldgehalt liegt dort allerdings bei bescheidenen 0,02 g/t Sand bzw. 5 g/t Schwarzsand.

———• DIE REISEN DES »RUHENDEN VERKEHRS« •———

Im Oktober 1969 betonierte der Fluxuskünstler Wolf Vostell vor einer Kunstgalerie in der

DOMSTRASSE 81

einen Opel Kapitän ein, bei laufendem Motor und Autoradio. Weil sein »Ruhender Verkehr« den fließenden störte, musste er umziehen: Bis 1986 stand er vor der Kunsthalle am

JOSEF-HAUBRICH-HOF,

um danach vor dem Ufa-Palast am

HOHENZOLLERNRING

auf dem Mittelstreifen zu landen. Dort jedoch blockiert er – entgegen der Idee seines Schöpfers – keinen

PARKPLATZ,

sodass er, das wünschen sich jedenfalls nicht wenige Kölner, möglicherweise irgendwann einmal wieder auf der

DOMSTRASSE 81*

stehen wird.

* Im Gebäude der ehemaligen Galerie befindet sich heute die LoRe, das Lobby-Restaurant (nicht nur) für Berber.

————————• EIN KURZER ÜBERBLICK •————————
DER STÄDTISCHEN INSEKTENARTEN

Fliegen	Käfer	Libellen	Netzflügler	Schmetterlinge	Wanzen
509	1.486	23	6	726	307

Die zugrunde liegende Untersuchung kam zu dem Ergebnis: Auf Kölner Stadtgebiet tummeln sich immerhin rund 40 Prozent des in Deutschland überhaupt erfassten Artenbestandes.

→ DER FERRARI UND DIE VILLA IN POPPELSDORF ←

Folgendermaßen lautet die Inschrift auf der »Schmitz-Säule« vor Groß St. Martin:

AN DIESER STELLE LAG EINST,
VOM RHEIN UMFLOSSEN,
DIE MARTINS-INSEL.
VOR DEM JAHRE 1000 N. CHR. WURDE SIE,
DURCH ANSCHÜTTUNG
DES RÖMISCHEN HAFENS,
MIT DEM LINKSRHEINISCHEN KÖLNER
UFER VERBUNDEN.
AUF DIESER INSEL TRAFEN SICH
RÖMISCHE LEGIONÄRE
MIT BLONDEN UBIERMÄDCHEN –
URAHNEN DER FAMILIE ›SCHMITZ‹.

Damit dürfte klar sein, warum »Schmitz« als der kölscheste aller Nachnamen gilt. Tatsächlich belegt dies ein Blick in die Telefonlisten der Telekom: 2.577 Kölner Schmitz-Anschlüssen stehen lediglich 409 in München und 322 in Hamburg gegenüber. Selbst im Stadtstaat Berlin melden sich gerade einmal 442 Haushalte mit »Schmitz«.

Dementsprechend heftig ist der Niederschlag des Namens im Kölner Liedgut: Da hat die Sybille Schmitz (et Schmitze-Billa) »in Poppelsdorf en Villa«, und »dem Schmitz sing Frau es durchjebrannt«, während am »Langen Samsdaach en d'r City« »de Frau Schmitz ihr Marieche« sucht. Und wer jetzt noch nicht »Schmitz Backes« ist*, dem dürfte nicht mehr zu helfen sein.
Seinen Ursprung hat der Zuname im Beruf des Schmiedes. Und weil in vergangenen Zeiten jedes Dorf seinen Grob-, Klein- und Hufschmied hatte, liegt er auch heute noch vor Müller an erster Stelle der Häufigkeitstabelle.** Nicht anders im Ausland: Was den Kölnern der Schmitz, ist den Engländern der Smith, den Polen der Kowalski und den Serben und Kroaten der Kovac. Der italienische Schmied hat es sogar zu Weltruhm gebracht – er heißt dort Ferrari.

* »Do bes noch nit langs Schmitz Backes« – kölsche Redewendung, die auf eine mittelalterliche Sanktion zurückgeht. Aus der Stadt Vertriebenen drohte zuweilen ein Spießrutenlaufen aus dem Severinstor heraus gen Süden. Dort waren die südstädtischen Bäcker angesiedelt, deren Letzter wohl einst Schmitz geheißen hat. Wer dessen Backstube noch nicht passiert hatte, hatte auch die Tortur noch nicht überstanden.   ** Jedenfalls wenn man sämtliche Varianten wie Schmidt, Schmitt, Smid usw. zusammenrechnet.

———• DIE TRÜMMERLANDSCHAFT NACH 1945 •———

Hätte man 1945 die gesamte städtische Trümmermasse zu einem Berg aufgeschüttet, wäre dieser – bei einem Basisdurchmesser von 700 m – 234 m hoch gewesen. Die folgende Grafik veranschaulicht die Aufräumarbeiten bis zum Jahr 1950 im Vergleich zum Kölner Dom.

Auf dem Wege der Entschuttung kam das eigentlich recht flache Köln zu einigen bemerkenswerten, bald begrünten Trümmerhügeln. Dazu gehören etwa der Vingster Berg (zwischen Merheimer Heide und Gremberger Wald) sowie die Erhebungen zwischen Universität und Aachener Weiher. Die berühmteste dieser Aufschüttungen dürfte der Herkulesberg zwischen Mediapark und Innerer Kanalstraße sein. Im Volksmund hört die 25 m hohe Aufschüttung auf den Namen »Monte Klamotte«.

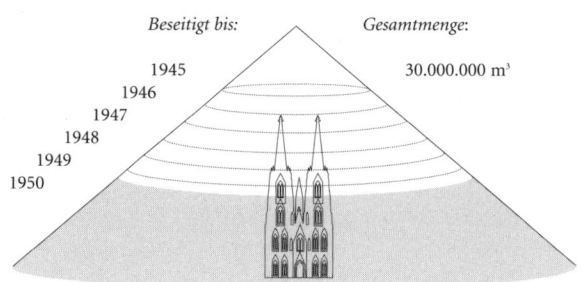

Beseitigt bis:　　　　　Gesamtmenge:

1945　　　　　　　30.000.000 m³
1946
1947
1948
1949
1950

———• REKORDSPIELER DES 1. FC KÖLN •———

Die meisten Pflichtspiele* für den FC absolvierten:		*Die meisten Bundesliga-Spiele absolvierten:*		*Die meisten Länderspiele absolvierten:*	
Harald Schumacher	542	Harald Schumacher	422	Wolfgang Overath	81
Wolfgang Overath	537	Wolfgang Overath	409	Harald Schumacher	76
Hans Schäfer	507	Pierre Littbarski	406	Pierre Littbarski**	71
Pierre Littbarski	505	Heinz Simmet	357	Bodo Illgner	54
Hannes Löhr	503	Wolfgang Weber	356	Wolfgang Weber	53
Heinz Simmet	470				
Wolfgang Weber	470				
Bernd Cullmann	453				
Harald Konopka	451				
Heinz Flohe	448				

* Zu Pflichtspielen zählen sämtliche Einsätze in der Bundesliga/Oberliga West, der Endrunde um die Deutsche Meisterschaft vor Einführung der Bundesliga, im Europapokal und DFB/West-Pokal.　** Insgesamt 73 Länderspiele.

• JAHRE, IN DENEN •
DER ROSENMONTAGSZUG AUSFIEL

Der Karneval der Neuzeit begann 1823 mit der Gründung des Festkomitees Kölner Karneval. Höhepunkt der Feierlichkeiten war seit eh und je der montägliche Zug. Dass er dennoch hin und wieder ausfiel, hatte mannigfaltige Gründe.

1830	Verbot durch die preußische Regierung.
1833	Massiver Streit im Festkomitee, statt des großen ziehen mehrere kleine Züge durch die Stadt.
1842	Erneute Zwistigkeiten im höchsten Karnevalsgremium führen zur Absage des Zuges.
1851	Aus Angst vor »staatsgefährdenden Elementen« sorgt die preußische Zensur für ein Zugverbot.
1852–53	Unter preußischem Druck werden lediglich kleinere »Kappenfahrten« durchgeführt.
1856–57	Ausfall aus unbekanntem Grund.
1861	Wegen Trauer um König Friedrich Wilhelm IV. wird der Zug abgesagt.
1867	Eine stark abgespeckte Version zieht durch die Straßen, weil in Köln die Pest ausgebrochen ist.
1868	Ausfall wegen Unwetter.
1871	Absage wegen des Kriegs mit Frankreich.
1873	Der Zug wird mittenmang wegen Schneeverwehungen gestoppt.
1881	Ausfall wegen starken Schneetreibens.
1884	Wegen Vorverlegung auf Karnevalssonntag kein echter Rosenmontagszug.
1887	Wegen der Reichswahl erneut Verlegung auf Sonntag.
1890	Der Zug findet zwar statt, aber ohne Musik – die Kaiserwitwe Augusta war kurz zuvor gestorben.
1915–18	Während des Ersten Weltkriegs finden keine Umzüge statt.
1918–27	Rosenmontagszüge werden von der englischen Besatzungsmacht untersagt.
1931–32	Die grassierende Wirtschaftskrise verhindert den Zug.
1940–45	Keine Umzüge wegen des Zweiten Weltkriegs.
1946	Ausfall wegen der Mangelwirtschaft der Nachkriegszeit.
1947–48	Verbot durch den Kölner Stadtrat. Begründung: Das gebiete der »Ernst der Zeit«.
1991	Absage wegen des Golfkriegs der USA im Irak.*

* Als Reaktion darauf entstand der erste Geisterzug.

───────── ◆ **MEILENSTEINE DES TURNWESENS** ◆ ─────────

1817 ◆ Auf dem Neumarkt entsteht, angeregt durch Turnvater Jahn, der erste Turnplatz.

1819–42 ◆ Die preußische »Turnsperre« blockiert die schnellere Ausbreitung des Sports.*

1843 ◆ Im Casino am Augustinerplatz wird der »Kölner Turnverein 1843« gegründet.

1850 ◆ Der »Turnverein Mülheim am Rhein« entsteht. Weil er in seiner Satzung jedweden »politischen Tendenzen« abschwört, entgeht er, im Gegensatz zu den 1843ern, dem Turnverein-Verbot der preußischen Obrigkeit.

1851 ◆ Am Mauritiussteinweg wird die erste private Turnhalle erbaut. Sie wird bis 1964 genutzt.

1852 ◆ Am 18. Juni finden bei fast allen Vorständen des Turnverbandes Hausdurchsuchungen statt. Der Verdacht: verbotene politische Betätigung.

1860 ◆ Knaben erhalten in der Schule fortan Turnunterricht.

1861 ◆ Vom 22. bis 24. Juni beteiligen sich über 1.000 Sportler am »Turnerspektakel« auf dem Heumarkt und andernorts.

1874–79 ◆ Neue Turnvereine schießen wie Pilze aus dem Boden.** Ab 1876 entstehen mehrere städtische Turnhallen, auch Kinderspielplätze werden mit Turngeräten ausgerüstet.

1896 ◆ Im April gewinnt der aus Deutz stammende Karl Schumann bei den ersten Olympischen Spielen der Neuzeit die Goldmedaille im Pferdsprung.

1900 ◆ Insgesamt 14 Volksschulen im Stadtgebiet verfügen inzwischen über eine eigene Turnhalle.

1919 ◆ Der Stadtrat beschließt die Einrichtung eines »Amtes für Jugendpflege und Leibesübungen«, Vorläufer des »Sport- und Bäderamtes«.

1925 ◆ In den vier größten Kölner Turnvereinen sind fast 2.500 Sportler organisiert.

1928 ◆ Im Rahmen des 14. Deutschen Turnfestes besuchen über 150.000 Sportler Köln.

1956 ◆ Erneut siegt ein Kölner im olympischen Pferdsprung: Helmut Bantz.

1998 ◆ Das Frauenturnteam von Toyota Köln wird erstmals Deutscher Meister

2005 ◆ 7. Meisterschaft, zugleich die 5. in Folge, des Toyota-Frauenteams.

---

* Die deutsche Turnerschaft mit ihrem liberal-antiabsolutistischen Flügel war dem preußischen Regime stets ein Dorn im Auge. Den Ausschlag für die Turnsperre gab letztlich die Ermordung des »Staatsdichters« von Kotzebue durch den Burschenschaftler und Turner Karl Ludwig Sand.   ** So entsteht etwa 1879 die »Turngemeinde Mülheim«, vorerst mit einem einzigen Sportgerät: einem Sprungseil.

DER KLEINGARTENKREISVERBAND

Gründungsjahr:	1922
Gründungsmitglieder:	Vertreter von bereits 49 bestehenden Gartenbauvereinen in Köln
Mitglieder heute:	115 Vereine mit insgesamt rund 13.000 Kleingärtnern*
Gesamtpachtfläche:	6.274.000 m^2
Davon der Stadt gehörend:	5.342.000 m^2**
Aufwendungen für die Instandhaltung pro Jahr:	rund 360.000 Euro
Ehrenamtliche Stundeneinsätze für Pflege der Wege und des Begleitgrüns pro Jahr:	ca. 64.000 Stunden
Durch Bundeskleingartengesetz oder entsprechende Bauleitpläne als Dauerkleingärten gesichert:	83 %
Ziele:	

1 Erhaltung und Förderung des Kleingartenwesens in seiner jetzigen Form
2 Planung und Bestandsschutz von öffentlichen Garten- und Grünanlagen
3 Schaffung und Erhaltung einer lebenswerten Umwelt für zukünftige Generationen
4 Förderung und Sicherung der Arten und Pflanzenvielfalt
5 Erholung und Freizeitgestaltung durch aktiven Beitrag zu Natur- und Umweltschutz

* Mitglieder des Landesverbands Rheinland: 48.000. Mitglieder des Bundesverbands Deutscher Gartenfreunde: 1.020.000.   ** Der Rest ist in Privatbesitz.

DIE NACHKRIEGS-OBS
MIT ECHT KÖLSCHEM SCHNÄUZER

FRITZ SCHRAMMA*

* Willy Suth (Oktober bis November 1945) trug einen sehr kurz geschorenen, feinen Oberlippenbart, ebenso Hermann Pünder (November 1945 bis Mai 1948). Damit gehen sie genauso wenig als »echt kölsch« durch wie Harry Blum mit seinem gepflegten Vollbart. Alle übrigen Kölner Oberbürgermeister waren bartlos.

• DER STOLLWERCK-VERTRAG •

Im Mai 1980 beschloss die in Köln regierende SPD den Abriss der ehemaligen Stollwerck-Schokoladenfabrik in der Südstadt. Daraufhin zogen 500 Besetzer in die leer stehenden Gebäude ein. Nach knapp zwei Monaten einigten sie sich mit SPD-Chef Herterich auf einen Vertrag, der vorsah, bei freiwilligem Auszug zwei Drittel der alten Fabrik zu retten. Statt eines Neubaus sollten hier Büros und Wohnungen in die vorhandenen historischen Gebäude eingepasst werden. Der Vertrag war die Tinte nicht wert, mit der er geschrieben wurde – die Stadt hielt keine einzige ihrer Zusagen ein. Aber der folgende Auszug verdeutlicht immerhin, mit welchem Selbstbewusstsein Bürgerinitiativen und Alternative seinerzeit gegenüber der Obrigkeit auftraten:

Die Besetzer verlassen spätestens am Sonntag, dem 6. Juli 1980, 16 Uhr das Stollwerckgelände. Näheres wird mündlich oder telefonisch vereinbart.

––––––––

Die SPD-Fraktion wird veranlassen, dass die Stadt Köln mit einem noch zu gründenden Kulturzentrum e.V. einen Zwischennutzungsvertrag (...) abschließt. Das Kulturzentrum e.V. ist dabei als organisatorisches Dach verschiedener Initiativen zu verstehen.

––––––––

Der Reha-Autoklinik werden im Severinsviertel ausreichend Räume für die Fortsetzung ihrer Arbeit angeboten.

Die begonnene Musterwohnung (...) wird von der BISA (Bürgerinitiative Südliche Altstadt) fertig gestellt und der Öffentlichkeit 4 Wochen lang zugänglich gemacht.

––––––––

Als Maßnahme der Jugendhilfe (...) wird die Stadt obdachlosen Jugendlichen kurzfristig ein oder zwei Planungshäuser zur Verfügung stellen (...). Die Miete wird entsprechend ihrem Zustand angemessen sein. Die Mietverträge werden auf zwei Jahre befristet.

––––––––

Die Stadt Köln wird alle Anzeigen wegen Hausfriedensbruch, die nach dem 20. Mai 1980 gegen Besetzer des Stollwerckgeländes erstattet worden sind, gegenüber solchen Personen zurückziehen, die das Gelände bis 6. Juli 1980, 16 Uhr freiwillig verlassen haben.

––––––––

Quelle: Martin Stankowski: Der andere Stadtführer

• MITTLERE TEMPERATUREN •

Monat	tagsüber	nachts
Januar	4	−1
Februar	6	0
März	10	2
April	14	5
Mai	19	8
Juni	22	12
Juli	24	14
August	24	14
September	20	11
Oktober	14	7
November	9	4
Dezember	5	0

• DAS PRALINENVERBOT • FÜR STÄDTISCHE MITARBEITER

Im Dezember 1998, kurz nach der Aufdeckung des großen Korruptionsskandals in der Stadtverwaltung, beschloss der Rat einen Zehn-Punkte-Katalog zur Bekämpfung und zukünftigen Vermeidung derartiger Vorkommnisse. Ein Abschnitt beschäftigt sich mit der »Annahme von Vergünstigungen für Mitarbeiterinnen und Mitarbeiter der Stadt«. Verboten ist seitdem:

- Die Zahlung von Geld (auch Trinkgelder, z.B. für die »Kaffeekasse«)
- Das Überlassen von Gutscheinen (z.B. Telefon- oder Eintrittskarten) oder von Gegenständen (z.B. Fahrzeuge, Baumaschinen) zum privaten Gebrauch oder Verbrauch
- Besondere Vergünstigungen bei Privatgeschäften (z.B. zinslose oder zinsgünstige Darlehen oder verbilligter Verkauf)
- Die Zahlung unverhältnismäßig hoher Vergütungen für – auch genehmigte – Nebentätigkeiten (z.B. Vorträge, Gutachten)
- Die Überlassung von Fahrkarten oder Flugtickets und die Mitnahme auf Reisen
- Die Einladung zur Bewirtung in Gaststätten, auf Betriebsfesten, Volksfesten oder in Privatwohnungen
- Die Gewährung von Unterkunft
- Erbrechtliche Begünstigungen
- Sonstige Zuwendungen jeder Art (z.B. Sachwerte wie Spirituosen, Süßigkeiten, Kleidungsstücke, CDs usw.)

——• DIE OBERBÜRGERMEISTER AB MAI 1945 •——

1 ....KONRAD ADENAUER* ....Mai–Okt. 1945, CDU
2 ....WILLY SUTH...Okt.–Nov. 1945, CDU
3...........HERMANN PÜNDER...1945–48, CDU
4...........ERNST SCHWERING..............................Juni–Nov. 1948, CDU
5 ....ROBERT GÖRLINGER**...1948–49, SPD
6 ....ERNST SCHWERING***...................................1949–50, CDU
7 ....ROBERT GÖRLINGER ....1950–51, SPD
8 ....ERNST SCHWERING****..1951–56, CDU
9 ....THEO BURAUEN ....1956–73, SPD
10 ......JOHN VAN NES ZIEGLER.............................1973–80, SPD
11 ....NORBERT BURGER..1980–99, SPD
12 ....HARRY BLUM***** ....1999–2000, CDU
13...........FRITZ SCHRAMMA........seit 2000, Amtszeit endet 2009, CDU

* Adenauer wurde vom Gouverneur der britischen Besatzungsarmee »wegen Unfähigkeit« abgesetzt. U.a. hatte er sich der Forderung verweigert, für den kommenden Winter den Grüngürtel abzuholzen. ** Wegen des Patts von rechtem und linkem Lager endeten auch zwei Wahlwiederholungen unentschieden. So wurde der SPD-Mann Görlinger per Losentscheid zum OB. *** Um die KPD aus allen Entscheidungen herauszuhalten, hatten sich CDU und SPD auf einen jährlichen Wechsel im OB-Amt geeinigt. **** Die Absprache mit der SPD griff 1951 ein letztes Mal, bevor die Wahlen im November 1952 das Patt im Stadtrat beendeten: Zusammen mit der FDP gewann Schwerings CDU die absolute Mehrheit. ***** Der CDU-Mann Blum starb nach kurzer Amtszeit überraschend im März 2000.

——• DIE STRAFBANK-KÖNIGE DER HAIE •——

Spieler	Strafen	Spiele	Tore	Assists
Andreas Lupzig	811	537	105	141
Udo Kießling	791	534	178	305
Peter Schiller	789	494	208	222
Corey Millen	652	266	130	151
Jörg Mayr	636	624	43	179
Gerd Truntschka	584	459	270	555
Alex Hicks	568	223	90	97
Thomas Brandl	552	414	131	257
Miro Sikora	533	644	442*	396
Dave McLlwain	458	279	92	156

* Damit führt Sikora auch die ewige Torschützen-Tabelle des KEC an. Es folgen mit großem Abstand: Gerd Truntschka (270) und Markus Kuhl (250 Tore). Insgesamt schoss der KEC seit seiner Gründung in rund 1.400 Spielen (bei 800 Siegen) über 6.200 Tore.

• KÖLSCH IM VERGLEICH • ZU ANDEREN DEUTSCHEN BIEREN

Sorte	Alkohol-gehalt in %	Stammwürze-gehalt in %	Charakteristika
MALZBIER	0,5–1,5	7,0–13,0	obergärig*, dunkel, süß, malzaromatisch
BERLINER WEISSE	2,6–3,25	7,0–8,0	obergärig, hell, viel Kohlensäure; hergestellt aus Malz sowie natürlichen Milchsäurebakterien
KÖLSCH	3,5–3,9	11,2–11,8	obergärig, hell, aromatisch, betont hopfenbitter
ALT	3,5–3,9	11,2–12,0	obergärig, meist dunkel, aromatisch, betont hopfenbitter
LAGER	3,5–4,0	10,0–12,5	untergärig, hell oder dunkel, nicht hopfenbitter
PILS	3,8–4,0	11,0–12,0	untergärig, hell, herb, spritzig, betont bitter
EXPORT	4,0–4,2	12,0–13,0	untergärig, hell oder dunkel, vollmundig
WEIZEN	4,0–5,0	11,0–12,0	obergärig, hell, weizenmalzaromatisch, viel Kohlensäure
BOCK	5,0–5,5	16,0–18,0	untergärig, dunkel, vollmundig, malzaromatisch
DOPPELBOCK	5,7–6,0	18,0–19,0	untergärig, vollmundig, ausgeprägt malzaromatisch
EISBOCK	8,0–9,0	28,0	untergärig, dunkel, sehr malzaromatisch, süß

* Die Begriffe »obergärig« und »untergärig« beziehen sich auf die Bewegung der Hefe während des Gärungsprozesses. Bei der Obergärung steigt sie auf und entwickelt sich zu einer schmierig-braunen Deckschicht. Die entsprechenden Hefen arbeiten bei Temperaturen zwischen 15 und 20 Grad, während Untergärung nach 4 bis 9 Grad verlangt. Das daraus resultierende Bier ist wesentlich länger haltbar als obergäriges. Ihren Siegeszug (rund 85 % Marktanteil) trat die Untergärung jedoch erst mit der Erfindung der Kühlmaschinen im 19. Jahrhundert an.

Quelle: Jacob Blume: Bier. Was die Welt im Innersten zusammenhält

• HOCHWASSERMARKEN VON 1784 •

Am 28. Februar 1784 wurde Köln von einem gewaltigen Hochwasser überschwemmt. Davon zeugen die folgenden Marken:

CHOR DER ELENDSKIRCHE ST. GREGOR/STRASSE AN ST. KATHA-RINEN: Die Leiste samt Schild befindet sich in Kopfhöhe eines normal großen Erwachsenen. Das ist vor allem deshalb bemerkenswert, weil dieser Ort in der Südstadt heute rund 150 Meter von der Rheinsenke entfernt liegt.

PORTAL VON ST. MARIA LYSKIRCHEN: Die Markierung zieht sich über den Eingang der romanischen Kirche, in einer Höhe von ungefähr 3,5 Metern.

HAUS ECKE FILZENGRABEN UND AM LEYSTAPEL: Direkt um die Ecke von St. Maria Lyskirchen, aber noch etwas näher zum Rhein hin. Höhe: rund 4 Meter.*

SCHMITZ-SÄULE VOR GROSS ST. MARTIN: Auch auf der 1965 errichteten Steinstele wurde das legendäre Hochwasser vermerkt. Wegen des erhöhten Fleckens, auf dem man sich hier befindet, liegt die Markierung jedoch nur in Hüfthöhe.

* In Brusthöhe findet sich hier ein weiteres historisches Erinnerungsschild. Es erinnert an das Hochwasser vom November 1882. Die Marke nimmt sich gegenüber der 100 Jahre früheren Überschwemmung jedoch geradezu bescheiden aus.

• SUPERLATIVE DES DOMS I •

DIE STAHLKONSTRUKTION: Als im 19. Jahrhundert mit der zweiten Bauphase des Doms begonnen wurde, verlangten die Puristen unter den Baumeistern einen Holzdachstuhl. Sie begründeten dies damit, dass sich über dem Chor (dem ältesten Bauabschnitt) um 1300 ebenfalls eine hölzerne Konstruktion befunden hatte. Doch der hohen Brandgefahr im Holzgebälk wegen setzte sich schließlich Dombaumeister Zwirner mit einem stählernen Dachstuhl durch. Er wurde 1860 über den Gewölben von Lang- und Querhaus errichtet und trägt bis heute das schwere Bleidach des Doms. Bis zur Weltausstellung 1889 der Pariser Eiffelturm gebaut wurde, war das Dach des Kölner Doms die größte Stahlkonstruktion der Welt.

• DER KÖLSCHE KOSMOS •

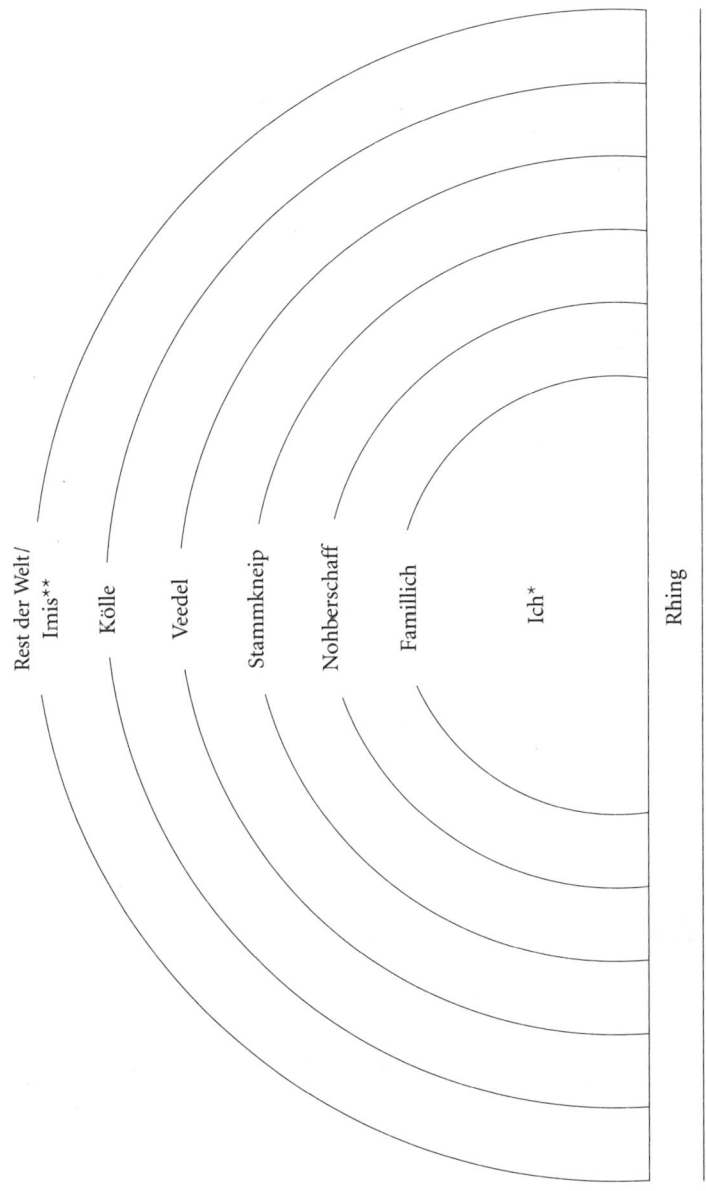

Rest der Welt/ Imis**

Kölle

Veedel

Stammkneip

Nohberschaff

Famillich

Ich*

Rhing

* Sät dä Jeck.   ** Potentielle.

———— • ## ACHT KÖLSCHE KLARSTELLUNGEN, • ————
EIN FÜR ALLE MAL

1) Es heißt *die* Flönz, und nicht *der*.*

2) Ein Halver Hahn ist nur echt mit Röggelchen und mittelaltem Gouda.

3) Bei Himmel & Äd gehören Kartoffelbrei und Apfelmus nicht in getrennte Schälchen, sondern untereinander.

4) Der Rheinische Sauerbraten stammt vom Pferd.**

5) Ein Hämchen ist nicht identisch mit einer Schweinshaxe oder einem Eisbein. Letztere können auch geschmort, gebacken oder gegrillt werden, ein Hämchen jedoch wird gepökelt und anschließend gekocht.***

6) Ein großes Kölsch ist eines mit 0,2 Litern. Ein kleines Kölsch fasst 0,1 Liter, man nennt es auch Stößchen. Es wird vorzugsweise vom Wirt selbst und von (älteren) weiblichen Gästen getrunken. Kölsch in Füllmengen von 0,25, 0,3, 0,4 oder 0,5 Litern ist ein Sakrileg, dafür wird das hiesige Obergärige zu schnell schal.

7) Es heißt nicht *Immi*, sondern *Imi*. Das Wort stammt nicht von Immigrant, sondern von Imitat, folglich ist ein Imi ein imitierter Kölscher.

8) Köln liegt nicht am Mittel-, sondern am Niederrhein, weil dieser geographisch betrachtet nördlich von Bonn anfängt. Weil man jedoch nicht immer so verbissen sein sollte, liegt Köln trotzdem am Mittelrhein.

* Und: Ja, das war eine Arme-Leute-Wurst, bestehend aus Schweineblut und Speckwürfeln.
** Ungefähr seit den 1860er Jahren gilt der kölnische Pferde-Sauerbraten als lokale Spezialität.
*** Außerdem sind »Hämchen immer hinten«, wie mancher kölsche Koch erklärt. Es geht also nicht um den Unterarm oder Bizeps des Schweins, sondern um die Wade.

———— • ## DER SCHLAF DER AUSWÄRTIGEN • ————

Im Jahre 2004
bezogen
251
Beherbergungsbetriebe
24.351
Betten, um insgesamt
2.128.686
Besucher
3.850.084
Mal übernachten zu lassen.

• DER STOFF IM WASSERGLAS •

Laut Auskunft der Wasserwerke enthält das Kölner Trinkwasser unter anderem folgende Zusätze:

ALUMINIUM	ARSEN	BENZOL	BLEI
BOR	BROMAT	CADMIUM	CHROM
CYANID	FLUORID	KUPFER	MANGAN	NICKEL
NITRAT	PFLANZENSCHUTZMITTEL	QUECKSILBER

Alle Werte liegen im Milligrammbereich pro Liter und selbstverständlich unterhalb der zulässigen Grenzmarken.

• DIE BELIEBTESTEN KARNEVALSHITS •

Am Eigelstein es Musik
Beinah, beinah (hätt ich se jebütz)
Blotwoosch, Kölsch un e lecker
  Mädche
Buenos Dias, Mathias
Dat Hätz vun dr Welt
Dat Wasser vun Kölle es jot
Der treue Husar
Die Karawane zieht weiter
Drink doch eine met
Echte Fründe stonn zesamme
Eimol Prinz zo sin
En d'r Kamellebud
En d'r Kaygass
Es war in Königswinter
Et Pizza-Leed
Griechischer Wein*
Hände zum Himmel

Heidewitzka, Herr Kapitän
Ich ben ene Räuber
In unserem Veedel
Kumm loss mer fiere!
Linda Lou
Marmor, Stein und Eisen bricht**
Mer losse d'r Dom en Kölle
Mir klääve am Lääve
Mir schenken dä Ahl e paar Blömcher
Mir sin kölsche Mädche/Jonge
Op dem Maat ... stonn die Buure
Polterovend en d'r Elsaßstrooß
Superjeilezick
Viva Colonia
Wenn et Trömmelche jeit
Winke Winke (ich jonn eine drinke)
Und schließlich:
Am Aschermittwoch (ist alles vorbei)

* Steht hier stellvertretend für zahlreiche Schlager-Klassiker, die im Karneval gesungen werden. Ist aber tatsächlich einer der besten.   ** Hält eine unangefochtene Sonderstellung unter den Schlagern. Nicht Kölsch und nicht Rheinisch, aber eingemeindet. Ein Imi-Lied, sozusagen. Grammatisch korrekt müsste es in der ersten Refrainzeile übrigens »brechen« heißen, aber dann wäre der Reim dahin.

NEUE STRASSENBÄUME
DES GRÜNFLÄCHENAMTES

Seit dem Herbst 2004 experimentiert die Stadt mit neuen Baumarten. Wichtige Aspekte sind u.a. die Anfälligkeit für Hitze, Frost, Sturm und Schädlinge, die Frucht- und Laubfallmengen, die Wuchshöhe und -breite sowie der Pflegeaufwand. Einige Beispiele:

ACER CAMPESTRE »ELSRIJK« *Feldahorn* Kleiner, schmaler Baum mit zunächst kegelförmiger, später eher breit-eiförmiger Krone. Spät einsetzender Laubfall, leuchtend gelbe Herbstfärbung.

AESCULUS CARNEA »BRIOTTI« *Scharlach-Rosskastanie* Wird mittelgroß, mit breiter, pyramidaler Krone. Bildet in der zweiten Maihälfte blutrot leuchtende Blüten aus.

GINGKO BILOBA *Fächerblattbaum* Baum mit vielgestaltigem Wuchs und leuchtend gelber Herbstfärbung. Frosthart und vollkommen resistent gegen Krankheiten. Männliche Blüten in Kätzchen, Frucht mirabellenförmig.

GLEDITSIA TRIACANTHOS »SKYLINE« *Lederhülsenbaum* Mittelgroß, mit unregelmäßigem, lockerem Kronenaufbau. Lichtgelbe Herbstfärbung, im Alter olivbraune Rinde.

LIQUIDAMBAR STYRACIFLUA »PAARL« *Amberbaum* Sorte mit schmaler, spitz-kegelförmiger Krone, Höhe bis 25 Meter. Prachtvolle Herbstfärbung, die früh einsetzt. Verträgt Industrie- und Stadtklima, ist frosthart, insektenresistent und ziemlich anspruchslos.

OSTRYA CARPINIFOLIA *Hopfenbuche* Kleiner, kurzstämmiger Baum ähnlich der Hainbuche. Anspruchslos, unauffällig, oft nur strauchartig wachsend, deshalb zumeist allein stehend als Parkbaum verwendet.

PRUNUS PADUS »SCHLOSS TIEFURT« *Trauben-Kirsche* Mittelstarkwüchsiger, kleiner Baum mit kerzengeradem Stamm, der sich zu einer kegel- bis eiförmigen, gleichmäßigen Krone entfaltet. Bedarf feuchten, nährstoffreichen Bodens, wenig kalkverträglich.

QUERCUS FRAINETTO *Ungarische Eiche* Recht schnellwüchsiger und großer Baum mit kurzem Stamm und tief angesetzter Krone. Metallisch glänzende Blätter, liebt kalkreiche Böden.

——• DIE ARCHITEKTONISCHE BESCHREIBUNG •—— DES MUSICAL-DOMES

Das Tragsystem besteht aus vier stählernen Dreigurtbindern mit einem Untergurt und zwei Obergurten, jeweils aufgebaut aus Rohrelementen. Je zwei dieser Binder sind durch stählerne Druckstreben und vorgespannte fachwerkartige Stahlseile zu einem standfesten Binderpaar vereinigt. Die Außenmembran aus glasfaserverstärktem Polyvinylchlorit schließt an die Untergurte der Binder an, sie ist gegen den Boden verspannt. An diese Konstruktion spannt sich die Innenmembran. Die raumabschließende textile Haut ist zweischalig: Die Außenmembran dient dem Wetterschutz; die Innenmembran trägt die Wärmeisolierung (0,23 W/m^2 K) aus 169 mm dicken Mineralwollplatten, welche ebenfalls den Schallschutz (45 dB) übernehmen. (Krätzig & Partner Ingenieursgesellschaft)

Das Zelt* wurde 1996 eröffnet. Seitdem liefen dort:
1996–98 · GAUDÍ**
1999–2002 · SATURDAY NIGHT FEVER
2003–04 · JEKYLL & HYDE
2004–2007*** · WE WILL ROCK YOU

Gastspiele u.a.: Die Musicals »Rat Pack« und »Buddy Holly«, der Chinesische Staatscircus und der Zauberer Copperfield.

* Manche sagen auch: der Müllsack. ** Danach zunächst Stillstand wegen Pleite.
***Avisierte Laufzeit.

————————• DIE STADTBEZIRKE •————————

Geordnet nach ihrem Bevölkerungsreichtum:

Rang	Bezirk	Einwohner	Haushalte
1	MÜLHEIM	144.944	69.679
2	LINDENTHAL	139.233	77.485
3	INNENSTADT	129.047	81.200
4	NIPPES	109.009	56.277
5	PORZ	107.437	49.872
6	KALK	107.036	51.217
7	EHRENFELD	102.264	53.917
8	RODENKIRCHEN	100.325	50.391
9	CHORWEILER	83.332	33.694

Quelle: Stadt Köln

• DIE SCHWARZMARKTPREISE 1948 •

Die Währungsreform im Juli 1948 bedeutete das Ende des Schwarzen Marktes der Nachkriegszeit. Zuvor hatte sein Zentrum zwischen Dom und Frankenwerft gelegen. Händler, die diesen »offenen« Bereich mieden, schoben Handwagen herum oder hatten ausgebeulte Manteltaschen. Kriminelle Existenzen nutzten diesen Vertriebsweg ebenso wie alte Mütterchen, die ihre letzten Habseligkeiten gegen Lebensmittel eintauschten.

1 Ei – 3 RM*
1 deutsche Zigarette – 3–4 RM
1 englische oder amerikanische Zigarette – 8–10 RM
1 Riegel englische Schokolade – 8–10 RM
*1 Lot Bohnenkaffee*** – 10 RM
1 Liter Milch – 10 RM
1 Pfund Brot – 40 RM
1/2 Pfund Butter – 80 RM
1 Pfund Fleisch, Schmalz oder Speck – 100 RM
1 Armbanduhr – 120 Zigaretten
1 Paar Damenstrümpfe – 225 RM
1 Paar Kinderschuhe – 400 RM
1 Pkw-Reifen – 1.000 RM
1 Lkw-Reifen – 3.000 RM

Schwarzmarktpreise waren nirgendwo angeschlagen und regulierten sich von Fall zu Fall selbst. Deshalb kann es sich bei den vorstehenden Angaben naturgemäß nur um Annäherungen handeln.

* Zum Vergleich: Der Stundenlohn eines Fabrikarbeiters lag oft deutlich unter 2 Reichsmark. Das Monatsgehalt eines Angestellten betrug um 250 RM.   ** Reichte etwa für eine Kanne. Quellen: Hans-Michel Becker: Äbte, Kies und Duffesbach; Klas Ewert Everwyn: Die Kölner Südstadt und ich; Heinz Monheim: Spezialeinsatz für Arnold 12

• DER BLICK DER FREMDEN III •

»In den zahllosen Klöstern und Stiften hausen tausende von Geistlichen, grobe ungehobelte Klötze, über und über mit Tabak und Rotz beschmiert, die in Bierhäusern mit den Bauern um einiger Pfennige willen Karten spielen.«

EIN REISENDER FRANZOSE, 1784

⸻• EINIGE KÖLSCHE AUSDRÜCKE FÜR »KIND« •⸻

Blaach, Ströppche, Bünnesje, Dubbeditzje, Poppeditzje, Stubbeditzje

Pannestätzje *(neugeboren)*, Babaditzje *(sehr klein)*, Puut *(klein)*, Nüggelche *(klein, mollig)*, Knubbeledotz *(klein, dick)*, Puppsack *(moppelig)*, Möllche *(dick)*, Klötsch *(schwer)*

Rölleköll *(wild, ausgelassen)*, Panz *(schlecht erzogen)*, Schreibätes *(laut, trotzig)*, Fluhpanz/Knüselche *(unrein)*, Muttengel/Köttelspuut *(dreckig)*, Stinkadores *(übel riechend)*, Saubalch *(dreckig und/oder ungezogen)*

Nackeditz *(nackt)*, Jumferekind/Malörche/Affällche *(unehelich)*, Hümpelepümpelche *(hinkend)*

Die Auswahl ist recht willkürlich und muss es angesichts der schieren Menge kölscher Bezeichnungen auch bleiben. Das Wörterbuch »Uns Famillich« führt allein 608 Ausdrücke für »Kind« an und füllt damit, inklusive Erklärungen, 87 Seiten.

⸻• DER VATER RHEIN •⸻

Gesamtlänge	1.326 km*
Kölner Uferlänge linksrheinisch	40,0 km
Uferlänge rechtsrheinisch	27,3 km**
Pegelnullpunkt	34,97 cm über NN***
Mittlerer Pegelstand	290–320 cm
Gefälle innerhalb des Stadtgebiets	3,60 m
Fließgeschwindigkeit bei Hochwasser	2,5 m/s
Mittlerer Abfluss bei Niedrigwasser	930 m²/s****
Mittlerer Abfluss bei Hochwasser	6.190 m²/s

* Womit er nach der Donau der längste und wasserreichste Fluss Mittel- und Westeuropas ist. Nicht zuletzt tragen dazu seine Nebenflüsse bei. Der Rhein nimmt sie mit einer Gesamtlänge von 26.000 km in sich auf, und das ohne zu murren und ohne einen einzigen von ihnen wieder auszuspucken. So viel zur rheinischen Toleranz.   ** Die zunächst etwas überraschenden Zahlen haben nicht etwa mit den Windungen des Rheins zu tun. Im Gegenteil fließt er etwas weiter östlich nach Köln hinein als heraus, sodass insgesamt eine Linksbiegung entsteht, die für die kürzere Innenbahn spricht. Stattdessen erklärt sich das Ungleichgewicht durch die geringere Nord-Süd-Ausdehnung der Stadt auf der östlichen, rechten Rheinseite. Schuld daran ist also Leverkusen (gegenüber Köln-Merkenich), das die Schäl Sick nach Norden hin abschneidet.   *** NN = Normal-Null, der Nordseespiegel im Amsterdamer Hafen. **** Den Minusrekord hält der 16. Februar 1929: Bei 470 m²/s Abfluss und einem Wasserstand von 62 cm hätte man den Rhein in Anglerstiefeln durchqueren können.

• DER BLICK DER FREMDEN IV •

»Der Kölner betrachtet seine Vaterstadt als den angenehmsten Wohnsitz der Heiligen und seine Erde selbst als heilig.«

KASPAR RIESBECK, 1784

• DIE VERNICHTENDE HEIMSPIEL-BILANZ • DES FC GEGEN BORUSSIA MÖNCHENGLADBACH

ANGSTGEGNER – ein Wort, das der moderne Fußballlehrer und auch so mancher anti-abergläubische Fan nicht mehr hören möchte. Aber es gibt ihn, den Angstgegner, und beim FC heißt er Borussia Mönchengladbach. Wenn die Mannschaft vom (ehemaligen) Bökelberg sich nach Köln aufmacht, könnte sie sich eigentlich das Benzin sparen. Denn ausgerechnet gegen den Lokalrivalen vom Niederrhein ist die Heimspielbilanz der Geißböcke mehr als vernichtend, egal wie gut oder schlecht die Kölner ansonsten abschnitten. Selbst jene, die den »Angstgegner« in die Schublade mit den abgelutschten Floskeln stecken möchten, müssen folgende Fakten anerkennen: Seit 1965, als Gladbach in die Bundesliga aufstieg, setzte es für den FC in 36 Heimspielen 19 Niederlagen. Und niemand weiß, warum.

DIE LÄNGSTEN DURSTSTRECKEN: Vier Jahre ohne Heimsieg in den Spielzeiten 1966/67–69/70 · 73/74–76/77 · 83/84–86/87 · 92/93–95/96.

DIE HÖCHSTEN NIEDERLAGEN: 2:5 (1967/68) · 1:4 (68/69) · 0:4 (75/76) · 0:3 (76/77) · 1:5 (84/85) · 0:4 (93/94).

Drei Nachbemerkungen zur Historie:
1) Unvergessen ist das Finale um den Deutschen Pokal 1973. Für viele Fußballfans in Deutschland war es eines der größten, schönsten Spiele aller Zeiten, ein offener Schlagabtausch über 90 Minuten, der sogar noch in die Verlängerung führte. 1:1 stand es nach Ende der regulären Spielzeit, und dann kam der Geniestreich des Günter Netzer. Von Trainer Weisweiler wegen seines anstehenden Abgangs nach Spanien auf die Ersatzbank verbannt, wechselte er sich kurzerhand selbst ein. Und nach einem Doppelpass mit Bonhof zimmerte er den Ball unhaltbar in den linken oberen Winkel – Gladbach war Pokalsieger und Netzer ein Held. Auf der Strecke blieb – achtbar geschlagen – die Mannschaft des 1. FC Köln.
2) In derselben Saison standen sich die beiden Mannschaften auch auf internationaler Bühne gegenüber. In der 3. Runde des UEFA-Pokals 1972/73 wahrte der FC zumindest im Hinspiel vor heimischer Kulisse sein Gesicht. Dem 0:0 folgte dann jedoch im Rückspiel am Bökelberg eine 0:5-Klatsche.
3) Einen großen Tag nach langem Leiden bescherte den Kölnern hingegen der 5:2-Auswärtssieg in der Saison 1977/78. Es war der erste Sieg nach fünf Jahren und zugleich der erste Auswärtserfolg seit zwölf Jahren, seit 1965/66. Und nicht zuletzt war dies die Spielzeit, in der der FC zum (vorerst) letzten Mal Meister wurde.

• EIN GEDICHT I •

WILLKOMMEN IN KÖLN!

LICHT UND SCHATTEN, DREI AFFEN oder Könige, immer ein
RESTRISIKO. Mit
SCHÜRFWUNDEN, ERFROREN HUNDELEBEN, MIENENSPIEL:
VERRATEN UND VERKAUFT, PECHMARIE eben.

Diese MÖRDERGRUBE, DAS PHANTOM der MUTTERLIEBE
Zeugt SCHÜTZLINGE? – BESTIEN, KINDER DER GEWALT, äußerst
BITTERE MANDELN, BLUTDIAMANTEN, ein
MARTINSFEUER der TRITTBRETTFAHRER.

SCHATTENLOS, DIREKT INS HERZ, DIE
FRAU IM ZUG, ein STRENG GEHEIMER
AUFTRAG (TATORT MANILA ODER BERMUDA): KINDSTOD!
SCHLAF, KINDLEIN, SCHLAF.

VERRAT dürstet nach RÜCKSPIEL,
BILDERSTURM, nach
ODINS RACHE! – WILLKOMMEN IN KÖLN?
BOMBENSTIMMUNG ansonsten.

Bei den Wörtern in Großbuchstaben handelt es sich ausnahmslos um
Titel von Kölner Tatort-Folgen. 34 Schenk-Ballauf-Krimis gibt es inzwi-
schen. Aus poetologischen Gründen ausgelassen wurde lediglich »QUAR-
TETT IN LEIPZIG«, eine der Kooperationen mit den ostdeutschen Kol-
legen Ehrlicher und Kain. Ähnliche Überlegungen führten dazu, dem
»MINENSPIEL« ein Binnen-e unterzujubeln.

• DIE ELEFANTEN IM ZOO •

Thi Ha Phyu & Khaing Lwin Htoo
Aung Si & Sang Raj
Aung Bo & Bindu
Shu Thu Zar & Aye Chan May

Seit Ende 2004 leben die Tiere in einem neugestalteten,
20.000 m² großen Elefantenpark.

• DIE SICHERSTE STADT DER WELT •

In Köln wurden keine Kosten gescheut, um die Verteidigungsanlagen vor der Stadtmauer stets auf dem neuesten Stand zu halten. Das ganze Mittelalter über galt die Stadt als uneinnehmbar. Warum es nie jemand versuchte, mag die folgende Grafik (Beispiel: Severinstorburg ab ca. 1630) verdeutlichen.

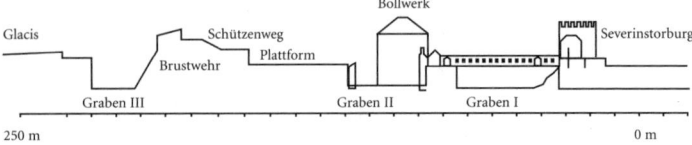

Quelle: A. Kupka, Rheinisches Bildarchiv

• PARTNERSCHAFTEN DER UNIVERSITÄT •

1961................................Pennsylvania State University, Philadelphia/USA
1962 ....Université d'Auvergne, Clermont-Ferrand I/Frankreich
1980 ....Université Blaise Pascal, Clermont-Ferrand II/Frankreich
1981..Keio-Universität, Tokio/Japan
1985 ....Universität St. Kliment Ohridski, Sofia/Bulgarien
1987....................................Hitotsubashi-Universität, Tokio/Japan
1990 ....Universidade Federal do Ceará, Fortaleza/Brasilien und
Uniwersytet Jagiellonski w Krakowie, Krakau/Polen
1992.........................Aristotelio Panepistimo, Thessaloniki/Griechenland
1993 ....Gorkij Literaturnyj Institut, Moskau/Russland
und Staatsuniversität Wolgograd/Russland
1999..Univerzita Karlova, Prag/Tschechien
2001 ....University of California, School of Law, Berkeley/USA
und Duquesne University, Pittsburgh/USA
2003 ....Uniwersytet Wroclawski, Breslau/Polen und
Istanbul Üniversitesi, Istanbul/Türkei

Außer den offiziellen Hochschulpartnerschaften, die vorwiegend universitätspolitisch motiviert und fakultätsübergreifend angelegt sind, bestehen noch mehr als 260 Kooperationen und Austauschbeziehungen auf Fakultätsebene. Zuständig für die internationalen Kontakte insgesamt ist das Akademische Auslandsamt. Die einzelnen offiziellen Hochschulpartnerschaften werden von einem Senatsbeauftragten betreut.

─────── • **KARNEVAL AUF ÄNGLISCH** • ───────

Wer es schon einmal versucht hat, wird zustimmen: Die Faszination des Karnevals zu vermitteln – und noch dazu in einer fremden Sprache – fällt nicht gerade leicht. Man begibt sich dabei ebenso auf Glatteis wie derjenige, der einen Bilderwitz ohne die Vorlage erzählen will. Denn bei archaischen Volksfesten wie dem Fastelovend gilt wohl noch mehr als anderswo: Dabeisein ist alles! Trotzdem hat das Festkomitee des Kölner Karnevals den Versuch unternommen, auch englischen Gästen zu beschreiben, was sie hier im Frühjahr erwartet:

THE CARNIVAL SEASON

Given its Christian roots, the date of Rose Monday is determined by the Church calendar: It takes place on the Monday before Ash Wednesday, which in turn marks the beginning of Lent leading up to Good Friday and Easter. Traditionally, the fifth season is declared open at eleven minutes past eleven on the eleventh of November! The Carnival spirit is then temporarily suspended by the Advent and Christmas period, and picks up again »in earnest« in the New Year. Street carnival, also called »the crazy days«, takes places between Thursday (Women's Carnival Day) before Rose Monday and ends on Ash Wednesday.

No doubt, the highlight of the street carnival is Rose Monday with 10.000 participants, one-third of them female, 550 horse riders and 117 bands. Some 140 tons of sweets, 700.000 bars of chocolate and 300.000 bunches of flowers are being distributed to over 1 million spectators.

The main representatives of the Cologne Carnival are called the »Trifolium« (i.e. trefoil, or cloverleaf), in German »Dreigestirn«. They are the Prince (Prince Carnival), the Peasant and the Virgin; with the latter two representing the wealth and defence readiness as well as the virtue and beauty of the free Imperial City of Cologne. As a matter of tradition the Virgin is always represented by a man. Every carnival session the Trifolium is being provided by one of the member clubs of the Festive Committee.

UND JETZT BITTE NOCH EINMAL LAUT VORLESEN!

─────── • **SUPERLATIVE DES DOMS II** • ───────

DIE BAUZEIT: Nach 632 Jahren und zwei Monaten wurde der Kölner Dom 1880 endlich eingeweiht. Damit ist seine Bauzeit rekordverdächtig. Länger dauerte wahrscheinlich nur die Fertigstellung der Chinesischen Mauer.

———• DIE ZEHN SCHÖNSTEN TEAMNAMEN •——— DER BUNTEN LIGA

BOCA FEEZ JUNIORS*   BEETHOVENS 11.

DIE SCHEISSE VOM DOM**

DREIBEINER***   DYNAMO TRESEN****

FC RHEINGRÄTSCHER   INTER LECKT*****   JOOT ES 11******

JUVENTUS URIN*******   KNACKER EINFACH********

Die Auswahl ist zwar subjektiv, dürfte aber jedweder sprachwitzwissen-
schaftlichen Überprüfung standhalten.

* Anspielung auf die Boca Juniors Buenos Aires, bei denen Diego Maradona groß wurde.
** Schlachtruf, mit dem der FC bei jedem Auswärtsspiel zu kämpfen hat.   *** Nun ja.
**** Anspielung auf den historischen Ost-Fußballclub der Stasi.   ***** Siehe ***.
****** Für jüngere Leser: Anspielung auf eine 70er-Jahre-Werbung für bioenergetisches
Kanarienvogelfutter.   ******* Siehe *****.   ******** War früher der einzige Speisekarten-
punkt auf der Liste der Imbiss-Büdchen von Fortuna Köln. Das Würstchen war legendär, weil
es so nach DDR klang. Und dann immer der Kampf, wenn man für dieses fiese Teil ein
bisschen mehr Senf als gewöhnlich wollte ...

—• DREI BEISPIELE FÜR VERIRRUNG IM TIERREICH •—

SALZGASSE: Das Haus »Im Walfisch« stammt ursprünglich aus dem frühen 17. Jahrhundert. Da war wahrscheinlich noch nicht allgemein bekannt,
dass das Schwimmtier zu den Säugern gehört.

§

ST. MARIA IM KAPITOL: Eines der Kapitelle im Kreuzgang zeigt zwei
Greifvögel, die erstaunlicherweise Früchte essen.

§

HOHENZOLLERNBRÜCKE (BEIDSEITIG) UND HEUMARKT (SÜD-
SEITE): Preußische Könige auf rassigen Rossen flankieren die Rampen
der Brücke und den Platz. Die Experten streiten bis heute darüber, ob die
dargestellte Gangart der Pferde überhaupt existiert. Beim Reiterstandbild
am Heumarkt kommen zwei weitere Makel hinzu: Der Oberkörper des
Monarchen sei viel zu groß geraten, sagen die einen, und die anderen, der
Hintern des Gaules ende zu abrupt.

‹› EHEMALIGE LOKALBLÄTTER ‹›

Eilfertiger Welt- und Staatsboth*

Extraordinari Cöllnische Dienstags-Zeitung

Extraordinari Cöllnische Post-Zeitung

Gazette de Cologne**

Historisches Journal

Cöllnische Wochentliche Frag- und Anzeigungs-Nachrichten

Kaiserliche Reichs-Ober-Post Amts-Zeitung zu Cölln***

Kaiserlich Allergnädigst privilegirte freyer Reichs-Stadt Cölln
gemeinnützige Intelligenz-Nachrichten

Kölner Zeitung/Kölnische Zeitung

Kölnischer eilfertiger Welt- und Staats-Both

Le Nouvelliste (Neueste Nachrichten)

Reichs-Courir

Relations veritables (Wahre Nachrichten)

Rheinische Zeitung für Politik, Handel und Gewerbe****

Sambstägige Cöllnische Zeitung

Stadtkölnisch-gemeinnützige Intelligenz-Nachrichten

Die genannten Zeitungen erschienen im 18. und 19. Jahrhundert. Die
einzige noch heute existierende ist die Kölnische Zeitung, die inzwischen
Kölner Stadt-Anzeiger heißt.

* Ab 1. Juli 1839 mit der Kölnischen Zeitung vereinigt.   ** Ein typisches Bildungsbürgerblatt
des 18. Jahrhunderts, mit kaiserlichem Privileg herausgegeben von Professor Jean Ignace
Roderique. Er war zugleich Eigentümer, Redakteur und Drucker der Zeitung und seinerzeit
Kölns berühmtester Publizist.   *** Ab 1802 Kölner bzw. Kölnische Zeitung.   **** 1841 vom
liberalen Bürgertum gegründet, wurde hier im September 1842 Karl Marx der Chefredakteur.
Im April 1843 musste die Zeitung ihr Erscheinen auf Befehl der Berliner Regierung einstellen.
Am 1. Juni 1848 wurde sie relauncht, nun als Neue Rheinische Zeitung und mit Marx als
Herausgeber – ein echtes Revolutionsblatt. Zum 18. Mai 1849 jedoch wurde Marx polizeilich
aus Köln ausgewiesen und die NRZ verboten.
Quelle: Heinz Weber (Hg.): In alten Zeitungen geblättert

‹ DER REFRAIN EINES KARNEVALSSCHLAGERS ›
VON 1914

Samstags muss ich min Hämchen han
Min Hämchen han, min Hämchen han
Schön mager nit zo fett
Eh'r gonn ich nit nohm Bett.

von LUDWIG SCHMITZ und EMIL NEUMANN

DIE EHRENBÜRGER DER DOMSTADT

1856 · *Franz Egon Graf von Fürstenberg-Stammheim*, für seine Verdienste um die Gründung des Dombau- und Kunstvereins.

1859 · *Ernst Moritz Arndt*, für sein »ruhmreiches Wirken zur Befreiung Deutschlands vom fremden Joch«.

1875 · *Otto Fürst von Bismarck*, in Anerkennung seines Wirkens als »weiser Lenker des Staates«.

1879 · *Helmuth Graf von Moltke*, für die »ruhmreiche Führung deutscher Heere«.

1895 · *Gustav von Mevissen*, in Anerkennung seiner Verdienste in Kunst, Wissenschaft, Handel und Verkehrswesen im Rheinland. – *August Reichensperger*, für sein Engagement zur Fertigstellung des Doms. – *Heinrich von Stephan*, in Anerkennung seines Lebenswerks und als Erfinder der Postkarte.

1905 · *Friedrich Wilhelm von Becker*, weil er Kölns Weg zur Großstadt beförderte.

1910 · *Alexander Schnütgen*, als »unermüdlicher Förderer der Kunst«, der seine Sammlung der Stadt schenkte.

1951 · *Konrad Adenauer*, wegen »überragender Leistungen für diese Stadt«. – *Hans Böckler*, für »die Gestaltung eines wesentlichen Teils der sozialen Fragen in Deutschland«.

1959 · *Theodor Heuss*, in Anerkennung seiner »Verdienste um die Bundesrepublik, insbesondere seiner Freundschaft für Köln«.

1967 · *Joseph Kardinal Frings*, als »Volksbischof, dessen Wirken unser Köln und seine Bürger mit Stolz erfüllt«.

1974 · *Theo Burauen*, als der »überzeugendste Repräsentant und Interpret des aus den Trümmern des Krieges wiederaufblühenden Köln«.

1975 · *Peter Ludwig*, in Anerkennung der großzügigen Förderung der Kölner Museen.

1982 · *Heinrich Böll*, in Würdigung seines gesamten literarischen und gesellschaftspolitischen Lebenswerkes.

1989 · *Willy Millowitsch*, für die Popularisierung seiner Heimatstadt und des Kölner Volkscharakters.

1991 · *John van Nes Ziegler*, für seine Verdienste »beim Wiederaufbau nach dem Krieg und dem anschließenden Strukturwandel der gewachsenen Metropole Köln«.

1994 · *Irene Ludwig*, als Förderin der Kulturstadt Köln.

1999 · *Norbert Burger*, für seine Verdienste als langjähriger Oberbürgermeister und Repräsentant dieser Stadt.

2001 · *Alfred Neven DuMont*, Herausgeber des Kölner Stadt-Anzeigers, als Beförderer von Kölns Ruf als führender Medienstadt. – *Hans Imhoff*, langjähriger Chef der Stollwerck-Schokoladenfabrik, für sein soziales und kulturförderndes Engagement.

• DIE ZWÖLF AM HÄUFIGSTEN • GEWÄHLTEN BERUFSAUSBILDUNGEN

1	KAUFMANN/-FRAU*	8	BÜROBERUFE/
2	BERUFE IM HOTEL- UND		ÖFFENTLICHER DIENST
	GASTROGEWERBE	9	NEUE-MEDIEN-BERUFE
3	IT-BERUFE	10	KFZ-MECHANIKER/-IN
4	(ZAHN-)ARZTHELFER/-IN	11	RECHTSANWALTS-
5	FRISEUR/-IN		ANGESTELLTE/-R
6	ELEKTRIKER/-IN	12	KOCH/KÖCHIN
7	VERKÄUFER/-IN		

* Inklusive sämtlicher Spezifizierungen wie Büro-, Industrie-, Bank-, Außenhandelskauf-mann/-frau usw.

• WIRTSCHAFTSPOLITIK ANNO 1238: • DIE BIERSTEUER

Bier wurde in Köln zu allen Zeiten gebraut – wenn es auch nicht immer »Kölsch« hieß (und mit Sicherheit auch nicht so schmeckte). Stand das freie Brauen zu Hause bereits seit dem 9. Jahrhundert unter Strafe, so wurden auch die offiziellen Brauereien bald vehement angezapft: Im Jahre 1238 erhielt Erzbischof Conrad von Hochstaden das kaiserliche Privileg, eine Biersteuer zu erheben.* Den Stadtvätern gefiel diese erneute Schröpfung durch den Klerus jedoch ganz und gar nicht. Es kam zu harschen Auseinandersetzungen, und schließlich wurde Albertus Magnus, klügster Kopf am Rhein, als Vermittler angerufen. Sein von beiden Seiten akzeptiertes Urteil: Die Einnahmen sollten zwischen Stadt und Erzbischof geteilt werden.

Der Streit enthielt nicht nur eine hoch politische, sondern darüber hinaus eine ökonomische Note. Denn Bier war im Mittelalter, neben Wein, der alleinige Haustrunk und deshalb ein nicht zu unterschätzender Wirtschaftsfaktor. Kaffee kannte man noch nicht, Tee verabreichte man nur den Kranken. Und Wasser – ungebrautes – galt wegen der hygienischen Verhältnisse in Köln als höchst gefährlich. Deswegen trank man Bier, des Abends vor dem Schlafengehen genauso wie morgens zum Frühstück. Kein Wunder also, dass die Obrigkeit stets Wert darauf legte, den Alkoholgehalt möglichst niedrig zu halten.

* Und weil Steuererheber zu allen Zeiten erfindungsreich sind, kannte man im 13. Jahrhundert auch schon diverse andere Abgaben: u.a. den Mahl- und Braupfennig, die Malz- und die Bottichrahmsteuer.
Quelle: Herbert Sinz: 1000 Jahre Kölsch Bier

FÜNF KRIEGSSCHIFFE MIT DEM NAMEN CÖLN/KÖLN

Das 1.

sank in einem Seegefecht vor Helgoland am 28.8.1914.*

Das 2.

versenkte sich 1919 vor Scapa Flow nahe den Orkney-Inseln selbst.**

Das 3.

ging 1945 vor Wilhelmshaven unter.***

Das 4.

wurde 1982 nach 21 Jahren aus dem Verkehr gezogen.****

Das 5.

lief 1984 vom Stapel und fährt immer noch.*****

* Dabei ertranken 379 Matrosen. Die Überreste des Schiffes hängen, samt einer Gedenktafel, im östlichen Turmbogen der Eigelstein-Torburg.   ** Heute gibt es ein beliebtes Ziel für Sporttaucher ab.   *** Mit folgenden Worten von Oberbürgermeister Konrad Adenauer war es 1930 vom Stapel gelaufen: »Du sollst diesen Namen tragen zur Ehre dieses heiligen Köln, zur Erinnerung an die alte Stadt. Wie sie deutsches Wesen und deutsche Art treu schirmt und hütet am Rheinstrom, so sollst du hüten und schirmen die deutsche Heimat und deutsche Ehr' auf den Wassern des Meeres.«   **** Das Bugwappen dieser Bundeswehr-Fregatte hängt neben den Kuttertrümmern am Eigelstein.   ***** So patrouillierte die »Köln« etwa 2002 vor Kap Hoorn auf der Suche nach internationalen Terroristen.
Quelle u.a.: Martin Stankowski: Der andere Stadtführer

DIE MASSE DES DOMS

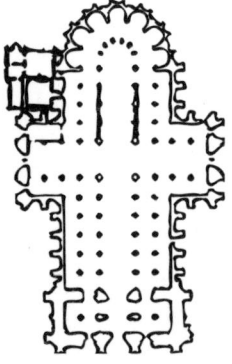

Gesamtlänge außen	144,58 m
Gesamtbreite außen	86,25 m
Breite Westfassade	61,54 m
Breite Querhausfassade	39,95 m
Breite Langhaus innen	45,19 m
Höhe Mittelschiffe innen	43,35 m
Höhe Seitenschiffe innen	19,80 m
Überbaute Fläche	ca. 7.914 m^2
Fensterfläche	ca. 10.000 m^2
Dachfläche	ca. 12.000 m^2
Umbauter Raum*	ca. 407.000 m^2

* Ohne Strebewerk.

ZAHLEN ZUR KVB

Anzahl der Linien 15

Linien-Länge ....288 km

Mittlerer Haltestellenabstand ....727 m

Mittlere Reisegeschwindigkeit...26,3 km/h

Zug-Kilometer ....17,3 Mio./Jahr

Fahrgäste ....182,6 Mio./Jahr

Fahrtenhäufigkeit pro Einwohner 140/Jahr

Quelle: KVB

WENIG BEKANNTE MUSEEN IM STADTGEBIET

⌁ BESTECKMUSEUM BODO GLAUB
Burgmauer 68. Der Name spricht für sich.

⌁ DEUTSCHES TANZARCHIV
Im Mediapark 7. Originalkostüme, Fotos, Libretti u.v.m.

⌁ DUFTMUSEUM IM FARINA-HAUS
Obenmarspforten, gegenüber Wallraf-Richartz-Museum. Ein Rückblick auf fast 300 Jahre Eau de Cologne.

⌁ FC-MUSEUM
Nordkurve des RheinEnergie-Stadions. Trophäen, Andenken, Fotos aus über 50 Jahren 1. FC Köln.

⌁ GELDGESCHICHTLICHE SAMMLUNG DER KREISSPARKASSE
KKS-Hauptgeschäftsstelle am Neumarkt. Münzen und Dokumente.

⌁ GEOMUSEUM DER UNIVERSITÄTSKLINIKEN
Zülpicher Straße 49b. Mineralogische Fundstücke aus Köln und Umgebung.

⌁ MUSEUM KÖLNER KARNEVALSORDEN
Unter Käster 12, am Alter Markt. Der Name ist Programm.

⌁ PRIVATMUSEUM »GESCHICHTE IM VRINGSVEEDEL«
Landsbergstraße 16. Vom Holzhändler Schumacher zusammengetragene Münzen, Kultgeräte, Skelette und natürlich Holzreste aus Ausschachtungen in der Nachbarschaft.

⌁ RHEINISCHES INDUSTRIEBAHN-MUSEUM
Bahnbetriebswerk Nippes, an der Longericher Straße. Historische Loks, Feldbahnen, Schaubilder.

⌁ STRASSENBAHN-MUSEUM THIELENBRUCH
Gemarkenstraße 139, Bahnhof Thielenbruch. Historische Bahnen der Kölner Verkehrs-Betriebe, von der Pferdebahn bis heute.

• ERZBISCHÖFE, •
DIE LÄNGER ALS 25 JAHRE IM AMT WAREN

(21*) ....HILDEBOLD................................785–818

(27)...............................HERMANN I. 889/90–924

(28)...............................WICHFRID 924–953

(41)...............FRIEDRICH I. VON SCHWARZENBURG 1100–31

(59)......................HEINRICH II. VON VIRNEBURG 1304–32

(64) ....FRIEDRICH III. VON SAARWERDEN........1370–1414

(65)............................DIETRICH II. VON MÖRS....................1414–63

(67)..........................HERMANN IV. VON HESSEN 1480–1508

(69)............................HERMANN VON WIED......................1515–47

(76)...........................ERNST VON BAYERN 1583–1612

(77) ....FERDINAND VON BAYERN 1612–50

(78) ....MAXIMILIAN HEINRICH VON BAYERN 1650–88

(79) ....JOSEPH CLEMENS VON BAYERN............1688–1723

(80)....................CLEMENS AUGUST I. VON BAYERN.............1723–61

(92) ....JOSEPH FRINGS 1942–69

Namentlich bekannt sind 94 Erzbischöfe, der erste in der langen Reihe hieß Kunibert und amtierte ab ca. 627 bis nach 648. Joachim Meisner wurde 1989 berufen.

* Die vorangestellten Zahlen in Klammern markieren jeweils den Rang in der Chronologie der (bekannten) Erzbischöfe. Da die Historie, je weiter sie zurückreicht, umso verschwommener ist, listet jede Quelle anders. Hier wird sich am Ranking des Domkapitels orientiert.

• DIE KLAGEMAUER VOR DEM DOM •

Sechs Jahre lang konnten Menschen aus aller Welt ihre Botschaften (für Frieden, Wohnrecht, Freiheit etc.) auf kleine Papptafeln schreiben und an einer improvisierten Mauer aufhängen. Zu den 45.000 Autoren der Kölner Klagemauer zählen u.a. der Dalai Lama, Abbé Pierre, Ernesto Cardenal, Lew Kopelew und Wole Soyinka. Die ganze Zeit über kämpfte Initiator Walter Herrmann gegen Behörden und Institutionen, die in seiner Installation einen Schandfleck sahen. Im Folgenden ein – geraffter – Abriss von Aufbau und Abriss:

JANUAR 1991 | Am Kölner Dom entsteht eine Klagemauer für Frieden, getragen von der Mahnwache gegen den Golfkrieg der USA im Irak. Bald darauf wird die Installation auf Drängen der Domkirche geräumt und sofort wieder aufgebaut.

AUGUST 1991 | Kazuo Soda, ein Überlebender der Atombombe von Nagasaki, besucht die Klagemauer in Köln. Im Frühsommer 1992 realisiert er in der japanischen Stadt Fukuoka eine Klagemauer nach Kölner Vorbild. Gleichzeitig attackieren in Köln Neonazibanden die Mauerwächter.

OKTOBER 1993 | Der Haus- und Grundbesitzerverein fordert die Säuberung der Domplatte von Klagemauer und Obdachlosen.

SEIT NOVEMBER 1993 | Domkapitel und Stadt Köln führen – miteinander abgestimmt – Zivilprozesse gegen Klagemauer-Initiator Walter Herrmann mit dem Ziel, die Klagemauer zu beseitigen.

10. APRIL 1995 | Das Domkapitel kann laut Urteil des OLG Köln auf Domgrund räumen, wartet jedoch ab, bis auch die Stadt einen Räumungstitel hat.

24. SEPTEMBER 1995 | Das Landgericht Köln spricht der Stadt das Recht zu, die Klagemauer-Installation auf ihrem Grundstück zu räumen.

15. OKTOBER 1996 | Domkapitel und Stadt lassen in einer Nacht- und Nebelaktion die Klagemauer abreißen, ohne die Berufungsverhandlung abzuwarten. Um den bisherigen Standort der Anlage wird ein Absperrzaun gezogen, dieser allerdings sofort als neue Klagemauer genutzt. Es folgt ein mehrfach tägliches Einsammeln der neuen Papptafeln durch Ordnungsamt und Polizei.

ENDE NOVEMBER 1996 | Ein Verbund unterschiedlicher Organisationen übernimmt es, die Aktion »Die tägliche Klagemauer« als Demonstration bei der Polizei anzumelden. Damit wird dieser Form des Protestes ein neuer rechtlicher Rahmen verschafft. Ein hölzernes St.-Martins-Pferd wird zu einer mobilen Klagemauer umgerüstet.

FEBRUAR 1997 | Stadt und Polizei verständigen sich darauf, die Aktion nicht mehr als Demonstration anzuerkennen. Sie deklarieren das Klagemauer-Pferd als »reinen Infostand«, für den bei der Stadt eine Sondernutzungsgenehmigung eingeholt werden muss.

3. MÄRZ 1997 | Mit den Stimmen von SPD und CDU verabschiedet der Rat ein Nutzungskonzept für die Domplatte Köln. Darin wird unter anderem bestimmt, dass es für »politische Informationsstände« keine Sondernutzungsgenehmigungen gibt.

─────────• **DIE SIEGE DES 1. FC KÖLN** •─────────
BEI BAYERN MÜNCHEN

Statistisch betrachtet waren sie mehr oder weniger bedeutungslos, das heißt: Bayern wurde trotzdem Meister oder unabhängig davon eben einmal nicht Meister. Aber eine Aufzählung wert sind diese raren Auswärtserfolge allemal:

Datum	Ergebnis	Tore	Zuschauer
21.5.1966	1:4 (0:3)	0:1 Hornig (3.), 0:2 Overath (22.),	28.000
		0:3 Beckenbauer (30., Eigentor),	
		1:3 Grosser (74.), 1:4 Christian Müller (77.)	
2.9.1967	0:3 (0:0)	0:1 Rühl (51.), 0:2 Löhr (59.),	35.000
		0:3 Löhr (89.)	
15.11.1969	1:2 (0:1)	0:1 Rühl (14.), 1:1 Gerd Müller (48.),	44.000
		1:2 Simmet (60.)	
29.11.1975	1:2 (1:1)	1:0 Karl-Heinz Rummenigge (15.),	30.000
		1:1 Strack (41.), 1:2 Herbert Neumann (69.)	
27.8.1977	0:3 (0:1)	0:1 Schwarzenbeck (5., Eigentor),	50.000
		0:2 Dieter Müller (56.), 0:3 Konopka (83.)	
27.10.1979	1:2 (0:0)	0:1 Dieter Müller (53.)	33.000
		1:1 Dieter Hoeneß (60.),	
		1:2 Bernd Schuster (89.)	
13.11.1982	0:1 (0:1)	0:1 Littbarski (91.)	55.000
28.2.1998	0:2 (0:0)	0:1 Münch (49., Elfmeter), 0:2 Azizi (63.)	45.000

Übrigens kamen diese Auswärtssiege bis auf den letzten immer nur dann zustande, wenn der FC zunächst in der Hinrunde der Meisterschaft bei den Bayern antreten musste. Statistisch gesehen geschieht dies immerhin bei jeder zweiten Auslosung.

─────────• **BESUCHER STÄDTISCHER** •─────────
KULTUREINRICHTUNGEN

STÄDTISCHE MUSEEN	*1.910.551*
STÄDTISCHE BÜHNEN	*435.243**
PHILHARMONIE	*569.364***

Zum Vergleich: Der Zoo zählte in jenem Jahr (2004) 1.125.792 Gäste, die Kölner Kinos gar 2.930.788.

* Bei 1.086 Vorstellungen.   ** Bei 355 Konzerten.   Quelle: Stadt Köln

—• DIE WALDENTWICKLUNG IM KÖNIGSFORST •—

10000–8000 v. Chr. .....jüngere Altsteinzeit, subarktisch: *Birkenzeit*
8000–6500 v. Chr. .....ältere Mittelsteinzeit, Vorwärmezeit:
.....*Birken-Kiefernzeit*
6500–4500 v. Chr. .....jüngere Mittelsteinzeit, frühe Wärmezeit:
.....*Eichen-Haselzeit*
4500–1800 v. Chr. .....Jungsteinzeit, mittlere Wärmezeit:
.....*Eichen-Mischwälderzeit*
1800–800 v. Chr. .....Bronzezeit, späte Wärmezeit:
.....*Eichen-Mischwälderzeit mit zunehmendem*
.....*Buchenanteil*
800–500 v. Chr. .....Hallstattzeit, frühe Eisenzeit:
.....*Buchen- u. Eichenwälderzeit,*
.....*in Niederungen Erlenvorherrschaft*
500 v. Chr.–0 .....La-Tène-Zeit, späte Eisenzeit:
.....*Buchen- u. Eichenwälderzeit*
0–heute .....röm. Kaiserzeit, Neuzeit: *Buchenzeit*

——• FILME DER 1950ER UND 1960ER JAHRE, •—— IN DENEN TRUDE HERR MITSPIELTE

Alle Tage ist kein Sonntag ❧ Immer die Autofahrer ❧ Du bist wunderbar ❧ Drillinge an Bord ❧ Marina ❧ O sole mio ❧ Conny und Peter machen Musik ❧ Der letzte Fußgänger ❧ Abends in der Skala ❧ Tante Trude aus Buxtehude ❧ Immer will ich dir gehören ❧ Drei schräge Vögel ❧ Schlager-Raketen ❧ Freddy und der Wilde Westen ❧ Und du mein Schatz ❧ Immer Ärger mit dem Bett ❧ Adieu, Leb wohl, Goodbye ❧ Unsere tollen Tanten aus der Südsee ❧ Robert und Bertram ❧ Im schwarzen Rössl ❧ Café Oriental ❧ Der 42. Himmel ❧ Drei Liebesbriefe aus Tirol ❧ Ohne Krimi geht die Mimi nie ins Bett ❧ Musik für Millionen ❧ Mit besten Empfehlungen ❧ Im schwarz-weißen Rössl vom Königssee ❧ Maskenball bei Scotland Yard

—• DIE ABSCHNITTE DER RHEINUFERSTRASSE •—

Von Süden nach Norden: Heinrich-Lübke-Ufer · Oberländer Ufer · Gustav-Heinemann-Ufer · Agrippaufer · Am Bayenturm · Bayenstraße · Holzmarkt · Am Leystapel · Frankenwerft/Rheinufertunnel · Konrad-Adenauer-Ufer · Niederländer Ufer

ZWANGSARBEITER/-INNEN BEI KLÖCKNER-HUMBOLDT-DEUTZ 1939–45

Nation	Personen	Prozent
UKRAINE	1.523	30,73
FRANKREICH	1.071	21,61
HOLLAND	668	13,48
BELGIEN	581	11,72
ITALIEN	514	10,37
RUSSLAND	350	7,06
POLEN	117	2,36
SERBIEN	48	0,97
BULGARIEN	25	0,50
TSCHECHEI	18	0,36
JUGOSLAWIEN, KROATIEN	16	0,32
SPANIEN, PORTUGAL	13	0,26
LITAUEN, ESTLAND	6	0,12
UNGARN, STAATENLOS	6	0,12
Summe	4.956	100,00

Die Zahlen beziehen sich auf über die Betriebskrankenkasse versicherte, nichtdeutsche Personen. Die Bezeichnung der Nationen wurde aus den historischen Quellen übernommen.

Quelle: Rieke Klindworth: Zwangsarbeit bei KHD, in: Geschichte in Köln, Heft 42

WICHTIGE ZAHLEN II

12 Apostel schickte Jesus in alle Welt,

12 Tore hat das Himmlische Jerusalem der Apokalypse und deshalb

12 Eingänge der Dom und ursprünglich

12 Torburgen die mittelalterliche Stadtmauer.*

* Tatsächlich orientierten sich die Stadtoberen bei ihren Bauplänen an der Bibel – eine grenzenlose Geldverschwendung, denn so viele Tore wurden gar nicht benötigt. Deshalb mauerte man auch einige bald nach der Fertigstellung wieder zu.

⎯⎯⎯⎯• DIE ROMANE UND ERZÄHLUNGEN •⎯⎯⎯⎯
VON HEINRICH BÖLL

Der Zug war pünktlich. *Erzählung (1949)*
Wanderer, kommst du nach Spa... *Erzählungen (1950)*
Die schwarzen Schafe. *Erzählung (1951)*
Wo warst du, Adam? *Roman (1951)*
Nicht nur zur Weihnachtszeit. *Eine Humoristische Erzählung (1952)*
Und sagte kein einziges Wort. *Roman (1953)*
Haus ohne Hüter. *Roman (1954)*
Das Brot der frühen Jahre. *Erzählung (1955)*
So ward Abend und Morgen. *Erzählungen (1956)*
Im Tal der donnernden Hufe. *Erzählung (1957)*
Doktor Murkes gesammeltes Schweigen und andere Satiren *(1958)*
Der Bahnhof von Zimpren. *Erzählungen (1959)*
Billard um halbzehn. *Roman (1959)*
Als der Krieg ausbrach. Als der Krieg zu Ende war. *Erzählungen (1962)*
Ansichten eines Clowns. *Roman (1963)*
Entfernung von der Truppe. *Erzählung (1964)*
Ende einer Dienstfahrt. *Erzählung (1966)*
Gruppenbild mit Dame. *Roman (1971*)*
Erzählungen 1950–1970 *(1972)*
Die verlorene Ehre der Katharina Blum oder: Wie Gewalt entstehen und
wohin sie führen kann. *Erzählung (1974**)*
Fürsorgliche Belagerung. *Roman (1979)*
Das Vermächtnis. *Kurzroman (geschrieben 1948/49, erschienen 1981)*
Die Verwundung. *Kurzgeschichten (geschrieben 1946–51, erschienen 1983)*
Frauen vor Flußlandschaft. *Roman (1985***)*
Der Engel schwieg. *Roman (geschrieben 1949/50, erschienen 1992)*
Der blasse Hund. *Erzählungen (geschrieben 1936–51, erschienen 1995)*
Kreuz ohne Liebe. *Roman (geschrieben 1946/47, erschienen 2002)*

Es handelt sich jeweils um die Erstausgaben, spätere Sammelbände
wurden nicht berücksichtigt.

---

* Nachdem Böll im Vorjahr den Nobelpreis erhalten hatte, wird »Gruppenbild mit Dame« in
den USA zum Buch des Monats gewählt.   ** 1975 entsteht die berühmte Verfilmung von
Volker Schlöndorff.   *** Posthum erschienen. Nach seinem Tod am 16. Juli 1985 wird der
Kölner Literaturpreis in Heinrich-Böll-Preis umbenannt. Auch der Platz vor dem neuen
Museum Ludwig erhält seinen Namen – allerdings nach ebenso peinlichen politischen
Querelen wie 1982, als er zum Ehrenbürger der Stadt ernannt wurde. Damals hatte sich die
CDU-Fraktion geweigert, Böll als »mutigen Verteidiger der Freiheit und der freien
Meinungsäußerung« sowie als »kritischen und engagierten Beobachter gesellschaftlicher
Fehlentwicklungen« zu bezeichnen.

—————————• **DIE BELIEBTESTEN VORNAMEN** •—————

Im Jahr 2004 entschieden sich Kölner Eltern am häufigsten
für folgende Rufnamen:

MÄDCHEN
Marie · Maria · Sophie · Anna · Katharina · Lea · Charlotte · Johanna

JUNGEN
Maximilian · Leon · Alexander · Paul · David · Tim · Jan · Luca

Quelle: Stadt Köln

————————————• **DIE DISKOGRAPHIEN** •————————
DER VIER BEKANNTESTEN KÖLNER KAPELLEN

JAHR	CAN	BLÄCK FÖÖSS	HÖHNER	BAP
1969	*Monster Movie*			
1970	*Soundtracks*			
1971	*Tago Mago*			
1972	*Ege Bamyasi*			
1973	*Futured Days*			
1974	*Soon Over Babaluma*	*Heimweh nach Köln*		
1975	*Landed*			
1976	*Flow Motion u.*			
	Unlimited Edition	*Bei uns doheim*		
1977	*Saw Delight*	*Links eröm-Rächs eröm*		
1978	*Can*	*Mer han 'nen Deckel*	*Ich well noh hus*	
1979		*Uns Johreszigge*	*Verzäll doch noch ens*	*... rockt andere kölsche Leeder*
1980		*D'r Rhing erop...*	*Clown*	*Affjetaut*
1981	*Delay 1968*	*Wenn et jöck ...*	*Näl met Köpp*	*Für usszeschnigge*
1982				*Vun drinne noh drusse*
1983		*Immer wigger u. Live am Tanzbrunnen*	*Schlawiner*	*Bess demnähx*
1984			*Op Jöck*	*Zwesche Salzjebäck un Bier*
1985		*Em richtije Veedel*		
1986		*Zweierlei Fööss*		*Ahl Männer, Aalglatt*
1987		*Endlich frei! u. Pänz, Pänz, Pänz*	*Für dich*	
1988		*Was habst du in die Sack*	*Guck mal*	*Da Capo*
1989	*Rite Time*		*Wenn's dir gut geht*	
1990		*Et es 20 Johr jenau jetz her*	*Leider gut u. 10 Johr Stimmung*	*X für e U*

JAHR	CAN	BLÄCK FÖÖSS	HÖHNER	BAP
1991		*Nix es ömesöns*	*Kumm loss mer fiere – Live*	
1992			*Höhner aktuell*	*... Affrocke*
1993				*Mit offenen Karten u. Pik Sibbe*
1994		*Rheinhotel*	*Wartesaal der Träume u. Höhner Classic*	
1995				*Wahnsinn – Die Hits von 79–95*
1996		*Roxy*	*Made In Kölle u. Weihnacht' doheim un' üvverall*	*Amerika*
1997	*Sacrilege*			
1998		*Schönes Wochenende*	*Best Of (25 Jahre) u. Die Karawane zieht weiter*	
1999	*Can-Live*		*Classic Gold*	*Comics & Pin-Ups u. Tonfilm*
2000		*30 Jahre Bläck Fööss u. Loss mer uns vertrare*		
2001			*2, 3, 4*	*Aff un zo*
2002	*Can (DVD)*	*K-BF 33*	*Die ersten 30 Jahre*	*Övverall – Live*
2003		*Kölsche Weihnacht*	*Classic Andante*	
2004		*Rut & Wiess*	*Viva Colonia*	*Sonx*
2005		*Usjebomb*	*Da simmer dabei! u. 6:0*	*Dreimal zehn Jahre*

───• DIE STATIONEN DES GÜLICH-KOPFES •───

Der Bandwarenhändler Nikolaus Gülich wurde 1683 zum Anführer eines erfolgreichen Aufstands gegen die Korruption der herrschenden Klasse. Deshalb wurde er am 23.2.1686 auf der ✻ MÜLHEIMER HEIDE ✻ geköpft. Sein Haupt spießte man, zur Warnung an alle Aufmüpfigen, auf den ✻ BAYENTURM, ✻ während sein Haus am heutigen ✻ GÜLICH-PLATZ ✻ abgerissen und mit einer »Schandsäule« samt Gülichs Bronzekopf auf einem Speer versehen wurde. Bis dann 1794 die Franzosen diesen frühen Revolutionär durch die Entfernung der Säule ehrten, was dazu führte, dass die Kopfplastik schließlich im ✻ KÖLNER STADTMUSEUM ✻ landete, wo sie heute noch zu besichtigen ist.

Bis in die Gegenwart ist der einstige Sitz Gülichs unbebaut geblieben. Der kölsche Clou: Wo einstmals die Schandsäule prangte, steht heute ein Fastnachtsbrunnen mit einem dem historischen Ort nicht unbedingt Rechnung tragenden Goethe-Spruch, verfasst anlässlich eines Karnevalsbesuchs in Köln: »Sittsam wird ein tolles Streben, / wenn es kurz ist und mit Sinn, / Heiterkeit zum Erdenleben / Sei dem flücht'gen Rausch Gewinn.«

────• 13 HOCHBUNKER DER NAZIZEIT •────

ALTSTADT · RONCALLIPLATZ 4 · *Bj. 1941*
Eingeschossig, größtenteils unterirdisch. Diente ausschließlich zur Aufnahme der Kunstschätze des Doms. Bei den Ausschachtungsarbeiten wurde das berühmte Dionysos-Mosaik (heute im Römisch-Germanischen Museum) freigelegt. Nicht mehr erhalten, abgetragene Mauerreste wurden ins Untergeschoss des RGM integriert.

ALTSTADT · ALTENBERGER/DOMSTRASSE O.NR. · *Bj. 1942*
Fünfgeschossiger, kubischer Stahlbetonbau mit Flachdach und seitlichen Risaliten. 1951 in ein Parkhaus umgewandelt, heute in seiner ursprünglichen Form nicht mehr zu erkennen.

BAYENTHAL · TACITUSSTRASSE O.NR. · *Bj. 1937/40*
Eingeschossiger Baukörper mit Flachdach und Splitterschutztürmchen. Gegen Ende des Krieges Zuflucht der NSDAP-Gauleitung. Heute entfestigt und mit Backstein verklinkert, Nutzung durch die Bundeswehr.

DEUTZ · HELENENWALLSTRASSE 21–29 · *Bj. 1942*
Zweigeschossiger, unterkellerter Flakbunker in Kirchenform mit vorgetäuschtem Glockenturm. Fassade seit Ende der 1980er Jahre bemalt.

HUMBOLDT/GREMBERG · WESTERWALDSTRASSE O.NR. · *Bj. 1942*
Öffentlicher Schutzraum in Form eines freistehenden, dreigeschossigen Mehrfamilienhauses mit Walmdach (Tarndach). Erhalten.

MÜLHEIM · BERLINER STRASSE 30 · *Bj. 1944*
Zweigeschossiger Block mit Sattel-Tarndach. Bereits in den 1950er Jahren wurden Fensteröffnungen in die Mauern gebrochen.

NEUSTADT · ELSA-BRANDSTRÖM-STRASSE 9 · *Bj. 1940*
Zweigeschossiger Betonbau mit Nebenbunker. 1950 Umbau zur »Deutschen Jugendherberge des Friedens«, 1983 Umwandlung in ein Wohnhaus.

NEUSTADT · ELSASSSTRASSE 42–46 · *Bj. 1942*
Fünfgeschossiger Betonbau mit Tarndach, eingepasst in die Häuserfront der Straße.*

NIEHL · NEUSSER LANDSTRASSE 2 · *Bj. 1939*
Sich nach oben verjüngender, freistehender Betonkegel mit spitz zulaufendem Dach.

NIPPES · WERKSTATTSTRASSE O. NR. · *Bj. um 1942*
Zweigeschossiger Bau mit Flachdach und querstehendem Flakturm.
Heute ein Wohnhaus namens »Nippes-Loft«.**

POLL · SIEGBURGER STRASSE 453 · *Bj. 1942*
Eingeschossiger Flachbau, der äußerlich (auch aus der Luft) an einen
Bauernhof erinnert. Wahrscheinlich von KZ-Häftlingen erstellt. Heute
mit erneuertem Dach und bemalter Fassade.

RADERBERG · MARKTSTRASSE 6C · *Bj. 1942*
Zweigeschossiger Betonbau mit den Umrissen einer Kirche. Kirchturm in
den Baukörper integriert, Fenster zur Tarnung vorgeblendet. Die Fassa-
den sind heute farbig gefasst.

ZOLLSTOCK · HERTHASTRASSE 43 · *Bj. um 1942*
Dreigeschossiger Betonbau, der sich in Flucht und Höhe genau in die
Straßenzeile einpasst. Tarndach mit Dachgauben. Heute zur Straßenseite
hin gestrichen.

* Die heutige Wandbemalung erinnert an ein Ereignis vom 3.3.1933. Als eine Abteilung der SA
versuchte, in die Straße einzumarschieren, wurde sie von einem Hagel Flaschen, Vasen und
sonstiger Haushaltsgegenstände empfangen. Das Viertel war bekannt als traditionell linkes,
proletarisches Wohngebiet.   ** Der Umbau mit 17 Wohnungen und Lofts erhielt 2005 den
»Deutschen Bauherrenpreis Modernisierung«.
Quelle: Hiltrud Kier, Karen Liesenfeld, Horst Matzerath (Hg.): Architektur der 30er und 40er
Jahre in Köln

DER SIEGESZUG DES INTERNETS

Jahr	Kölner Anschlüsse
1996	914
1997	2.810
1998	7.464
1999	30.499
2000	86.773
2001	119.701
2002	135.765
2003	154.788
2004	181.422

Im gleichen Zeitraum stieg die Zahl der Kölner Haushalte um rund
20.000.

• DER BLICK DER FREMDEN V •

*»Der gemeine Pöbel ist hier grob; das merkt der Fremde bei aller
Gelegenheit.«*

PHILIPP WILHELM GERCKEN, 1786

• DATEN ZUM WALLRAF-RICHARTZ-MUSEUM •

Bauzeit: 1998–2000
Eröffnung: 19. Januar 2001
Bruttogrundfläche: 11.900 m^2
Bruttorauminhalt: 60.000 m^3
Nutzfläche Ausstellung: 3.500 m^2
Nutzfläche Verwaltungstrakt: 450 m^2/ Geschoss
Wandfläche im Bereich der ständigen Ausstellung: 11.200 m^2
Hängefläche im Bereich der ständigen Ausstellung: 940 lfd. m
Foyer, Bistro, Buchladen, Shop: 900 m^2
Stiftersaal: 400 m^2 für 300 Personen
Lichte Höhe der Räume: 5,05 m

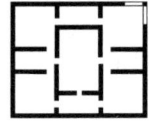

FASSADENVERKLEIDUNG
Erdgeschoss: Basaltlava
Obere Geschosse: Tuffstein/Schiefertafeln
Leichtmetallfenster mit Eloxaloberfläche

WÄNDE
Ständige Ausstellung: farbiger Freskoputz
Wechselausstellung: streiflichtfreier Anstrich auf Gipskarton
Lichtdecke im Ausstellungsbereich

OBERBODEN
Ständige Ausstellung: geräuchertes Eichenparkett
Wechselausstellung: schwarzer Granit

Quelle: WRM

——• DER MISSGLÜCKTESTE SPIELER-EINKAUF •—— DES FC

Es war einmal ein Zwillingspärchen, Zvezdan und Srdjan Cebinac. Zvezdan war ein guter Fußballer, er spielte bei Partizan Belgrad, einer europäischen Spitzenmannschaft der 1960er Jahre. Srdjan hingegen wusste mit dem Ball nicht viel anzufangen. Um ihn dennoch bei einem zahlungskräftigen Verein unterzubringen, heckten die Brüder einen Plan aus: Wie wäre es, wenn Zvezdan unter dem Namen Srdjan das Probetraining absolvierte, der echte Srdjan jedoch danach den Vertrag unterzeichnete? – Die Sache funktionierte, und zwar ausgerechnet beim 1. FC Köln.

Schon beim ersten Training nach der Verpflichtung war den Verantwortlichen klar, dass der neue Mann für die Bundesliga vollkommen untauglich war. Srdjan Cebinac verdiente sein Gehalt auf der Auswechselbank, erst am 24. Spieltag kam er zu seinem ersten von insgesamt drei Einsätzen. Er schoss sogar ein Tor: Beim 1:2 gegen den späteren Absteiger Borussia Neunkirchen. Die Presse bezeichnete den Treffer allerdings als halbes Eigentor. Nach nur einer Saison wechselte Cebinac 1966 zu Sittardia Sittard.

Quelle: Max Annas/Elmar Wiegand (Hg.): Die Geißböcke. Glanz und Elend des 1. FC Köln

——• DER LANGE WEG ZUM EIGENEN BRAUHAUS •—— UM 1500

VIER JAHRE LEHRZEIT ∽ ZWEI JAHRE GESELLENZEIT ∽ ENTRICHTUNG DES MEISTERGELDES ∽ ABLEGEN DER MEISTERPRÜFUNG ∽ AUSRICHTUNG EINES MEISTERESSENS* ∽ ERBEN, KAUFEN ODER MIETEN** EINES BRAUHAUSES***

* So ein Meisteressen war bei Gott kein Pappenstiel. Um die 100 Brauer samt Frauen nahmen für gewöhnlich daran teil und wurden mit Unmengen Ochsen- und Kalbfleisch, Schinken und Käse bewirtet. Bier und Wein, bei solchen Gelegenheiten maßlos genossen, mussten selbstverständlich unbeschränkt zur Verfügung stehen. Der Bericht über ein Braueressen im Hause »Zum Broich« auf dem Malzbüchel geht ins Detail: »Zunächst wurde eine große Schüssel mit gebratenem Schinken herumgereicht, dann machten zehn Schüsseln die Runde, die angefüllt waren mit Hühnerfleisch, Lammfleisch, Wurst, Kappes und Pasteten. In einem weiteren Gang gab es gebratene Hasen, Rehe und Wildschwein. Wer dann noch Appetit hatte, konnte ihn an Kapaunen, Schnepfen, Feldhühnern, Wachteln, Enten und sonstigen kleinen Vögeln stillen. Wer dann noch nicht satt war, aß Kuchen, Äpfel, Birnen und Haselnüsse. Die Getränke, meist Bier, wurden in gläsernen, zinnernen und irdenen ›Pötten‹ gereicht. Unablässig prostete man sich zu.« ** Für mindestens sechs Jahre. *** In seltenen Fällen gestattete das Brauamt auch den Bau eines neuen Brauhauses.
Quelle: Herbert Sinz: 1000 Jahre Kölsch Bier

→ DER RÄTSELHAFTE PROLOG DES HÄNNESCHEN ←

Vor jeder Aufführung am Eisenmarkt schiebt sich zunächst das Hänneschen durch den Vorhang und erzählt – in verschiedenen Varianten – die immer gleiche Geschichte. Als Zuschauer folgt man seiner Aufforderung, die entscheidenden Wörter am Ende des Satzes mitzusprechen; und man lässt sich auch gern darauf ein, das Ganze ein bisschen lauter zu wiederholen. Aber worum geht es da eigentlich? Und ergibt diese Rede überhaupt einen Sinn? Natürlich dient sie zunächst mal dem Anheizen des Publikums, »Warm-up« würde man wohl heute dazu sagen. Und ganz nebenbei handelt es sich zudem um eine Verballhornung des klassischen Theaterprologs, wie man ihn z.B. in Goethes »Faust« (»Prolog im Himmel«) findet. Aber selbst altgediente Puppenspieler haben keine Ahnung, wie das Kölner Hänneschen zu seinem Text kam. Er ist so alt, dass niemand mehr weiß, woher er stammt. Um auch Auswärtigen zukünftig eine Interpretation zu ermöglichen, wird er im Folgenden ins Hochdeutsche übertragen.

1. Guten Abend ...

2. Wir spielen heute das Stück »???«. Nach dem 2. Akt ist Pause, da könnt ihr alle mal rausflutschen.

3. Vergesst aber nicht, wenn es euch gefallen hat, tüchtig in die Hände zu klatschen, denn Applaus ist dem Hänneschen so viel wie das Salz in der –
    (Hänneschen wartet auf den Einsatz der Zuschauer. Wenn zu viele
    »Suppe« rufen, wird der Satz wiederholt, um nun zu enden auf)
Sauce*.

4. Und ohne Salz schmeckt auch keine Suppe, deshalb tun wir noch etwas Salz dazu, damit es dem Hänneschen immer gut - fluppt.
    (Stimmen nicht alle lautstark in das letzte Wort ein, beschwert sich
    das Hänneschen: Oh, das fluppt aber schlecht! – Es folgt eine
    Wiederholung.)

5. So, einen Augenblick noch, wir geben der Katze noch etwas – Heu! Oh, seid ihr geizig ...
    (Wiederholung für ein langgezogenes)
... HEUiiiihh!**

---

* Im Kölschen reimt sich »Applaus« auf »Zaus«.   ** Heu für die Katze? – Es gibt übrigens noch eine weitere charmante Ungereimtheit: In den nachmittäglichen Kinderstücken sind Hänneschen und Bärbelchen Geschwister, des Abends jedoch mal verliebt, mal verlobt.

⸰ VIER TUNNEL IM VERGLEICH ⸰

RÖMISCHER ABWASSERKANAL
Baujahr: 2. Jh.
Länge: 105 m (heute)
Der römische Hauptsammler führte das Kölner Abwasser in den Rhein. Ein erhaltener Teilabschnitt findet sich unter der kleinen Budengasse. Der Tunnel ist so stabil, dass er im Zweiten Weltkrieg als Luftschutzraum diente. Nach dem Abzug der Römer dauerte es über 1.600 Jahre, bis Köln wieder eine geregelte Kanalisation bekam.

RHEINUFERTUNNEL
Baujahr: 1982
Länge: 580 m
Die unterirdische Strecke führt von der Deutzer zur Hohenzollernbrücke. Oberirdisch wurde hier eine begrünte Flaniermeile geschaffen.

RHEINENERGIE-FERNWÄRME-TUNNEL
Baujahr: 1985
Länge: 461 m
Die drei Meter hohe, schnurgerade Stahlbetonröhre unterquert den Rhein vier bis sechs Meter unter seiner Sohle.

RHEINAU-TIEFGARAGE
Baujahr: 2005
Länge: rd. 1.500 m
Der Tunnel zieht sich vom Bayenturm bis zum Südkai der Halbinsel und schafft über 2.000 Auto-Stellplätze für die Bewohner des neuen Viertels am Fluss. Weil der Bau wegen der örtlichen Gegebenheiten nicht in die Breite, sondern nur in die Länge wachsen konnte, entstand die längste Tiefgarage Europas.

⸰ DER TIERBESTAND DES ZOOS ⸰

Familie	Arten	Exemplare
Säugetiere	79	594
Vögel	147	911
Reptilien	81	526
Amphibien	20	215
Fische	241	5.124
Gliederfüßer	58	623
Andere Wirbellose	70	856
Gesamt	696	8.849

Quelle: Zoo Köln

ERHALTENE GUTSHÖFE UND HERRENHÄUSER

BURGHOF, *Widdersdorf* 〜 DOHMENHOF, *Godorf*

DURCHHÄUSERHOF, *Heumar* 〜 FROHNHOF, *Merheim*

FROHNHOF, *Junkersdorf* 〜 GILLESENHOF, *Giesdorf*

LENNARTZHOF, *Rodenkirchen* 〜 MERTENSHOF, *Widdersdorf*

MÖNCHHOF, *Sürth* 〜 PISTORHOF, *Ossendorf*

STÜTTGENHOF, *Lindenthal* 〜 THURNER HOF, *Dellbrück*

TURMHOF, *Widdersdorf*

HYMNE AUF EINE ALTEHRWÜRDIGE STADT UND IHRE BÜRGER

» *Stolze Colonia Agrippina, geachtet zu der Römerzeit, gefürchtet im Mittelalter, gefeiert in der Gegenwart! Mit welchen Empfindungen zieht der Wanderer durch deine Thore! Schon dein Name erweckt hohe Erinnerungen aus großer Zeit. Mit einem Geleitsbriefe kölnischer Bürgermeister, unter dem Schutze des Reichsdoppeladlers* reiste man einst überall, wo Hanseatenrecht** galt, eben so sicher als mit dem Ferman des Sultans im Osmanenreiche. Selbst der stolze Venezianer fühlte sich geehrt, wenn der kölnische Kaufmann im Sammetwams, das Seidenbarett auf dem Haupte, die schwere Goldkette über der Brust, mit ihm auf dem Markusplatz*** einherging. »Ich bin kölnischer Bürger« galt in London so viel als das »Civis Romanus sum« in einer Proconsular-Provinz. Wenn der Reisende vor dem gewaltigen Bau des Bayenthurms steht, vor dem prachtvollen Rathhause, oder heraufsieht an der majestätischen Vorderseite des alterthümlichen Gürzenich****, dann empfindet er erst recht lebhaft, was deutsche Bürgergröße in der Blüthezeit des Volkes war.* **«**

JOHANN AUGUST KLEIN: Rheinreise von Mainz bis Köln, 1828

* Als Freie Reichsstadt unterstand Köln seit der Vertreibung des Erzbischofs 1288 nur noch dem Kaiser.   ** Köln war lange eine Hansestadt. Wegen Nichtzahlung bestimmter Gelder wurde man 1476 aus dem Verbund ausgeschlossen.   *** Gemeint ist selbstverständlich der Markusplatz in Venedig, nicht der in Raderthal.   **** Im ersten Moment wirkt es erstaunlich, dass bei dieser Aufzählung kölnischer Prachtbauten der Dom fehlt. Aber der war 1828 noch eine dem Verfall anheim gegebene, mehr schändliche als repräsentative Ruine.

• DIE BRÜCKEN ÜBER DEN FLUSS •

Brücke	Typ	Erbaut/Kosten	Länge/Breite	Zerstörung	Wiederaufbau/Kosten	Besonderheiten
Autobahnbrücke Rodenkirchen	Erdverankerte Kabelhängebrücke	1938–41/ 13,9 Mio. RM	567/25,12 m	Januar 1945 (Luftangriff)	1952–54/ 17,2 Mio. DM	1990–95 Verbreiterung auf 56,60 m, für 208 Mio. DM
Südbrücke	Dreiteilige Zweigelenk-Bogenbrücke	1908–10/ 5,5 Mio. RM	368/8,95 m	Januar 1945 (Luftangriff)	1945–46/ 3,6 Mio. RM u. 10 Mio. DM	Eisenbahnbrücke
Severinsbrücke	Seilverspannte Balkenbrücke	1956–59/ 25,3 Mio. DM	691/29,5 m			1979–81 Umbau mit separatem Stadtbahn-Gleiskörper
Deutzer Brücke	Versteifte Kettenhängebrücke	1913–15/ 12,5 Mio. RM	368,92/18,2 m (ab 1947: 437,31/20,6 m)	Februar 1945 (Zusammenbruch nach Bombenschäden)	1947–48 als Hohlkasten-Balkenkonstruktion/ 5,75 Mio. RM u. 2,4 Mio. DM	1976–80 Verbreiterung auf 32,6 m, nun mit separatem Stadtbahn-Gleiskörper
Hohenzollernbrücke*	Zweigelenk-Fachwerk-Bogenbrücke mit Zugband	1907–11/ 13,3 Mio. RM	409,19/20,25 m (ab 1959: 409/24,85 m)	März 1945 (Sprengung)	1946–48 u. 1957–59/ 14 Mio. DM	Eisenbahnbrücke. 1989–90 Verbreiterung durch einen dritten Gelenk-Fachwerkbogen
Zoobrücke	Zweiteilige Kastenträgerbrücke	1962–66/ 34 Mio. DM	596,7/33 m			
Mülheimer Brücke	Versteifte Kabelhängebrücke	1927–29/ 10 Mio. RM	708,29/27,95 m (ab 1951: 708,29/ 27,20 m)	Oktober 1944 (Luftangriff)	1949–51/ 12,2 Mio. DM	1976/77 Umbau mit separatem Stadtbahn-Gleiskörper
Autobahnbrücke Leverkusen**	Seilverspannte Balkenbrücke	1961–65/ 45 Mio. DM	1.060/37,12 m			

——• DIE FUNKTIONEN UND MITGLIEDSCHAFTEN •——
DES OBERBÜRGERMEISTERS

Dass ein Stadtoberhaupt Mitglied vieler gemeinnütziger, städtischer und wirtschaftlicher Vereinigungen sein muss, leuchtet ein. In Köln sind es allerdings nicht viele, sondern sehr viele. Wobei man dazusagen muss, dass sich der OB nicht um all diese Posten gerissen hat. Häufig ist es ein Passus in der Satzung der jeweiligen Organisation, der seine Mitgliedschaft voraussetzt. Im Einzelnen wirkt er in den folgenden – alphabetisch aufgereihten – Gremien mit:

Architektur Forum Rheinland *(Ehrenmitglied, geborenes* Mitglied im Kuratorium)* · Ars Colonia – Förderkreis Kölner Museen e.V. *(Geborenes Mitglied)* · Deutsche Gesellschaft für Fotografie *(Geborenes Mitglied)* · Deutscher Städtetag *(Mitglied von Präsidium und Hauptausschuss)* · Fachhochschule Köln *(Vorsitzender des Kuratoriums)* · Förderverein Romanische Kirchen Köln *(Ehrenvorsitzender)* · Freunde des Wallraf-Richartz-Museums und Museums Ludwig *(Ausschuss-Mitglied)* · Gesellschaft für Völkerkunde zur Förderung des Rautenstrauch-Joest-Museums *(Geborenes Mitglied)* · Gesellschaft zur Förderung des »Deutschen Kamerapreises Köln« *(Vorsitzender des Kuratoriums)* · RheinEnergie AG *(Mitglied des Aufsichtsrates)* · RheinEnergie Familien-und Kultur-Stiftung *(Vorsitzender)* · Historische Gesellschaft Köln *(Geborenes Mitglied und Präsident)* · Imhoff-Stiftung *(Mitglied des Beirates)* · Italienisches Kulturinstitut *(Mitglied und Ehrenpräsident)* · Jury Hans-Böckler-Preis *(Vorsitzender)* · Jury Heinrich-Böll-Preis *(Vorsitzender)* · Jury Jabach-Medaille *(Vorsitzender)* · Jury Jacques-Offenbach-Preis *(Mitglied)* · Jury Konrad-Adenauer-Preis *(Vorsitzender)* · Jury Rhein-Tiber-Preis *(Vorsitzender)* · Kölner Kulturstiftung der Kreissparkasse Köln *(Vorsitzender des Kuratoriums, geborenes Mitglied)* · Kölner Sportgeschichte e.V. *(Vorsitzender des Kuratoriums)* · KölnMesse *(Vorsitzender des Aufsichtsrates)* · KölnMesse-Stiftung zur Förderung von Wissenschaft und Forschung des Messewesens, der Messewirtschaft und der Distributionsforschung *(Mitglied des Kuratoriums)* · Köln-Musik *(Mitglied des Aufsichtsrates)* · KölnSkulptur – Gesellschaft der Freunde des Skulpturenparks *(Geborenes Mitglied)* · Musik Triennale Köln *(Mitglied des Aufsichtsrates)* · Regio Köln/Bonn und Nachbarn e.V. *(Geborenes Mitglied und Stellvertretender Vorsitzender)* · rhenag Rheinische Energie AG *(Mitglied des Aufsichtsrates)* · RWE Energy AG *(Ständiger Gast des Regionalbeirates)* · Stadtsparkasse KölnBonn *(Vorsitz in verschiedenen Ausschüssen)* · Städtetag Nordrhein-Westfalen *(Vorstandsmitglied, Stellvertretender Vorsitzender)* · Deutscher Städtetag *(Präsidiumsmitglied)* · Stiftung »CSC – Cologne Science Center« der Stadtsparkasse Köln *(Mitglied des Vorstandes)* · Stiftung »Jugendcomputerschule« der Stadtsparkasse Köln *(Vorsitzender des Kuratoriums)* · Stiftung »Jugend und Medien« der Stadtsparkasse Köln *(Mitglied des Vorstandes, Stellvertretender Vorsitzender)* · Stiftung »Kultur« der Stadtsparkasse Köln *(Mitglied des Vorstandes)* · Universität zu Köln *(Vorsitzender des Kuratoriums)* · Verwaltungs- und Wirtschaftsakademie *(Vorstand und Akademieleiter)* · Zentral-Dombau-Verein *(Geborenes Mitglied)* · Zentrum für Therapeutisches Reiten e.V. *(Stellvertretender Vorsitzender)* · Zweckverband Erholungsgebiet Stöckheimer Hof *(Verbandsvorsteher)*

Sonstige Funktionen, Mitgliedschaften und Tätigkeiten:

Beirat Top-Magazin *(Mitglied)* · Betriebssportgemeinschaft Stadt Köln *(Mitglied)* · Bürgervereinigung Köln-Ossendorf *(Ehrenvorsitzender)* · CDA *(Mitglied)* · CDU Kreisverband Köln *(Mitglied des Parteivorstandes)* · CDU Landesverband NRW *(Mitglied des Vorstandes)* · Cologne Cardinals *(Ehrenmitglied)* · Cologne Dodgers *(Ehrenmitglied)* · Concert-Gesellschaft Köln *(Ehrenmitglied)* · Deutsche Asia Pacific Gesellschaft *(Präsidiumsmitglied)* · Deutsche Sporthochschule Köln *(Mitglied des Kuratoriums)* · 1. FC Köln *(Mitglied des Verwaltungsrates)* · Freunde und Förderer des Kölnischen Brauchtums *(Mitglied)* · Freundeskreis der Konrad-Adenauer-Stiftung *(Förderer)* · Freundeskreis Heinrich Heine *(Mitglied)* · Gesellschaft der Freunde und Förderer der Deutschen Sporthochschule *(Stellvertretender Vorsitzender)* · Hochschule für Musik Köln *(Mitglied des Kuratoriums)* · Internationale Filmschule Köln *(Stellvertretender Vorsitzender des Kuratoriums)* · Kämpgen Stiftung *(Mitglied des Kuratoriums)* · KölnAlumni *(Ehrenmitglied)* · Kölner Verein für Marathon *(Gründungsmitglied)* · Kölnische Gesellschaft für Christlich-Jüdische Zusammenarbeit *(Vorstandsmitglied)* · Kunsthochschule für Medien *(Vorsitzender des Kuratoriums)* · Malteser-Hilfsdienst *(Mitglied des Kuratoriums)* · Marathon Veranstaltungs- und Werbe GmbH *(Vorsitzender des Aufsichtsrates)* · Marketing Club Köln/Bonn *(Ehrenmitglied)* · M. Zimmer Stiftung »Hilfe für notleidende Kinder« *(Vorsitzender des Kuratoriums)* · Organisationsforum Wirtschaftskongress/ OFW *(Mitglied des Kuratoriums)* · Rheinischer Sparkassen- und Giroverband *(Mitglied der Verbandsversammlung)* · RWE Power AG *(Mitglied des Aufsichtsrates)* · Roncalli-Gesellschaft zu Köln *(Mitglied)* · Schutzgemeinschaft Deutscher Wald *(Vorsitzender)* · Stiftung des Kuratoriums des Kölnhandwerks zur Förderung des demokratischen Staatswesens *(Vorsitzender des Kuratoriums)* · Stiftung »Lebendige Stadt« *(Mitglied im Stiftungsrat und im Kuratorium)* · Volksbund Deutsche Kriegsgräberfürsorge *(Vorsitzender des Kreisverbandes)* · Wir helfen e.V. – Unterstützungsverein von M. DuMont Schauberg *(Mitglied)* · Zentrum für Frühbehandlung und Frühförderung *(1. Vorsitzender des Verwaltungsrates und Vorstandes)*

Und ganz zum Schluss schreibt der Oberbürgermeister in seiner Selbstauskunft:

»Darüber hinaus bin ich noch Mitglied in weiteren Vereinen und Initiativen aus dem Bereich des Sports und der Brauchtumspflege.«

Köln, 31. März 2005

---

* »Geborenes Mitglied« besagt, dass jeder OB im Moment seiner Amtseinführung auch dieser Vereinigung angehört – in traditioneller Erbfolge.

—• DAS DURCHSCHNITTLICHE MÜTTER-ALTER •—
BEIM ERSTEN KIND

1990 : *27,8 Jahre*
1992 : *28,4 Jahre*
1994 : *29,8 Jahre*
1996 : *30,3 Jahre*
1998 : *30,7 Jahre*
2000 : *30,8 Jahre*
2002 : *31 Jahre*
2004 : *30,4 Jahre*

Dass die Quote nicht noch höher ausfällt, liegt vor allem an den hier gebärenden ausländischen Müttern, die im Schnitt drei bis vier Jahre jünger sind als die deutschen.

Quelle: Stadt Köln

—• DIE KARNEVALSMOTTOS DER LETZTEN DEKADE •—

Jedes Jahr aufs Neue geben die Karnevalsmottos Anlass zu endlosen Diskussionen der Verantwortlichen und zu kübelweiser Häme von außen. Es ist wohl nicht einfach, nach mittlerweile über 180 Jahren immer wieder eine griffige, auf die Stadt zugeschnittene Parole zu finden. Die Bemühungen muss man wohl würdigen, aber wie dem auch sei: In der Übersicht kommen die Mottos tatsächlich recht ungelenk daher. Hier jene der letzten zehn Jahre:

1996	*Typisch Kölsch*
1997	*Nix bliev wie et es, aber wir werden das Kind schon schaukeln*
1998	*Fastelovend und Dom im Jubiläumsfieber*
1999	*999 Jahre – Das waren Zeiten*
2000	*Kölle loss jonn, ins neue Jahrtausend*
2001	*Köln kann sich mit allen messen*
2002	*Janz Kölle es e Poppespill**
2003	*Klaaf und Tratsch – auf kölsche Art*
2004	*Laach doch ens, et weed widder wäde*
2005	*Kölle un die Pänz us aller Welt*
2006	*E Fastelovends-Foßballspell*

* Es gab Stimmen, die das kölsche »o« gern durch ein »u« ersetzt hätten. Warum, das weiß nur der Teufel.

⎯⎯• DAS STAMMPERSONAL VOM EISENMARKT •⎯⎯

HÄNNESCHEN · BÄRBELCHEN · TÜNNES · SCHÄL
BESTEVA *(Nikela)* · BESTEMO *(Marizebell)**
SCHNÄUZERKOWSKI *(Polizist)*
MÄHLWURMS PITTER *(Wirt)* · SPEIMANES
ANNEKATRING · ZÄNKMANNS KÄTT
KÖBESCHEN *(Tünnes' Sohn)*
RÖSCHEN *(Schäls Tochter)*

* Bestemo und -va stehen für Beste Moder/Vader. Es handelt sich um alte Ausdrücke für Großeltern.

⎯⎯• DIE BUSTYPEN DER VERKEHRSBETRIEBE •⎯⎯

DAS MINI-MOBIL
6 Meter lang · 13 Sitzplätze · 14 Stehplätze

1993 schafften sich die KVB zehn Mini-Mobile an. Mit ihnen wurden Wohngebiete erschlossen, deren Fahrgastzahlen für den Einsatz eines Standardbusses nicht ausreichend sind. Bereits im ersten Jahr stiegen an ihren Linienwegen die Fahrgastzahlen um bis zu 30 Prozent. Seit 2005 werden sie komplett durch Standardbusse ersetzt.

DER STANDARD-LINIENOMNIBUS
12 Meter lang · 35 Sitzplätze · 63 Stehplätze

Am häufigsten wird im Kölner Stadtverkehr der so genannte Standard-Linienomnibus eingesetzt. Bei einem zugelassenen Gesamtgewicht von 17.000 Kilogramm wiegt er leer immer noch 9.980 Kilogramm. Jährlich legt ein Bus dieses Typs rund 70.000 Kilometer zurück.

DER NIEDERFLUR-GELENKBUS
18 Meter lang · 53 Sitzplätze · 108 Stehplätze

Die Niederflurtechnik erlaubt einen bequemeren Einstieg ins Fahrzeug. Seit Ende 2005 wird die 1995er-Generation peu à peu durch neue Busse ersetzt. Sie sind mit Rußfiltern ausgestattet, und wegen des fortschreitenden Vandalismus wurden ausschließlich Hartschalensitze installiert.

Quelle: KVB Köln

→ SPEKULATIONEN ÜBER DEN BLAUEN DIENSTAG ←
ALS FOLGE DES BLAUEN MONTAG

Die Farben Kölns sind Rot und Weiß – heute kennt man das nicht mehr anders. Es gab jedoch Zeiten, da wurde die Stadt quer durch Europa mit Blau identifiziert. Was es damit auf sich hat, ist historisch nicht völlig geklärt.

WAHR IST,

dass bis in die jüngste Vergangenheit hinein altkölsche Kneipen ihren Ruhetag dienstags hatten.

VERMUTET WIRD,

dass dieser Brauch mit den Kölner Färbern des Mittelalters und der frühen Neuzeit zusammenhängt.

UNBESTRITTEN IST,

dass das »Kölner Blau« einst ein Markenzeichen und Exportschlager war. Es basierte auf dem Pflanzenextrakt Indigo, wasserlöslich gemacht durch Lauge und möglichst verfaulten Urin.

ALS RELATIV GESICHERT KANN GELTEN,

dass diese Mixtur jeweils montags angerührt wurde.* Die zu färbenden Leinen wurden sodann eingetunkt und schließlich an die Luft gehängt, und dann hieß es warten. Indigo wird unter diesen Umständen zunächst gelb-grau, erst der Sauerstoff zaubert – über einen vollen Tag – das reine Blau an die Oberfläche.

DESHALB, SO WIRD ÜBERLIEFERT,

hatten die Färber spätestens ab dem Mittag nichts mehr zu tun. Sie hatten ihre Ware blau gemacht und machten nun selbst blau. Was folgte, war der Blaue Montag, den sie selbstverständlich im Brauhaus verbrachten.**

DAHER STAMME AUCH, WIRD BEHAUPTET,

der Ausdruck »blau« (= betrunken) sein, während eine andere Fraktion darauf hinweist, dass einem früher bei einem Schwindelanfall nicht schwarz, sondern »blau vor Augen« wurde. Der Alkohol-Rausch hätte demnach nichts mit den Färbern zu tun.***

EINER SIMPLEN LOGIK FOLGT HINGEGEN DIE IDEE,

dass der Montag für die Färber der ideale Sauftag war. Wer viel trinkt, muss oft pinkeln, und der hierbei gesammelte Stoff hat so eine ganze Woche Zeit, um zu gären und dabei seine maximale indigolösliche Kraft zu entfalten.

BERÜCKSICHTIGT MAN NUN,

dass in jenen alten Zeiten sämtliche Handwerker montags frei hatten****, dann folgt daraus, dass im Gegensatz dazu die Kölner Wirte über die Maßen schuften mussten, um all die gierigen Kehlen zu bedienen.

MAN DARF DESHALB MIT EINIGER GEWISSHEIT ANNEHMEN,

dass die kölschen Cöbesse ihren Blauen Dienstag mehr als verdient hatten.

ZU GUTER LETZT JEDOCH BLEIBT DIE FRAGE:

Wenn die Färber (sich) montags so exzessiv blau machten – was taten sie dienstags?

* Und zwar am (inzwischen kanalisierten) Duffesbach, dessen Teilabschnitt »Blaubach« heute einen Straßenabschnitt kennzeichnet.   ** Wo heute blau gewandete Cöbesse Blaumacher aller Art mit Blaumachern versorgen.   *** Es sei denn, die Redewendung mit »blau« ist beim Anblick einer Indigo-Lauge-Pinkel-Brühe entstanden.   **** Die Handwerker hatten sich diesen Ruhetag vor der nächsten 14-Stunden-Schicht nicht nur in Köln erkämpft. Aber in der »hillijen Stadt« kam erschwerend hinzu, dass zahllose Sonntage mit Prozessionen verbracht wurden. Stundenlang durch die Straßen trotten, womöglich noch mächtige Kruzifixe, Heiligenfiguren und Schreine schleppen – echte Ruhetage sehen anders aus, da brauchte man einfach noch den darauf folgenden Montag zum Regenerieren.

────────● **DER BLICK DER FREMDEN VI** ●────────

»Keine steife, beleidigende, alle angenehme Gesellschaft tötende Etikette quält sie. Ich kenne keine Stadt, wo in Wein-, Bier- und Knuppschenken so gekannengießert wird wie hier.«

JOSEPH GREGOR LANG, 1790

→ ENTWICKLUNG DER KATHOLISCHEN GEMEINDE ←
IM ERZBISTUM

Jahr	Katholiken	Gottesdienstbesuche	Taufen	Trauungen	Austritte	Wiederaufnahmen	Beerdigungen
1980	2.529.539	537.896 / 21,26 %	21.021	9.179	10.128	651	28.683
1985	2.453.917	472.363 / 19,25 %	21.043	8.536	10.227	796	27.451
1990	2.465.311	416.964 / 16,91 %	24.915	9.399	12.806	835	26.891
1995	2.357.626	353.071 / 14,97 %	21.227	7.148	20.523	910	26.109
2000	2.279.177	311.746 / 13,68 %	18.533	5.213	15.394	1.154	23.169
2002	2.232.530	290.962 / 13,03 %	17.624	4.435	12.388	1.151	23.186
2004	2.196.771	277.346 / 12,6 %	16.784	3.974	10.662	1.146	22.094

Zur Ausdehnung: Das Kölner Erzbistum reicht im Norden bis Essen-Kettwig, im Osten bis Radevormwald/Wipperfürth/Gummersbach. In südlicher Richtung geht es bis Wissen (Kreis Altenkirchen) und in westlicher bis Grevenbroich/Kerpen/Bad Münstereifel. Mit rund 2,2 Millionen Mitgliedern bildet es die größte Diözese in Deutschland, liegt weltweit allerdings nur auf Platz 35. Unangefochtener Spitzenreiter ist die Diözese Mexiko mit 18,5 Millionen katholischen Gläubigen.

Quelle: Erzbistum Köln

————• **HOMER UND DIE BLOTWOOSCH** •————

Im 20. Gesang der Odyssee (8. Jh. v. Chr.) vergleicht der größte aller Dichter die Irrfahrt seines Helden mit dem Grillen einer Flönz. Bis zum Beweis des Gegenteils muss dies als der älteste Hinweis auf die kölsche Leib- und Magenspeise überhaupt angesehen werden:

Also strafte der Edle sein Herz im wallenden Busen,
Und sein empörtes Herz ermannte sich schnell, und harrte
Standhaft aus. Allein er wandte sich hiehin und dorthin.
Also wendet der Pflüger am großen brennenden Feuer
Einen ZIEGENMAGEN, mit FETT und BLUTE gefüllet,
Hin und her, und erwartet es kaum, ihn gebraten zu sehen:
Also wandte der Held sich hin und wieder, bekümmert,
Wie er den schrecklichen Kampf mit den schamlosen Freiern begönne,
Er allein mit so vielen.

Übrigens: Ursprünglich benutzte man das Wort Flönz für Wurstenden jedweder Art, also für billiger verkaufte Reste. Erst nach dem Ersten Weltkrieg verengte sich der Begriff auf die Blutwurst. Deshalb ist Flönz jedoch noch lange nicht dasselbe wie Blotwoosch. Traditionsgemäß wird letztere geräuchert, erstere gekocht.

————• **DIE TRÄGER DES HEINRICH-BÖLL-PREISES** •————

Seit 1980 vergibt die Stadt diese literarische Ehrung*, die vor Bölls Tod
1985 schlicht »Kölner Literaturpreis« hieß. Die Ausgezeichneten:

1980 · Hans Mayer	1990 · Günter de Bruyn
1981 · Peter Weiss	1991 · Rainald Goetz
1982 · Wolfdietrich Schnurre	1992 · Hans Joachim Schädlich
1983 · Uwe Johnson	1993 · Alexander Kluge**
1984 · Helmut Heißenbüttel	1995 · Jürgen Becker
1985 · Hans Magnus Enzensberger	1997 · Winfried G. Sebald
1986 · Elfriede Jelinek	1999 · Gerhard Meier
1987 · Ludwig Harig	2001 · Marcel Beyer
1988 · Dieter Wellershoff	2003 · Anne Duden
1989 · Brigitte Kronauer	2005 · Ralf Rothmann

* Dotiert mit 20.000 Euro. ** Nach der Verleihung an Kluge gab es Überlegungen, den Preis abzuschaffen und das Geld zu sparen. Schließlich einigte man sich im Rat auf einen von nun an zweijährlichen Turnus.

→ ECHT KÖLNISCH WASSER — DER ZAUBERTRANK ←

Ursprünglich wurde Kölns bekanntester Exportartikel, das Eau de Cologne, nicht als Duftwasser, sondern als Medizin vertrieben. Statt es auf die Haut aufzutragen, wurde es eingenommen, z.B. mit »Wein, Brunnenwasser, warmer Brühe oder anderen fließenden Sachen«. Seine Wirkung wurde als so allumfassend angepriesen, dass es – die Wahrheit der Angaben vorausgesetzt – den berühmten Zaubertrank des Miraculix deutlich in den Schatten stellte. Die Fabrikation »Johann Maria Farina gegenüber dem Jülichs-Platz«* behauptete zum Beispiel, ihr Heilwasser sei ein »Präservativ gegen die PEST«. Es »genest die GELBSUCHT, CATHARREN, OHNMACHTEN, STINKENDEN ATHEM, vertreibt die COLLIC, und stillet das MAGENWEHE, zertheilet das SEITENSTECHEN und BRUSTKRANKHEITEN, so von aufsteigenden Winden und kalten Füßen herrühren, es heilet den BRAND**, ist vortrefflich wider die ZAHNSCHMERZEN, tröstet ohnfehlbar die Weiber in BESCHWERLICHEN KINDBETTEN, und BEFÖRDERT DIE NACHGEBURT, vertreibet alle durch die Hitze unrühriger Winden erhärtete zähe SCHLEIMIGKEIT, wie auch das ungestümme OHREN-KLINGELN.« Zum Parfüm von heute wurde Kölnisch Wasser erst durch ein Dekret vom 18. August 1810. Kaiser Napoleon verfügte darin für sein Staatsgebiet, zu dem damals auch Köln zählte, dass die Rezepturen für Heilmittel offen gelegt werden müssen. Dadurch sollte die ganze Bevölkerung davon profitieren. Farina und andere Fabrikanten*** gingen daraufhin dazu über, ihr Produkt nicht mehr als Medizin, sondern als Duftwasser zu vertreiben. Dem Absatz des einstigen Alheilmittels hat das, wie die Historie beweist, nicht geschadet.

* Gegründet 1709.   ** Gemeint ist hier der Wundbrand. Was das Wässerchen jedoch ganz und gar nicht heilt, sondern im Gegenteil befördert, ist der Durst-Brand. Da Kölnisch Wasser zu etwa 85 Prozent aus Alkohol besteht, wurde es im 19. Jahrhundert fatalerweise auch von Suchtkranken konsumiert. Der Ethnologe und Sammler Wilhelm Jost urteilte 1895 mit Bezug auf einen sibirischen »Alkoholisten«: »Jedenfalls schmeckt Eau de Cologne besser als Petroleum.«   *** Eine weitere Kölnisch-Wasser-Herstellerin war die Nonne und Krankenschwester Maria Clementine Martin, wohnhaft direkt am Dom. Nach 1826 erweiterte sie ihre Palette um ein noch heute beliebtes, berühmt-berüchtigtes Kräuterdestillat: Klosterfrau Melissengeist.
Quelle: Thomas Deres (Hg.): Krank – Gesund. 2000 Jahre Krankheit und Gesundheit in Köln

—• DIE FRAUENFIGUREN DES RATHAUSTURMS •—

Als es 1987 um die Figurenbestückung ging, schlug der Kölner Frauen-geschichtsverein Alarm: Lediglich fünf der 124 Auserwählten sollten weib-lich sein. Über die männlich dominierte Urkommission hinweg sorgte der öffentliche Druck dafür, dass die Zahl auf 18 erhöht wurde.

AGRIPPINA DIE JÜNGERE
15–59, römische Kaiserin

URSULA 4. Jh., Märtyrerin

PLEKTRUDIS ca. 650–726,
vmtl. verantwortlich für den
Urbau von St. Maria im Kapitol

THEOPHANU ca. 955–991,
Kaisergattin, in St. Pantaleon
aufgebahrt

IDA VON DER PFALZ
ca. 1010–60, Äbtissin, vmtl.
Bauherrin von St. Maria im
Kapitol in romanischer Form

SELA JUDE ca. 1180–nach 1230,
Gründerin des ersten Kölner
Beginenkonvents*

FYGEN LÜTZENKIRCHEN
?–nach 1515, Geschäftsfrau,
Zunftchefin

KATHARINA HENOT gest. 1627,
Postmeisterin, als Hexe auf
Melaten erwürgt und verbrannt

ANNA MARIA VAN SCHÜRMANN
1607–78, Universalgelehrte

MATER AUGUSTINA DE HEERS
ca. 1610–1666, Gründerin der
ersten Ursulinenschule

»KLOSTERFRAU MELISSEN-
GEIST« geht zurück auf die
Nonne Maria Clementine Martin,
1775–1843, die den Trunk ab
1826 braute

MATHILDE FRANZISKA ANNEKE
1817–1884, Schriftstellerin,
Journalistin

MATHILDE VON MEVISSEN
1848–1924, Frauenrechtlerin

AMALIE LAUER 1882–1950, Poli-
tikerin, katholische Nazi-Gegnerin

HERTHA KRAUS 1897–1968,
Dozentin, Frauenrechtlerin

EDITH STEIN 1891–1942, Philosophin, Dozentin, in Köln Karmeliterin, von den Nazis ermordet

CHRISTINE TEUSCH
1888–1968, Kultusministerin NRW

IRMGARD KEUN 1919–82,
Schriftstellerin

* Beginenkonvente entstanden ab dem 13. Jahrhundert im Kontext der Armutsbewegung; ihnen ging es um ein sprituelles Leben in der Nachfolge Christi.

—• **DIE EINKÜNFTE DES OBERBÜRGERMEISTERS** •—

Der OB der Stadt Köln erhält gemäß der Eingruppierungsverordnung des Landes eine beamtenrechtliche Besoldung nach B 11 in Höhe von monatlich rund 10.400 Euro (brutto). Darüber hinaus erzielt er Nebeneinkünfte aus dienstlich veranlassten Nebentätigkeiten, die er bis auf einen zu versteuernden Freibetrag (gemäß § 13, Abs. 1 Nebentätigkeitsverordnung) komplett an die Stadt Köln abführt. Außerdem erhält er Vergütungen für die Tätigkeit in Aufsichtsräten, Beiräten und den Organen der Stadtsparkasse, die nicht abführungspflichtig sind, aber ebenfalls versteuert werden.

Dienstlich veranlasste und abführungspflichtige Nebeneinkünfte pro Jahr:
Flughafen Köln/Bonn (Aufsichtsrat) 1.406,08*
GEW RheinEnergie (Aufsichtsrat) 500,00
GEW Regionalbeirat 1.000,00
Imhoff-Stiftung 1.500,00
KölnMesse (Aufsichtsrats-Vorsitzender) 19.271,00
KölnMusik (Aufsichtsrat) 750,00
Kölner Sportstätten GmbH (Aufsichtsrats-Vorsitzender)** 2.500,00
Rhenag AG (Aufsichtsrat) 2.102,25
RWE Energy AG (Regionalbeirat) 300,00
Stadtwerke Köln (Aufsichtsrat)*** 255,65

Zwischensumme 29.584,98
Abführung an die Stadt 23.584,98
Verbleib 6.000,00
Besoldung als Oberbürgermeister 135.388,06

Summe vor Steuern 141.388,06

Nicht abführungspflichtige Nebeneinkünfte:
Laurenz GmbH & Co. KG (Beirats-Vorsitzender)**** 5.800,00
Rheinischer Sparkassen- und Giroverband**** 890,88
RWE Power (Aufsichtsrat) 23.896,00
Stadtsparkasse Köln (Verwaltungsbeirats-Vorsitzender*****) 31.815,32

Macht zusammen:
Summe nicht abführungspflichtiger Nebeneinkünfte (brutto) 62.402,20
Nebeneinkünfte nach § 13 Nebentätigkeitsverordnung 6.000,00
Besoldung Stadt Köln 135.388,06
Vorläufige Steuerlast 83.077,76

Die Ausführungen stammen von Fritz Schramma persönlich. Sie enden hier, aber was er letztendlich in jenem Jahr 2004 verdient hat, lässt sich nun leicht ausrechnen: Gesamteinkünfte 203.790,26 minus erwartete Steuern 83.077,76 gleich 120.712,50 Euro.

* Mandat niedergelegt zum 28.11.2004.   ** Mandat niedergelegt zum 25.11.2004.   *** Mandat niedergelegt zum 16.11.2004.   **** Aufgrund einer geänderten Rechtsauffassung des Innenministeriums seit 2005 an die Stadt abzuführen.   ***** Außerdem Vorsitz des Wirtschaftsbeirats und Bilanzprüfungsausschusses, Stellv. Vorsitzender des Kredit- und Mitglied des Strategieausschusses.
Quelle: Stadt Köln, Fritz Schramma

EIN KRIEGSDIENSTVERWEIGERER ALS KIRCHENPATRON

St. Gereon ist eine der berühmten romanischen Kirchen in Köln. Ungewöhnlich ist nicht nur ihre architektonische Grundform*, sondern erst recht die Geschichte ihres Namensgebers. Die Legende besagt, dass Gereon der Anführer einer römischen Garnison war. Stationiert im oberägyptischen Theben, wurde seine Einheit nach Köln beordert, um dort einen Aufstand niederzuschlagen. Gereon und seine Mannen waren jedoch zwischenzeitlich zum Christentum konvertiert und weigerten sich, endlich am Rhein angelangt, Unbewaffnete zu töten. Wegen Befehlsverweigerung wurden sie samt und sonders erschlagen. Ihre Leichen warf man in einen Brunnen, über dem Kaiser Konstantins Mutter Helena, gerührt von diesem urchristlichen Pazifismus, eine Kirche zu Ehren der Toten errichten ließ.**

* Es handelt sich um ein Dekagon, ein Zehneck.   ** Wie so oft folgt aufs Ende der Legende eine Wende: In Wirklichkeit wurde St. Gereon erst deutlich nach Helenas Tod errichtet.

GERICHTE

JURISTISCH	KULINARISCH
Amtsgericht *Luxemburger Straße**	Decke Bunne met Speck
Amtsgericht *Reichenspergerplatz***	Halver Hahn
Arbeitsgericht *Pohligstraße*	Himmel un Äd
Finanzgericht *Appellhofplatz*	Hämche
Landesarbeitsgericht *Blumenthalstraße*	Kölscher Kaviar
Landgericht *Luxemburger Straße*	Kölscher Hillijesching***
Oberlandesgericht *Reichenspergerplatz*	Muscheln »Rheinische Art«****
Sozialgericht *An den Dominikanern*	Rievkooche
Verwaltungsgericht *Appellhofplatz*	Suurbrode*****

* Mit Familien-, Insolvenz-, Straf-, Vollstreckungs-, Vormundschafts-, Zivil- und Zwangsversteigerungsgericht.   ** Mit Nachlass- und Registergericht.   *** Dabei handelt es sich um Kohlpudding mit Lachs und Rote-Beete-Kartoffeln. Das Gericht gewann zwar 1987 den ersten Preis eines kölschen Kochwettbewerbs, konnte sich jedoch überraschenderweise nie richtig durchsetzen.   **** Die Muscheln müssen vor dem Rheindelta aus der Nordsee gefischt werden, der Weißwein für den Sud sollte vom Mittelrhein stammen. Ist gerade kein Riesling zur Hand, kann man sich auch mit Kölsch behelfen.   ***** Keine Gerichte, aber ebenfalls kölsche Spezialitäten sind: Kölner Levverwoosch, Muuzemändelche, Pittermännche, Röggelche und Suure Kappes.

• MASS-NAMEN IM TELEFONBUCH •

Gross(ß): 123 | *Klein:* 1.510 | *Dick:* 136 | *Dünn:* 7*

* Dazurechnen könnte man noch 25 Teilnehmer des Namens »Dürr«.

• DIE DISPOSITION • DER PHILHARMONIE-ORGEL

Unter Disposition versteht man die Gesamtanlage einer Orgel. Weil der Orgelbauer sich dabei wie ein Hausarchitekt nach seinem Kunden und den örtlichen Gegebenheiten richtet, hat praktisch jede Orgel ihre ganz eigene Disposition. Unter dem Heinrich-Böll-Platz sieht es wie folgt aus:

I. Manual: Hauptwerk	*II. Manual: Unterwerk*	*III. Manual: Schwellwerk*
1. Praestant 16'*	1. Lieblich Gedackt** 16'	1. Bourdon 16'
2. Quintatön 16'	2. Praestant 8'	2. Holzprincipal 8'
3. Principal 8'	3. Rohrflöte 8'	3. Flûte harmonique 8'
4. Bourdon 8'	4. Quintatön 8'	4. Trichtergedackt 8'
5. Gemshorn 8'	5. Principal 4'	5. Gamba 8'
6. Bifaria (ab g) 8'	6. Traversflöte 4'	6. Vox Coelestis 8'
7. Octave 4'	7. Octave 2'	7. Weitoctave 4'
8. Nachthorn 4'	8. Waldflöte 2'	8. Rohrflöte 4'
9. Quinte 2 2/3'	9. Quinte 1 1/3'	9. Viola 4'
10. Superoctave 2'	10. Terzsept 1 3/5 und 1 1/7'	10. Nasard 2 2/3'
11. Cornet (ab g fünffach) 8'	11. Actua vierfach 1'	11. Doublette 2'
12. Mixtur vierfach 2'	12. Cymbel dreifach 1/2'	12. Terz 1 3/5'
13. Scharf vierfach 1 1/3'	13. Holzdulcian 16'	13. Sifflet 1'
14. Trompete 16'	14. Cromorne 8'	14. None 8/9'
15. Trompete 8'	15. Vox Humana 8'	15. Harmonia aetheria
16. Trompete 4'	16. Kopftrompete 4'	(vierfach) 2 2/3'
		16. K Plein Jeu (fünffach) 2'
		17. Basson 16'
		18. Trompette harmonique 8'
		19. Hautbois 8'
		20. Clairon 4'

Die Orgel verfügt über 70 Register mit insgesamt 5.394 Pfeifen sowie eine mechanische Traktur und elektronische Koppeln. Ihre sieben Rundtürme bilden das Pendant zur gegenüberliegenden Wendeltreppe. Sie stammt aus der Werkstatt des renommierten Bonner Orgelbauers Johannes Klais.

* Der Hochstrich steht für »Fuß« und bezeichnet – vereinfacht gesagt – die Tonhöhe im Verhältnis zum Klavier.   ** »Gedackte« Pfeifen sind oben verschlossen.

• DER ANSTIEG DER MIETPREISE •

Die folgenden Nettokaltmieten des Kölner Mietspiegels beziehen sich jeweils auf eine ca. 80 m² große Wohnung in mittlerer Lage und ohne erwähnenswerte architektonische Qualitäten.*
Angaben in Euro pro Quadratmeter:

Jahr	Altbau bis 1960	Neubau ab 1990
1990	3,27–4,24	
1994	4,35–5,37	7,67–9,71
1998	4,60–5,88	7,67–9,45
2002	5,00–6,40	7,70–9,50
2004	5,10–6,60	7,80–9,60

* Deshalb erscheinen sie auch so vergleichsweise niedrig!

• DAT WASSER VUN KÖLLE ES JOT! •

Der Slogan, inzwischen in aller Munde, stammt ursprünglich von einem Werbeplakat, mit dem die Kölner Gas-, Elektrizitäts- und Wasserwerke (GEW, heute RheinEnergie) 1976 ihr Premiumprodukt anpriesen. Sieben Jahre später veröffentlichten die Bläck Fööss ihren gleichnamigen Gospelsong, der die titelgebende Behauptung mehr bezweifelt als stützt. Auszug:

> »Ming Filme entwickel' ich ovends em Rhing
> dat jeit janz jot, denn do es alles dren.
> Och wemmer av un zo d'r Dönnschess han
> mer jläuven wigger dran: Dat Wasser vun Kölle es jot ...«

Die unterschiedlichen Positionen von Band und Behörde entsprechen der Verschiedenheit der Gewässer, von denen sie reden: Während der Rhein noch Anfang der 1980er als lebensfeindliche Kloake durch die Stadt floss, bescheinigen auch externe Wissenschaftler dem Kölner Grundwasser seit jeher hervorragende Qualitäten. Selbst der Wasserkocher-killende Kalk dient nicht zuletzt dem Knochenaufbau und dem Stoffwechsel.

• DER BLICK DER FREMDEN VII •

> »Wie der einzelne Mensch an seiner Familie, so hängt der Patriotismus des Kölner Bürgers an den Geschichten und dem Ruhme seiner Heimat.«
>
> WILHELM DOROW, um 1820

EINIGE HIGHLIGHTS
DER ROSA-LILA GESCHICHTE

Gemessen an den Ausmaßen des CSD ist Köln noch vor Berlin die homosexuelle Hochburg in Deutschland. Im Gefolge der 68er-Bewegung gründete sich bereits Anfang der 1970er Jahre die Gay Liberation Front Köln (glf) als erste institutionalisierte Anlaufstelle. Im Folgenden ein kleiner Streifzug durch die letzten Jahrzehnte:

1979   Erster Gay Freedom Day (30.6.) mit Parade und Fest auf dem ehemaligen Stollwerck-Gelände.

1980   Besetzung der alten Brauerei am Kartäuserwall 18, in die dann 1994 das schwul-lesbische Zentrum »Schulz« einzieht.

1982   Eröffnung des schwulen Buchladens »Lavendelschwert« am 2.10.

1984   Der Bundeswehrgeneral Kießling wird »beschuldigt«, die Kölner Stricherkneipe »Tom Tom« besucht zu haben. Seine Entlassung durch den Verteidigungsminister weitet sich zur Wörner-Kießling-Affäre aus, bis spätere Ermittlungen ergeben, dass es sich um einen Doppelgänger gehandelt hatte.

1985   Feierliche Eröffnung des ersten »Schulz« in der Bismarckstraße. Im selben Jahr erste Frauendisco.

1987   Die Weltkonferenz der ILGA (International Lesbian and Gay Association) findet in Köln statt.

1991   In den Räumen eines ehemaligen Pornokinos eröffnet das »Gloria«; Wiederaufnahme der CSD-Paraden: 5.000 Menschen nehmen an dem Umzug teil; im Rahmen einer im E-Werk aufgezeichneten TV-Show behauptet der Hamburger Theaterchef Corny Littmann, er habe mit einem Spieler des aktuellen FC-Kaders im Bett gelegen – FC-Profi Paul Steiner bestreitet hingegen vehement, dass es schwule Geißböcke gebe.

1994   Eröffnung des FrauenMediaTurms in der Südstadt am 26.8.; auf dem Lichhof hinter St. Maria im Kapitol wird am 9.10. ein Gedenkstein für Aidstote eingeweiht; mit Volker Bulla zieht ein offen schwuler Politiker für die Grünen in den Stadtrat ein.

1995   Erste Rosa Sitzung und erster Come-Together-Cup; der CSD findet erstmalig auf dem Alter Markt statt (80.000 Besucher/-innen); am 11.11. gründen sich die Rosa Funken; die Rodenkirchener Jungfrau muss das Dreigestirn verlassen, weil sie/er mit einem Mann zusammenlebt.

1996   Erste bundesweite Aktionswoche »Lesben kommen raus«.

1999   Mit dem »Anyway« öffnet auf der Kamekestraße das erste schwul-lesbische Jugendzentrum seine Pforten.

2001   Die Evangelische Kirche Köln beschließt, fortan gleichgeschlecht-
liche Paare zu segnen – es handelt sich bei der Zeremonie allerdings um keine konventionelle Trauung; am 1.8. hingegen besie-
gelt Regierungspräsident Jürgen Roters die erste Homo-Ehe.

2002   Nach 34 Jahren muss das lesbische Traditionslokal »George Sand«
dichtmachen.

2004   Unter dem Dachlabel »ColognePride« finden im Sommer über
100 Veranstaltungen statt. Krönender Abschluss: die CSD-Parade.

Quelle: Michael Meiger u.a.: Lesben und Schwule in Köln

• ZEHN RAR VERTRETENE NATIONEN •

In Köln leben Menschen aus fast 200 verschiedenen Ländern.
Manche sind allerdings nicht besonders zahlreich vertreten.

gemeldete Einwohner

Sri Lanka 156
Norwegen 131
Ägypten 130
Nordkorea 129
Südafrika 127
Elfenbeinküste 126
Senegal 118
Estland 104
Zypern 36
Malta 11

Ausländer insgesamt:

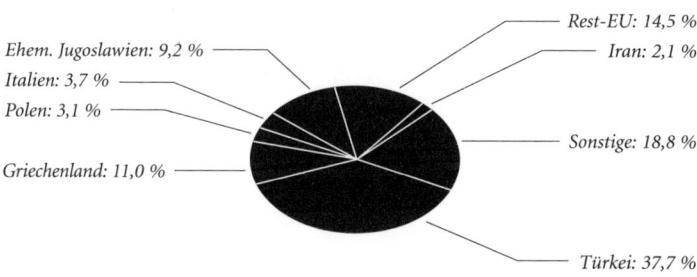

Ehem. Jugoslawien: 9,2 %
Italien: 3,7 %
Polen: 3,1 %
Griechenland: 11,0 %
Rest-EU: 14,5 %
Iran: 2,1 %
Sonstige: 18,8 %
Türkei: 37,7 %

Quelle: Statistisches Jahrbuch der Stadt Köln

DIE STADTSCHÜTZENKÖNIGE

Ursprünglich dienten die Kölner Schützen der Stadtverteidigung. Vor rund 200 Jahren entstanden die ersten vereinsähnlichen Zusammenschlüsse, und seit 1971 ermitteln die inzwischen 42 Vereine auf dem Schießstand in Flittard alljährlich ihren Stadtkönig. Die Sieger:

1971 · HELMUT REMBARZ, Mülheim

1972 · HANS JOSEF MIES, Weidenpesch

1973 · FRED ELBEL, Höhenhaus

1974 · HELMUT HUPPERTZ, Holweide

1975 · ALFRED WINTER, Bocklemünd-Mengenich

1976 · WILFRIED KÖNN, Weidenpesch

1977 · MATTHIAS BENDER, Mülheim

1978 · WILLI MYRERS, Poll

1979 · MICHAEL FRANZ, Buchheim

1980 · FRANZ BLANKENNAGEL, Dünnwald

1981 · WALTER HENSELER, Mülheim

1982 · HERMANN JOSEF LOOS, Humboldt-Gremberg

1983 · GÜNTER KLOHN, Merheim

1984 · HANS KEHLENBACH, Riehl

1985 · GÜNTER HAHN, Deutz

1986 · PETER HELLER, Höhenhaus

1987 · GERD LAUBER, Höhenberg

1988 · RUDOLF KAEBE, Deutz

1989 · JOHANN DAHMEN, Zollstock

1990 · MANFRED GROßHOLZ, Neu-Ehrenfeld

1991 · RICHARD BENZMÜLLER, Sülz-Klettenberg

1992 · DIETER HILCHE, Flittard

1993 · DIETER ALTMEIER, Riehl

1994 · MICHAEL KRUTSCH, Mauenheim

1995 · TORSTEN SEITENSPINNER, Weidenpesch

1996 · PAUL VIETH, Ostheim

1997 · ANDREAS JUNG, Roggendorf/Thenhoven

1998 · HERBERT HOHN, Roggendorf/Thenhoven

1999 · GÜNTER FÖRSTER, Weidenpesch

2000 · STEFAN NEUBERT, Höhenberg

2001 · JACOB ODENTHAL, Poll

2002 · MICHAELA OMMER, Lövenich

2003 · PETER STEIN, Roggendorf/Thenhoven

2004 · MANFRED LANKAU, Porz-Grengel

2005 · ANTON KROLL, Buchheim

HABILITATIONEN AN DER UNIVERSITÄT

Fakultät	1997	1998	1999	2000	2001	2002	2003	2004
Wirtschafts- und Sozialwissenschaften	3	6	2	7	4	4	4	4
Rechtswissenschaften	3	5	2	4	5	5	5	2
Medizin	16	15	12	24	20	16	15	39
Geisteswissenschaften	15	9	6	13	9	14	13	17
Mathematik und Naturwissenschaften	9	12	13	21	7	9	10	12
Erziehungswissenschaften	2	2	4	2	2	2	1	0
Heilpädagogik	0	1	0	1	2	1	2	1
Gesamt	48	50	39	72	49	51	50	75

DAS KLAPPMESSLATTENVEEDEL

Zollstock ist neben Nippes der sprechendste und zugleich rätselhafteste Name für ein Kölner Veedel. Der deutsche Zollstockverein* hat sich hier zwar nicht gegründet, aber schon einmal getroffen. Ob der Name jedoch tatsächlich auf die bekannte Klappmesslatte zurückgeht, ist mehr als fraglich. Eine mögliche historische Erklärung bietet die folgende Geschichte an:

Im 18. Jahrhundert nahm ein Bauer seinen Weg nach Köln hinein, um seine Ware auf dem Markt loszuwerden. Mit einer Ladung Mehlsäcke langte er auf der Höhe der heutigen Sechtemer Straße an und entdeckte dort zu seiner Überraschung einen kleinen Verschlag. Er war so mickrig, dass nur ein einziger Mensch hineinpasste, aber dieser regierte über eine ebenfalls neue Schranke. Den nächsten Schock versetzten dem Bauern die Worte des Büdchenmannes: Er gab sich als Kölner Beamter zu erkennen, der hier den Wegzoll zum Eintritt in die freie Reichsstadt kassiere. Der Bauer versuchte alles, um den Mann zum entgeltlosen Öffnen der Barriere zu bewegen, aber seine Mühen blieben vergebens. Widerwillig zahlte er schließlich, was verlangt wurde. Kaum nach Hause zurückgekehrt, verbreitete er die Nachricht von jener schäbigen Zollbude am Rande Kölns. Die Empörung, die er auslöste, machte sich möglicherweise in den folgenden Worten Luft: »Geld kassieren können sie, diese Reichsstädter, aber sie haben noch nicht einmal ein anständiges Zollhaus. Nur eine Schranke mit Unterstand – einen Zoll-Stock.«

* Es gibt ihn wirklich: zu finden unter www.zollstockfreunde.de.
Quelle u.a.: Christian Schuh: Kölns 85 Stadtteile

———— • AUTOBAHNEN IM STADTGEBIET • ————

Wo sie in die Stadt hineinkommen und wo sie wieder herausführen:

A1   Hürth-Sielsdorf/Marsdorf ————————▶ Merkenich/Leverkusen
A3   Rösrath/Rath ————————————▶ Höhenhaus/Manfort
A4   Frechen/Weiden ——————————————▶ Brück/Refrath
A59   Heumar* ——————————————————▶ Lind/Spich
A553 Meschenich (Anfang) ——————————————▶ Berzdorf
A555 Marienburg/Verteilerkreis (Anfang) ———▶ Godorf/Wesseling
A559 Deutz (Anfang)** ————————————▶ Gremberghoven***

* Als A4-Verlängerung.   ** Als Östlicher Zubringer.   *** Geht dort in der A59 auf.

———— • RHEINISCHE ZOCKER IM DSKV • ————

Skat, hervorgegangen aus älteren Kartenspielen wie dem Schafskopf, ist inzwischen rund 200 Jahre alt. In Deutschland erfunden und bis heute geographisch auf Deutschland begrenzt, wurde es immer wieder für nationalistische Zwecke missbraucht. Vor allem in Kriegen, und vor allem unter dem Nazi-Regime. Die Folge nach 1945: Der Skatsport lag brach, auch in Köln. Nach dem strukturellen Wiederaufbau jedoch begann eine Skat-Renaissance, die bis in die tiefen 1970er Jahre reichte. Heutzutage hat der Computer mit seinen unendlichen Möglichkeiten den Skat auf ein Nebengleis der Spielgeschichte verbannt. Dennoch existieren – neben zahlreichen freien Gemeinschaften und Kneipenrunden – auch in Köln noch 27 Vereine, die dem Deutschen Skat-Verband (DSkV) angehören:

Reizende Rheinkasseler · Ärm Söck · Ford-Asse
1. SC Köln-Deutz 1989 · Skatfreunde Mauenheim
Zünftige Kölner von 1959 · Lustige Kölner
Alt Mauenheim · Die Chorknaben · Wurringer Junge
Skat- und Rommé-Club 2000 · Pellenz Boore
1. SC Bocklemünd · Rundschau Skatfreunde
1. Skatgemeinschaft GT · Keine mehr 1960
Rauchfrei Colonia 2000 · Skatfreunde Köln Süd
1. Damen-Skatklub · Sülzer Buben 1965 · Müllemer Null
Dellbrücker Skatfreunde · Fortuna 75 · Rechtsrheinische Asse
Skatnarren Köln · Kölsche Boore · 1. Porzer Skatclub

Quelle: Bernd Imgrund: Das Skat-Lesebuch

• EINIGE VERSUCHE, •
DAS WORT »KLÜNGEL« ZU DEFINIEREN

Sprachhistorisch wurzelt der Klüngel im skandinavischen »klungilin« und bedeutet »Knäuel«. Klüngelseilschaften sind demnach einzelne, sich im unentwirrbaren Knäuel der Stadt verlierende Fäden. Oder anders ausgedrückt:

»M'r kennt sich, m'r hilf sich.«
Konrad Adenauer

»Mit diesem spezifischen Kölnischen Ausdruck bezeichnet man das geheime Zusammenwirken mehrerer zur Begünstigung eines von ihnen oder eines Dritten, und zwar nicht etwa wegen dessen besonderer Wichtigkeit, sondern wegen der verwandtschaftlichen, freundschaftlichen oder berufsgenossenschaftlichen Beziehungen, in welchen man zu demselben steht.«
aus einem Gerichtsurteil von 1894

»Eine allgemein unlautere, eigensüchtige, geheime Machenschaft, eine geheime Abmachung, Vereinbarung oder Verabredung zu persönlichen Vorteilen. In der Regel wird in Gruppen oder in Grüppchen mit bestimmten Bestrebungen der Mitglieder unter gegenseitiger Bevorzugung geklüngelt.«
Adam Wrede, Sprachforscher

»Klüngel geschieht so: Man redet über eine Sache von Mensch zu Mensch – nicht wegen persönlicher Vorteile, sondern zur Vermeidung rein bürohafter Vorgänge und zur Aufbereitung der selbst darin verborgenen Menschlichkeit.«
Heinrich Lützeler, Kunsthistoriker

»Klüngel ist nichts anderes als eine dem Kölner eigentümliche Form von Kompromissbereitschaft und Toleranz.«
Max-Leo Schwering, Kölnforscher, früher Oberkustos am Stadtmuseum

»Klüngeln kann sehr segensreich sein, insoweit gewisse Manipulationen im allgemeinen Nutzen liegen, während eine offene Behandlung eine Sache vielleicht zerquatscht hätte. Auch der, der ›Klüngel‹ schreit, klüngelt zur gegebenen Zeit.«
Hans Schmitt-Rost, Ex-Pressechef der Stadt Köln

»Klüngel verabscheue ich – außer ich bin selbst beteiligt.«
Bernd Assenmacher, Karnevalist und Chef der KölnArena

»Kölscher Klüngel ist eine konzertierte Aktion zwischen kölschem Herz und kalkuliertem Kommerz.«
Gerhard Uhlenbruck, Biologe und Autor

»Beim Klüngel handelt es sich um das Ausräumen von Schwierigkeiten im Vorfeld von Entscheidungen.«
Norbert Burger, Ex-OB

Quelle u.a.: Reinold Louis: Das kleine Buch vom Kölschen Klüngel

• VIER HAUPTSÄTZE •
ÜBER SONNE UND REGEN

1 Die Kölner Bucht empfängt im Jahresdurchschnitt eine mittlere tägliche Strahlungsmenge von 900 Joule/cm^2.* Die täglich von der Sonne abgegebene Wärmemenge pro cm^2 entspricht somit der Heizkraft von rund 0,1 g bester Braunkohle, also von 1 kg/m^2.**

2 Von den 4.450 im Jahr astronomisch möglichen Sonnenscheinstunden erhält das Gebiet um Köln im jährlichen Durchschnitt etwa 1.500, also rund 34 %.***

3 Durchschnittlich ist an etwa 180 Tagen im Jahr mit messbaren Niederschlägen zu rechnen.****
An rund 22 Tagen fallen die Niederschläge als Schnee.

4 Im langfristigen Mittel kommen an 20 Tagen Niederschläge von mehr als 10 mm (10 l/m^2) herunter.

Daraus folgt: Die Chancen für ein wolkenbedecktes, wenngleich nicht unbedingt verregnetes Wochenende stehen übers Jahr bei etwa 2:1. Insgesamt gibt es nur knapp zwei Dutzend Tage, an denen sich ein Regenschirm wirklich lohnt.*****

* Januarmittel: 167, Juli 1.360.   ** Das sind ziemlich genau zwei Briketts.   *** Im Januar 51, im Juli 190 Sonnenscheinstunden gegenüber 263 bzw. 490 astronomisch möglichen. ****Messbare Niederschläge beginnen bei 0,1 mm, was einer Tasse Wasser pro Quadratmeter entspricht.   ***** Ein Indikator für möglichen Regen ist die Windrichtung: 70 % der Kölner Regentage fallen mit Westwinden zusammen, nur 9 % mit Ostwinden.
Quelle: H.-V. Bastian u.a.: Kölner Naturführer

• DIE ENTWICKLUNG DES FLUGHAFENS •

Jahr	Flugbewegungen	Gäste (in Mio.)	Luftfracht (in Tonnen)
1990	119.000	3,19	171.000
1994	121.000	4,05	241.000
1998	143.000	5,48	360.000
2002	139.000	5,46	501.000
2004	153.000	8,41*	613.000**

* Ein Höhenflug, der den in Wahn eingefallenen Billigfliegern zuzuschreiben ist.
** Zum Vergleich: 2004 wurden in den Kölner Häfen 14,17 Mio. Tonnen an Gütern umgeschlagen.
Quelle: Flughafen Köln/Bonn

• ZEHN FRAUENDENKMÄLER •

Bei Männer-Skulpturen im öffentlichen Raum handelt es sich zumeist um Kaiser, Kanzler, Krieger – um ganze Kerle jedenfalls. Man denke nur an die zahllosen Reiterstandbilder von preußischen Herrschern. Frauen hingegen stehen für andere Riten und Werte.

»Assunta«
GEORG KOLBE
Bronze / Deutz, Rheinpark
Akt in demütiger Haltung

»Eva II«
GERHARD MARCKS
Bronze / Deutz, Rheinpark
Dralle, nackte Eva

»Frau mit totem Kind«
MARI ANDRIESSEN*
Bronze / Hansaring
Eine Erinnerung an NS-Opfer

»Frau Nr. 13«
THOMAS SCHÜTTE
Aluminium poliert / Hinteraus-
gang Ludwig-Museum
Zusammengekauerter Akt mit
ausgestrecktem, zerdelltem Gesäß

»Gaea**«
GERHARD MARCKS
Bronze / Hohe Straße/
Stollwerck-Passage
Die griechische Urmutter nackt
unter weit geöffnetem Gewand

»Häusliche Sorgen«
RIK WOUTERS
Bronze / Deutz, Rheinpark
Nachdenkliche Hausfrau

»Heinzelmännchenbrunnen«
E. UND H. RENARD
Sandstein und Schmiedeeisen
Altstadt, Am Hof
Das neugierige Weib, das die
*Heinzelmännchen vertrieb****

»Mutter mit totem Sohn«
KURT LEHMANN
Bronze / Westfriedhof
Mahnmal für NS-Opfer

»Sappho«
EMILE-ANTOINE BOURDELLE
Bronze / Offenbachplatz
Sappho von Lesbos, liebeskrank auf
ihre Lyra gestützt

»Trauernde«
LUDWIG GIES
Weißer Sandstein /Melatenfriedhof
Grabmal des früheren Oberbürger-
meisters Robert Görlinger

* Bei Mari Andriessen handelt es sich – wie bei allen ausgewählten Beispielen – um einen Mann.
** Ursprünglich gehörte die Statue dem Stollwerck-Konzern der Familie Imhoff. Im Herbst 2005 ließ die neue Besitzerin, eine Schweizer Firma, sie zwecks Versteigerung rücksichtslos abflexen. In einer Gemeinschaftsaktion von Stadt Köln und Imhoff-Stiftung wurde daraufhin ein neuer Guss in Auftrag gegeben, den auch die Nachlassverwalter des Künstlers unterstützten.
*** Aber vielleicht war die berühmt-berüchtigte Schneidersfrau ja gar nicht neugierig, sondern sauer: Immerhin halfen die kleinen Nachtgestalten laut Überlieferung nur den (männlichen) Kölner Handwerkern, während die Frauen ihr häusliches Tagewerk allein verrichten mussten.

• STÄDTISCHE AUSGABEN •
WÄHREND DER INFLATION VON 1923

Am 13. September genehmigte der Rat:
9.936.000.000 Mark
als Mehrkosten für die Fernsprechzentrale im Rathaus.
60.000.000.000 Mark
für zwei Motorspritzen der Feuerwehr.
106.579.124.000.000 Mark
als Mehrkosten für die Anpassung der Löhne von städtischen Arbeitern.
Am 4. Oktober:
255.920.336.000.000 Mark
als Mehrkosten für Lohnanpassungen.
Am 18. Oktober:
4.350.892.372.000.000 Mark*,
wiederum Mehrkosten für Lohnanpassungen.
Am 31. Oktober**:
5.989.312.000.000 Mark
für »zwei Vorspannwagen, eine Kehrmaschine (Hinterwagen)
und zwei Waschmaschinen (Hinterwagen) einschließlich Bereifung
und Batterien« für die Straßenreinigung.

Zum Vergleich zwei Preise aus dem Alltag der Bürger Ende Oktober 1923:
Musste man für eine Straßenbahnfahrt etwa 30 Mrd. Mark berappen, so
kosteten zwei Pfund Brot ungefähr das Siebenfache.

* In Worten: Vier Trillionen dreihundertfünfzig Billionen achthundertzweiundneunzig
Milliarden dreihundertzweiundsiebzig Millionen.   ** Also kurz vor dem Höhepunkt der
Inflation. Am 1. November wird der 100-Billionen-Mark-Schein ausgegeben.

• KARNEVALSVEREINE, •
DIE NICHT IM FESTKOMITEE SIND

1. KG Kölsche Ägypter · Blau-Wiesse Funke Wahn von 1948 · Blumen-
berger Gänseblömcher · Dicke Eier KG von 1996 · Drei Musketiere Köln
von 1996 · Die Kölner Ratsbläser · Domsitzung · Domstädter · Düxer
Clowns · Ehrengarde Porz · Elf Jungfrauen · FAS Porzer Karneval · Fidele
Höhenberger · Fidele Kölner · Fidele Kölsche · Gardecorps Grün-Weiß
Bickendorf · Gremberger Junge von 1971 · Grosse Kölner Landsknechte
Ihrefelder Cheyenne · Ihrefelder Chinese · Ihrefelder Zigeuner vun 1965
KaJe Joetterfunke vun 02 · KG Änze Kääls Worringen von 1926 · KG Fidele
Aujusse vun 1969 · KG Kapelle Jonge Weiss von 1947 · KG Löstige

Flägelskappe Sürth · KG Närrische Grielächer · KG Original Kölsche Domputzer von 1979 · KG Schloppkrade von 1968 · Karneval in Worringen · Kölner Musikcorps KG Blau Weiß Alt-Lunke von 1936 · Kölsche Piefe vun 1996 · Kölsche Südstadt-Trommler vun 1990 · Kunebätsjunge von 1950 · Musikzug Holweide · Musikkorps Original Kölsche Knappen · Neppeser Ahr-Schwärmer · Prinzen-Garde Porz · Rosa Funken Köln von 1995 · Sölzer Famillisch · StattGarde Colonia Ahoj · Stammdesch de Knollendorfer · Stammdesch Riehler-Trotzköpp · Stammtisch Höhenberger Dschungelneger vun 1967 · Tambourcorps »Frisch Auf« Köln-Worringen von 1977 · Tanzcorps der K.G. Kapelle Jonge Weiss · Tanzcorps Blaue Jung's · Vingster Engelchen · Wießer Funken

---

● EIN GEDICHT II ●

Einen jener klassischen

schwarzen Tangos in Köln, Ende des
Monats August, da der Sommer schon

ganz verstaubt ist, kurz nach Laden
Schluß aus der offenen Tür einer

dunklen Wirtschaft, die einem
Griechen gehört, hören, ist beinahe

ein Wunder: für einen Moment eine
Überraschung, für einen Moment

Aufatmen, für einen Moment
eine Pause in dieser Straße,

die niemand liebt und atemlos
macht, beim Hindurchgehen. Ich

schrieb das schnell auf, bevor
der Moment in der verfluchten

dunstigen Abgestorbenheit Kölns
wieder erlosch.

Quelle: Rolf Dieter Brinkmann: Westwärts I & II, Rowohlt Verlag

• KÖLN IN ZAHLEN •

Lage ....50. Breitengrad 56' 33,2607" nördlicher Breite;
6. Längengrad 57' 32,3136" östlicher Länge
Alter ....rd. 2.000 Jahre*

Postleitzahlen 50441-51149
Vorwahlen ....022-1, -03, -32, -33, -34, -36
Gemeindeschlüssel...05 3 15 000

Einwohner 1.022.627
Männlich...497.581
Weiblich 525.046
Einwohner unter 18 Jahre...162.205
Einwohner über 60 Jahre 231.866
Einwohner pro km^2 ....2.524

Wohngebäude..128.000
Wohnungen 526.798
Wohnfläche in m^2 pro Einwohner...36,5

Fläche ....405,15 km^2
Davon linksrheinisch..230,28 km^2
Rechtsrheinisch...174,87 km^2
Bebaute Fläche ....140 km^2
Wald..55 km^2
Parks/Grünanlagen ....41 km^2
Wasser...20,42 km^2

Länge der Stadtgrenze ....130 km
Nord-Süd-Ausdehnung..28,1 km
West-Ost-Ausdehnung ....27,6 km

Durchschnittliche Höhe**..55,2 m
Höchster Punkt***..118,04 m
Niedrigster Punkt**** ....37,5 m

* Das älteste nachweisbare Steingebäude ist das Ubiermonument am Heumarkt. Es stammt aus den Jahren 4/5 n. Chr. Der germanische Stamm der Ubier ist wahrscheinlich um 19/18 v. Chr. von den Römern hier angesiedelt worden. 50 n. Chr. erfolgte die Erhebung zur römischen Kolonie des Namens Colonia Claudia Ara Agrippinensium. Kaiser Domitian (81–96 n. Chr.) schließlich ernannte die CCAA zur Hauptstadt der neuen Provinz Niedergermanien. Die verschiedenen Gründungsjahre ermöglichen entsprechend viele 2.000er-Feiern.   ** Identisch mit dem Fußbodenniveau des Doms.   *** Im Königsforst.   **** Im Worringer Bruch.

DAS STADTWAPPEN

DIE DREI KRONEN
... erinnern seit dem 12. Jahrhundert an die Heiligen Drei Könige, deren Gebeine 1164 nach Köln kamen.

DIE ELF FLAMMEN
... zieren seit dem 16. Jahrhundert das Kölner Wappen. Zuweilen werden sie auch als Tropfen oder Tränen gedeutet, weil sie für die 11.000 gemordeten Jungfrauen der heiligen Ursula stehen. Eigentlich stellen sie jedoch Hermelinschwänze dar, die sich einst im Wappen der Bretagne fanden. Ursula war nämlich der Legende nach eine bretonische Königstochter.*

DER DOPPELKÖPFIGE ADLER MIT ZEPTER UND SCHWERT
... fasst das Wappen ein. Im heiligen Römischen Reich symbolisierte er die Doppelmacht von König und Kaiser. Köln schmückte sich mit ihm, um den Status als Freie Reichsstadt herauszustreichen, die seit 1475 nur noch dem Kaiser unterstand. Bis ins 17. Jahrhundert hinein waren es allerdings noch Löwen, die das Wappen stützten und beschützten.

DIE FARBEN ROT UND WEISS ...
... sind identisch mit jenen der Deutschen Hanse, deren Gründungsmitglied Köln einst war.

---

* Von einer Pilgerreise nach Rom kommend, sei sie in Köln von Attila und seinen Hunnen getötet worden – so will es die Legende.

• DER SÜDTURM DES DOMS •

Mit 157,31 Metern ist er zwar 7 Zentimeter kleiner als sein Pendant*, dafür aber rund 200 Jahre älter. Sein Grundstein wurde um 1300 gelegt. Weltweit berühmt wurde er ab dem Jahr 1560, als man den Weiterbau mangels Geld und Interesse für 263 Jahre einstellte. 56,14 Meter ragte der Torso damals in den Kölner Himmel. Auf einem provisorischen Dach wurde jener Kran installiert, den man von zahllosen historischen Stadtansichten kennt. Heute führen 509 Stufen bis zur Aussichtsplattform in 97,25 Metern Höhe, u.a. passiert man auf dem Weg auch den Glockenstuhl. 52 »starke Männer« mussten sich für ein Vollgeläut in die Seile hängen, bevor 1909 eine elektrische Läutmaschine ihre Aufgabe übernahm. Sie kam auch der berühmten Petersglocke, dem »Decken Pitter« zugute, während die 1874 aufgehängte »Kaiserglocke« nicht mehr viel von dieser Neuerung hatte. Ihren Namen verdankte sie einem noblen Geschenk des Allerdurchlauchtigsten: Man goss sie aus 22 in Frankreich erbeuteten Kanonen, die zusammen 500 Zentner Bronze ergaben. Aber die »Ruhmreiche«, wie man sie auch nannte, hatte keinen reinen Ton, und bald läutete sie gar nicht mehr. Gegen Ende des Ersten Weltkriegs wurde sie beschlagnahmt und – auch das Leben einer Glocke ist offensichtlich ein Kreislauf – zu Geschützen umgegossen.

* Der Nordturm ist für Besucher gesperrt, seine Hallen dienen als Lager und Werkstätten.

• HOCHZEITS-ORTE •

Standesamtlich heiraten darf man längst nicht überall, sondern nur in von der Stadt ausgewiesenen Lokalitäten. Als da wären:

❦ Historisches Rathaus: Die Rentkammer, der Turmkeller* ❦
❦ Spanischer Bau: Trauzimmer I mit Stilelementen der 1950er Jahre, Trauzimmer II, etwas größer und in modernem Ambiente gehalten ❦
❦ Gürzenich, Isabellensaal ❦ Schiffe der KD-Flotte ❦
❦ Landhaus Kuckuck** ❦ Severinstorburg ❦
❦ Bezirksbürgeramt Porz*** ❦ Elefantenhaus des Zoos ❦

* Nur samstags. ** Liegt am Olympiaweg in Stadion-Nähe. *** Nur an wenigen Tagen im Jahr.

———• DREI KLASSISCHE ANTWORTEN VON •———
HANS »LOMMI« LOMMERZHEIM

Auf die Frage eines Stammgastes, wie er die riesigen
Koteletts beim Braten innen gar und außen
unverbrannt hinkriegt: »*Janz langsam.*«

Auf die Frage eines Neulings, ob er Lammbraten führe: »*Is aus.*«*

Auf die Frage eines Journalisten, wie es hier wohl mal
ausgesehen haben mag: »*Hell.*«

Hans Lommerzheim führte, zusammen mit seiner Frau Annemie, die Deutzer Gaststätte »Lommerzheim« von 1959 bis Silvester 2004. Die zahllosen Sammelstücke an den Wänden und die Patina eines halben Jahrhunderts verhalfen der kleinen Kneipe zu ihrem ebenso musealen wie gemütlichen Charakter. Die Wortkargheit des Chefs, sein eigenwilliger Stil und stieseliger Witz bescherten ihm eine dankbare Stammkundschaft und den Ruf eines kölschen Originals. Er starb im Juni 2005, kaum ein halbes Jahr nach der »letzten Runde«, an einem Herzinfarkt.

* Unnötig zu erwähnen, dass es im Lommerzheim nie Lammbraten gab. Der Vollständigkeit halber sei es hiermit trotzdem gesagt.

———• DER KURIOSESTE TRAINER-RAUSSCHMISS •———

Fortuna-Boss Jean Löring (1934–2005) wollte es wissen vor der Saison 1999/2000. Mit FC-Legende Toni Schumacher als Trainer sollte endlich der Sprung in die 1. Liga gelingen. Ein fest angestellter Promotions-Experte musste her, zudem wurden zahllose Spieler-Neuverpflichtungen getätigt. Aber all das wollte nicht fruchten, einen Spieltag vor der Winterpause lag man auf dem 16. Platz der Tabelle. In der Halbzeitpause des Spiels gegen Waldhof Mannheim – es stand 0:2 – platzte Löring schließlich der Kragen. Er stürmte in die Kabine, stellte seinen Chef-Coach und feuerte ihn mit den Worten: »Du hast hier nichts mehr zu sagen.« Angeblich fielen danach noch ganz andere Worte. Das Match endete 1:5 und bescherte Mannheim den einzigen Auswärtserfolg der gesamten Saison. »Ich als Verein (sic!) musste reagieren«, erklärte Löring später sein Verhalten. Aber auch mit dem nächsten Trainer, dem lustlosen Österreicher Hans Krankl, wendete sich das Blatt nicht. Fortuna stieg, nach 26 Jahren in der zweithöchsten Klasse, in die Regionalliga ab.

• VORNAMEN AUF KÖLSCH •

Adolf – *Alf*
Agnes – *Angenis*
Albert – *Bätes*
Anna Maria – *Annemie*
Anton – *Tünn/Tünnes*
Cäcilia, Cäcilie – *Zilla, Zilli*
Christina, Christine – *Stina, Sting*
Elisabeth – *Lisbett, Setta*
Gabriel – *Jab*
Georg – *Jörres, Schorsch*
Gertrud – *Drüjjela, Trautche*
Hans – *Hennes, Hänneschen**
Heinrich – *Drickes, Hein*
Hermann – *Manes*

Jacob – *Cöbes*
Johanna – *Nannett, Schanett*
Joseph – *Jupp, Juppa*
Julia – *Juulche***
Katharina – *Kättche, Trina, Tring*
Konstantin – *Stänz*
Margareta, Margret – *Jriet*
Maria Sibylla – *Marizebell*
Martin – *Mätes*
Matthias – *Mattes*
Peter – *Pitter, Pittermännche*
Severin – *Fring(s), Vring(s)*
Theodor – *Dores, Döres*
Ursula – *Ooschel, Öschelche*

* Französische Variante: Jean – Schäng.
** Vor allem in der Ausführung »fussisch« (= rothaarig)

• DAS DIONYSOS-MOSAIK IN ZAHLEN •

Größe...74 m² (7 x 10,57 m)
Größe der Villa, in der das Mosaik auslag........2.600 m² (rd. 20 Zimmer)*
Entstanden...3. Jh. n. Chr.
Verschüttet ....wahrscheinlich 355**
Wiederentdeckt..1941***
Restauriert 1959–61
Ausgestellt..seit dem 3. März 1974****
Zuletzt im ursprünglichen Sinne genutzt....................................1999*****
Bildfelder 32
Mosaiksteine ....rd. 1,5 Mio.******
Promille-Spiegel des Dionysos 2,0*******

* Das Römisch-Germanische Museum wurde genau auf dem Grundriss jener Villa errichtet.
** Bei einem Überfall der Franken.   *** Beim Bau eines Luftschutzbunkers.
****Eröffnungstag des RGM. Bereits 1946 war die Fläche mit einem kleinen Museum über-
baut worden, aber bald verblichen die Farben, und das Mosaik setzte Pilze an.   ***** Beim
G-8-Gipfel tafelten die Regierungschefs auf dem (acrylgeschützten) Steinteppich.
****** Geschätzt. Man brauchte also für einen Quadratmeter rund 20.000 Steinchen. Dabei
handelt es sich um verschiedene Kalk-, Schiefer-, Ton- und Glassplitter.   ******* Jedenfalls
zeigt das zentrale Bildfeld des Mosaiks den Gott der Ausschweifung mit übler Schlagseite,
gestützt auf einen Satyr.

• DER WERT DER ARBEITSKRAFT •

Ein Vergleich der Löhne und Gehälter mit dem Gesamtumsatz der
Kölner Betriebe zeigt die folgende Entwicklung auf:

Jahr	Anzahl der Betriebe	Umsatz in Mrd. Euro	Anteil Löhne/Gehälter in %
1990	385	17,49	17,6
1994	347	16,48	17,6
1998	311	19,78	14,9
2002	301	19,06	14,5
2004	315	25,64	10,6

• EIN BRIEF VON KONRAD ADENAUER • AN WILLI OSTERMANN

Köln, den 28. Dezember 1928

Sehr geehrter Herr Ostermann!

*Für die freundliche Übersendung des Lieder-Albums mit Ihren
»kölschen Kindern« gestatte ich mir, Ihnen meinen verbindlichsten Dank
auszusprechen.*

*Sie haben es verstanden, Ihren zahlreichen Liedern den Stempel
echt kölnischer Eigenart und unverfälschten, zotenfreien rheinischen
Humors aufzudrücken, und haben sich dadurch auch um die Pflege und
Verbreitung wahrer Heimatliebe verdient gemacht. Ihren Arbeiten
wünsche ich auch weiterhin bestes Gelingen.*

Herrn
   Willy Ostermann
     Köln-Sülz

Mit vorzüglicher Hochachtung

    ADENAUER
    Oberbürgermeister

• DIE TRAINER DES FC SEIT 1963 •

Knöpfle · Multhaup · Merkle · Ocwirk · G. Lorant · Herings
Schlott · Cajkowski · Stollenwerk · Weisweiler · Heddergott
Herings · Michels · Löhr · Keßler · Daum · Rutemöller · Berger
Jerat · Olsen · Engels · Neururer · Köstner · Schuster · Lienen
John · Funkel · Koller · Stevens · Rapolder · Latour

• SCHWARZFAHREN MIT DER KVB •

Der genaue Wortlaut der KVB-Richtlinien für »Erhöhtes Beförderungsentgelt« liest sich folgendermaßen:

1. Ein Fahrgast muss dann ein erhöhtes Beförderungsentgelt zahlen, wenn er
a) keinen gültigen Fahrausweis hat*
– und zwar auch dann, wenn er den entsprechenden Fahrausweis zwar besitzt oder gekauft hat, ihn bei einer Kontrolle jedoch nicht vorzeigen kann,
b) den Fahrausweis nicht entwertet hat oder entwerten ließ,
c) den Fahrausweis bei Kontrollen nicht vorzeigt oder dem Personal aushändigt.

2. Das erhöhte Beförderungsentgelt beträgt 40,00 €. Das Verkehrsunternehmen kann weitergehende Ansprüche geltend machen, wenn der Fahrgast einen ungültigen Zeitfahrausweis benutzt hat. Eine Verfolgung im Straf- oder Bußgeldverfahren bleibt von der Zahlung eines erhöhten Beförderungsentgeltes unberührt.

3. Der Fahrgast muss kein erhöhtes Beförderungsentgelt zahlen, wenn er sich aus Gründen, die außerhalb seiner Verantwortung liegen, keinen Fahrschein beschaffen bzw. diesen nicht entwerten konnte. In Zweifelsfällen liegt die Nachweispflicht beim Fahrgast.

4. Kann der Fahrgast nachweisen, dass er zum Zeitpunkt der Kontrolle einen gültigen persönlichen Zeitfahrausweis besessen hat, wird statt des erhöhten Beförderungsentgelts in Höhe von 40,00 € nur ein reduziertes in Höhe von 7,00 € fällig. Den Nachweis über den gültigen Fahrausweis muss der Fahrgast innerhalb von 14 Tagen ab dem Tag der Kontrolle bei der Verwaltung des Verkehrsunternehmens erbringen. Dem Verkehrsunternehmen ist es freigestellt, auch weniger als 7,00 € zu verlangen.

---

* Der Fahrausweis ist ungültig, wenn er entgegen den Beförderungs- oder Tarifbestimmungen benutzt wird, insbesondere wenn er
– nicht vorschriftsmäßig ausgefüllt ist (z.B. Nummer der Kundenkarte ist nicht auf die Wertmarke übertragen),
– eigenmächtig geändert wurde,
– von Nichtberechtigten benutzt wird (z.B. Monatskarte nicht vom Inhaber der Kundenkarte),
– zu anderen als den zulässigen Fahrten benutzt wird (z.B. Minigruppenkarte werktags vor 9:00 Uhr, über die gelöste Preisstufe hinaus oder in der falschen Tarifzone),
– nicht mit gültiger Wertmarke oder einem vorgeschriebenen Lichtbild versehen ist,
– verfallen ist (z.B. nach einer Tarifanpassung).

Umsonst und ohne weitere Legitimationspflicht fahren in Köln nur »Hunde« sowie »Polizeivollzugsbeamte des Landes NRW in Uniform und Vollzugsbeamte des Bundesgrenzschutzes in Uniform«.

—• DIE GATTUNGEN DER HAUSNAMEN VOR 1794 •—

Bis zum Einmarsch der Franzosen konnte man eine Kölner Adresse lediglich anhand der Straße und des Hausnamens ausfindig machen. Diese
Namen stammten vor allem aus folgenden Bereichen:

Aus dem Tier- und Pflanzenreich
> Zum Oliphant (Elefant), Zur fetten Henne, Zum Kuckuck,
> In der Rübe, In der Sardell

Ortsfremde Orts-Bezeichnungen
> Zur Stadt Mailand, Zum Drachenfels

Mit dem Ort verbundene Namen
> Zur Lunge, Zum wilden Mann, In der Klooch (Feuerzange),
> Im Schweinskopf, Im Morion (Mohren)

Nach biblischen oder religiösen Vorbildern
> Zum Hl. Geist, Im reichen Fischfang, Zum Erzengel Gabriel

Nach führenden städtischen Geschlechtern
> Zum Overstolz, Zur Hardefaust

Namenlos waren lediglich kleinere Mietshäuser, sie wurden nach dem
Herrenhaus benannt, zu dem sie gehörten.

Quelle: Gerhard Ziebolz (Hg.): Franzosen in Köln

—————————• WALDBESITZER •—————————

Stadt Köln	↤	3.800 Ha
Land NRW	↤	1.500 Ha
Bund	↤	600 Ha
Privat	↤	300 Ha

Insgesamt sind 15 % des Stadtgebietes bewaldet, eine Fläche von rund
12.000 Fußballfeldern. Gestapelt ergäbe dies einen aus 1-m³-Würfeln
bestehenden Holzturm von 500 km Höhe. Jedes Jahr erhöht sich der
Holzvorrat um 21.000 Festmeter, von denen 15.000 im Rahmen der Wald-
pflege genutzt werden. Köln verfügt damit von allen Großstädten in NRW
über die größte Waldfläche pro Einwohner, nämlich rund 60 m². Ganz
unten in dieser Statistik steht Bochum mit nur 30 m² pro Einwohner.

• DER EID DER ROTEN FUNKEN •

Bei Öllig, Böckem, ähde Nötz*
un bei der rut-wieß Funkemötz,
beim hölze Zabel** un Gewehr,
well treu ich sin dem Fasteleer.
Well suvill suffe, als der Mage
Ohn' Biesterei kann got verdrage;
De Mädcher well ich mich verschrieve,
de Bützerei nit üvverdrieve.
Och knutsche well ich met Maneere,
nor kölsche Mädcher karesseere.***
Ne Funk well ich sin, vun unger bis bovve,
dat dun ich op de Fahn gelovve!

Der Funkeneid ist auf einer Bronzeplatte am Rote-Funken-Plätzchen/ Buttermarkt zu lesen. Der Schwur parodiert den hohen Ton bei der Vereidigung der alten Stadtsoldaten. Zugleich appelliert er jedoch an die Mannesehre: Getrunken und geknutscht wird nur »met Maneere«.

* Bei Zwiebel, Bückling, Tonpfeife. ** Säbel. *** Umwerben.

• SCHÜLERZAHLEN DER • VERSCHIEDENEN SCHULTYPEN

Grundschulen	35.837
Gymnasien	27.194
Realschulen	13.261
Hauptschulen	12.088
Gesamtschulen	9.908
Sonderschulen	5.699
2. Bildungsweg	3.368
Waldorfschulen	546
Gesamt	107.901

Zum Vergleich: Im selben Jahr 2004 verzeichneten die Kölner Hoch- und Fachhochschulen* 70.413 Studierende.

* Als da wären: Universität, Deutsche Sporthochschule, Kunsthochschule für Medien, Fachhochschule Köln, Private Rheinische Fachhochschule, Katholische Fachhochschule NRW/Abteilung Köln sowie Fachhochschule für öffentliche Verwaltung NRW/Abteilung Köln.

• IM DOM VERBAUTE GESTEINE •

| SANDSTEIN AUS OBERKIRCHEN |
| TRACHYT AUS DEM SIEBENGEBIRGE* |
| BASALT AUS LONDORF |
| BASALTLAVA AUS DER EIFEL |
| MUSCHELKALK VOM MAIN |
| SANDSTEIN AUS SCHLAITDORF |

* Im Prinzip hätte man den Dom direkt aus dem Drachenfels hauen können – so viel Trachyt wurde dort über die Jahrhunderte abgebaut. Aber obwohl der Berg heutzutage unter Schutz steht, erhält die Dombauhütte noch hin und wieder Trachyt vom Drachenfels für ihre Ausbesserungsarbeiten. So wurde etwa im Juli 2005 bei Grabungen für die Nord-Süd-Stadtbahn ein Bollwerk aus dem 15. Jahrhundert entdeckt. Es lag direkt vor dem Severinstor und bestand aus Backstein und eben Trachyt. Er wurde geborgen und der Dombauhütte zur Verfügung gestellt, um damit verwittertes durch Originalgestein zu ersetzen.

• DIE EWIGE TABELLE DER BUNTEN LIGA •

1989 kam es in Köln zu einer Vereinigung von Hobbykicker-Truppen (vulgo: Thekenmannschaften, jedenfalls ursprünglich). Ihr Ziel war es, den Fußballsport bei allem nötigen Ernst mit maximalem Spaß an der Freud zu kombinieren. Trotzdem ging und geht es auch hier selbstverständlich um Tore und Punkte. Die folgende Übersicht präsentiert die besten zehn Mannschaften aller Zeiten:

Team	Spiele	Siege	Remis	Niederlagen	Tore	Punkte
1.....Graskloppers*	182	139	25	18	811:262	442
2.....Sprit Connection	155	109	17	29	456:195	344
3.....Otze mach et	160	101	23	36	538:266	326
4.....Alcazar	162	102	19	41	521:276	325
5.....Torpedo Wiesenriesen	158	100	21	37	563:279	321
6.....Lokomotive Libuda	120	89	15	16	434:141	282
7 ....Inter Filos	140	87	19	34	521:248	280
8.....Torpedo Eisen	129	84	12	33	398:233	264
9.....Petermann**	162	76	24	63	408:283	252
10...Mülldeponie	146	74	24	48	436:300	246

* Zugleich Rekordmeister mit sechs Titeln.   ** Eines der sechs Gründungsmitglieder der Liga.

• KÖLSCHE LAUTE, •
DIE IM HOCHDEUTSCHEN NICHT VORKOMMEN

ei *Der ei-Diphtong:*
Er existiert zwar nicht in der deutschen Hochsprache, aber im Englischen, z.B. in *day, way* oder to *stray*. Siehe: Doheim sin m'r dr<u>ei</u> Jonge.

o *Das kurze, geschlossene o:*
Siehe z.B. in B<u>o</u>tz (hdt. Hose) oder B<u>o</u>tterram. Eine Botterram ist im Kölschen zunächst mal ein geschmiertes Butterbrot. Auch die gleichnamige Margarine sprach man zunächst mit einem kurzen, geschlossenen, nahe am u intonierten o.* Erst als das Fett auf den überregionalen Markt drängte, verpasste man ihm den »falschen« offenen Vokal.**
Das lange, offene o:
Die hochdeutsche Tochter ist im Kölschen die D<u>o</u>chter (sprich: Doochter).

ö *Das kurze, geschlossene ö:*
Liegt phonetisch näher am *ü* als das hochdeutsche *ö* in <u>Ö</u>konom, zu finden z.B. in M<u>ö</u>sch (hdt. Spatz) oder K<u>ö</u>fferche (hdt. Köfferchen).
Das lange, offene ö:
Das Kölsche neigt ohnehin zur Verniedlichung, deshalb hier als Beispiel die kleine, süße Tochter: D<u>ö</u>chterche (sprich: Dööschtersche).***

ou *Der geschlossene ou-Diphtong:*
Das Kölsche ersetzt im hochdeutschen Laut *au* das *a* häufig durch ein geschlossenes o. So z.B. in: Ich jonn l<u>ou</u>fe (hdt: Ich haue ab; ähnlich dem englischen *hole* = Loch).

öi *Der geschlossene öi-Diphtong:*
Das hochdeutsche *eu/äu* wird im Kölschen häufig mit einem geschlossenen *ö* gesprochen, z.B. in jl<u>äu</u>ve (hdt. glauben) oder d<u>äu</u>fe (sprich: döife, hdt. taufen).

---

* Am nächsten kommt ihm das etwas offenere o in hdt. modern.   ** So mancher wird sich an einen Werbesong der 1970er Jahre erinnern, der auf der Melodie von Nana Mouskouris »Guten Morgen, Sonnenschein« fußte: »Jeden Morgen scheint die Sonne / Golden auf die Botterram / Guten Morgen, liebe Sonne / Guten Morgen, Botterram.« Noch älteren Zeitgenossen ist vielleicht der schwarz-weiße Fernsehspot mit Willy und dem kleinen Peter Millowitsch bekannt. *** Im Hochdeutschen sprechen manche z.B. das Wort »blöken« mit einem solchen ö.

———• EIN KOMMENTAR ZUR GEBURTENRATE •———

*Durch die gestern Abends erfolgte Entbindung meiner Frau von einem
gesunden Mädchen bin ich zum 26ten Male Vater geworden. – Dieses
Freudig-traurige mach ich meinen Freunden mit der Bitte bekannt,
mich mit Condu- und Gratulationen zu verschonen.*

Köln, den 14. März 1828

J. Hoffmann, Calculator* auf Wartegeld**

* Rechnungsführer, Buchhalter.   **Der Text stand als Anzeige in der Kölnischen Zeitung.
Quelle: Heinz Weber (Hg.): In alten Zeitungen geblättert

———————————• KOHLE AUS KÖLN •———————————

*1474, knapp 200 Jahre nach der Vertreibung des Erzbischofs, verlieh Kaiser
Friedrich III. der Stadt das Recht, eigene Münzen zu prägen. Seitdem wurden
in Köln u.a. folgende Währungen hergestellt:*

ab 1474	Goldgulden, Groschen, Heller
ab 1481	Weißpfennige, halbe Weißpfennige, Heller
ab 1511	Goldgulden*, Albus, Schillinge, Heller
ab 1567	doppelte, einfache und halbe Taler, Acht-, Vier- und Dreialbusstücke, Dreischillinge (= 18 Heller), Sechs- und Achthellerstücke (»Fettmännchen«), doppelte und einfache Heller
ab 1634	Der Dukat löst den Goldgulden als Hauptgoldmünze des Reiches ab.
ab 1688	Silbergulden (Zweidritteltaler)
18. Jh.	Kölns wirtschaftliche Größe schwindet, mit ihr wird die Münzprägung bedeutungsloser. 1742 ist Schluss mit Talern, 1767 auch mit Dukaten.
1797	Mit der Versiegelung des städtischen Münzhauses durch die französische Obrigkeit ist die Münzhoheit der Stadt Köln erloschen.

* Seinerzeit ging es um eine Vereinheitlichung innerhalb des kurrheinischen Münzvereins.
Aber bereits ein Jahr später prägte man in Köln den sog. Guldengroschen. Er war so viel wert
wie ein Goldgulden, aber mit spezifisch kölnischen Motiven versehen: den Hl. Drei Königen,
der hl. Ursula sowie dem Kölner Stadtwappen.
Quelle: Kölnisches Stadtmuseum (Hg.): Kölner Geld

—• DIE MITGLIEDER DES BRAUEREI-VERBANDES •—

DOM · FRÜH · GAFFEL · GANSER · GARDE · GIESLER · GILDEN ·
KÜPPERS · KURFÜRSTEN · KURFÜRSTEN MAXIMILIAN ·
MÜHLEN · PÄFFGEN · PETERS · REISSDORF · RICHMODIS ·
SESTER · SEVERINS · SION · SÜNNER · ZUNFT

Natürlich gibt es noch weitere Kölschsorten. Sie dürfen sich bloß nicht so
nennen, denn da ist die Kölsch-Konvention, das Grundgesetz des Kölner
Brauerei-Verbandes, vor. Unabhängig davon schenken viele der immer
zahlreicher werdenden Klein- und Kleinstbrauereien helles, obergäriges
Bier aus, das den kölschen Traditionsmarken in nichts nachsteht.

————• BERÜHMTE TOTE VON MELATEN •————

Der Melatenfriedhof im Kölner Westen ist natürlich nicht mit dem Pariser
Père Lachaise zu vergleichen. Hier liegen keine weltberühmten Popstars
wie Jim Morrison, zu deren Grabmälern die Fans in Scharen pilgern.
Aber jenseits des kölnisch-kölschen Adels findet man auch hier einige
Künstler und Freidenker, die einst von überregionaler Bedeutung waren.
Und so mancher genoss seinerzeit durchaus einen gewissen Kultstatus.
Eine Auswahl:

Name	Lebensdaten	Beruf	Lage des Grabes
Johannes Theodor Baargeld	1892–1927	Dadaist	Flur 73a
Willy Birgel	1891–1992	Schauspieler	Lit.* D
René Deltgen	1909–1979	Schauspieler	Lit. D
Andreas Gottschalk	1815–1849	Armenarzt	Lit. G
Irmgard Keun	1905–1982	Schriftstellerin	Flur 12 in G
Willy Millowitsch	1909–1999	Schauspieler	Flur 72a
Ernst Wilhelm Nay	1902–1968	Maler	Flur 43
Anton Räderscheidt	1892–1970	Maler	Flur A
Wilhelm Riphahn	1889–1963	Architekt	Lit. V
August Sander	1876–1964	Fotograf	Flur 87
Maria Magdalena von Schiller	1781–1835	Schwiegertochter**	Lit. D
Rolf Stommelen	1943–1983	Rennfahrer	Flur 72

* Lit. steht für Littera (= Buchstabe); auf den Steinen an den Flurecken werden damit die Wege
bezeichnet. Einfacher wird die Grabsuche damit jedoch keineswegs, selbst professionelle
Führer tun sich da schwer.   ** Die Frau von Friedrich Schillers Sohn war nicht wirklich
berühmt, aber immerhin: Dank ihrer west ein Zipfel des Geistes von Weimar durch die Flure
des historischen Friedhofs im Kölner Westen.

◆ BLAUER PULLOVER UND BLAUES HEMD ◆

Ob das Leichentuch von Jesus Christus oder ein Freundschaftsbändchen von Wolfgang Petry: Nicht selten sind es Textilien – oder Fetzen davon –, an die Gläubige ihre Glückseligkeit heften. Auch im Kölner Fußballkosmos verehrte man zuzeiten zwei solche Reliquien.

DER BLAUE PULLOVER DES UDO LATTEK

 Zu Anfang der Saison 1987/88 hatte der damalige Sportdirektor des 1. FC Köln das gute Stück von der Ausrüsterfirma Puma geschenkt bekommen. Nach einem 1:1 beim Karlsruher SC machte ein Boulevardjournalist Lattek darauf aufmerksam, dass es doch eigentlich viel zu heiß sei für solch ein wollenes Oberteil. Der Pressemann fragte, ob dies denn wohl nun der neue Glücksbringer der Mannschaft werden würde. »Genau«, griff Lattek die Idee auf, »und den ziehe ich erst wieder aus, wenn der FC mal ein Spiel verliert.« Der ehemalige Meistertrainer landete damit einen Volltreffer: 15 Spiele in Folge blieb der FC unbesiegt, bevor die Serie mit einem 1:2 in Bremen abbrach. Lattek zog den Pullover aus* und versteigerte ihn zugunsten der Kinderkrebshilfe. Aus 80 DM Verkaufswert wurde dank des Höchstbieters, der Firma 4711, eine 36.000-DM-Spende.

DAS BLAUE HEMD DES EWALD LIENEN

Was hat man ihm nicht schon alles ans Revers geheftet:  Er war der »Zettel-Ewald« (wegen seiner pausenlosen Notizen am Spielfeldrand) und der »Meister Ewald« (in kölnischer Anlehnung an den Dombau-Meister Gerhard und dank des unter seiner Regie gelungenen Wiederaufstiegs in der Saison 1999/2000). Aber echten Kultstatus entwickelte jenes mit Werbebannern übersäte blaue Hemd von Ralph Lauren**, das er sommers, im kältesten Winter und im stärksten Regen an der Seitenlinie trug. Im Gegensatz zu Lattek blieb Lienen seinem Aberglauben auch in schlechten Zeiten treu, z.B. während jener fünf sieglosen Spiele im Frühjahr 2000.*** Weder der Vorstand noch Mannschaft und Fans nahmen daran Anstoß. Endgültig vorbei war der Spuk allerdings Anfang 2002: Nach dem Negativrekord von über acht Stunden ohne Treffer wurde der Zettelmeister entlassen.

---

* Entgegen anders lautenden Vorwürfen bestand er stets darauf, das Kleidungsstück zwischen zwei Samstagen gewaschen zu haben.   ** Die Puristen unter den Fans akzeptierten Kopien nur, wenn sie mit den Sponsorenstickern von ITS, VPV und taxofit bestückt waren.   *** Diese Serie gipfelte im 1:4-Derbydebakel gegen Fortuna Köln am 9.4.2000.

• DIE OFFIZIELLEN STADTTEILE •

STADTBEZIRK 1 | *Innenstadt*:
Altstadt-Süd, Neustadt-Süd, Altstadt-Nord, Neustadt-Nord, Deutz
Größe: 1.640 Hektar

STADTBEZIRK 2 | *Rodenkirchen:*
Bayenthal, Godorf, Hahnwald, Immendorf, Marienburg, Meschenich, Raderberg, Raderthal, Rodenkirchen, Rondorf, Sürth, Weiß, Zollstock
Größe: 5.456 Hektar

STADTBEZIRK 3 | *Lindenthal*:
Braunsfeld, Junkersdorf, Klettenberg, Lindenthal, Lövenich, Müngersdorf, Sülz, Weiden, Widdersdorf
Größe: 4.158 Hektar

STADTBEZIRK 4 | *Ehrenfeld*:
Bickendorf, Bocklemünd/Mengenich, Ehrenfeld, Neuehrenfeld, Ossendorf, Vogelsang
Größe: 2.383 Hektar

STADTBEZIRK 5 | *Nippes*:
Bilderstöckchen, Longerich, Mauenheim, Niehl, Nippes, Riehl, Weidenpesch
Größe: 3.200 Hektar

STADTBEZIRK 6 | *Chorweiler*:
Blumenberg, Chorweiler, Esch/Auweiler, Fühlingen, Heimersdorf, Lindweiler, Merkenich, Pesch, Roggendorf/Thenhoven, Seeberg, Volkhoven/Weiler, Worringen
Größe: 6.717 Hektar

STADTBEZIRK 7 | *Porz*:
Eil, Elsdorf, Ensen, Gremberghoven, Grengel, Langel, Libur, Lind, Poll, Porz, Urbach, Wahn, Wahnheide, Westhoven, Zündorf
Größe: 7.887 Hektar

STADTBEZIRK 8 | *Kalk*:
Brück, Höhenberg, Humboldt/Gremberg, Kalk, Merheim, Neubrück, Ostheim, Rath/Heumar, Vingst
Größe: 3.823 Hektar

STADTBEZIRK 9 | *Mülheim*
Buchforst, Buchheim, Dellbrück, Dünnwald, Flittard, Höhenhaus, Holweide, Mülheim, Stammheim
Größe: 5.223 Hektar

• DER BLICK DER FREMDEN VIII •

»Allein an diesen maskierten Personen beiderlei Geschlechts konnte man sehen, auf welcher niedrigen Stufe von Bildung und Geschmack das Volk von Köln noch steht. Es hat nur Sinn für das Abgeschmackte, Hässliche und Groteske.«

ALBERT KLEBE, anlässlich des Karnevals, 1801

DER VERLAUF DES RHEINS

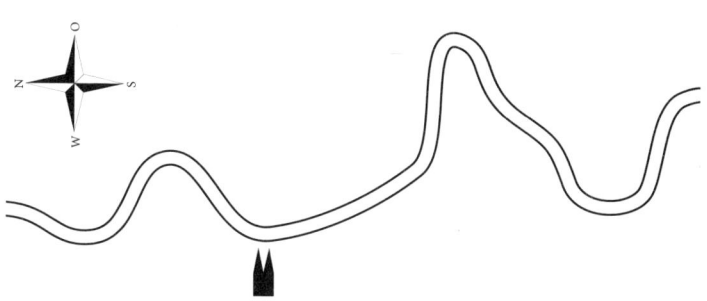

DIE BEGRÄBNISKOSTEN 1818

	Francs	Centimes	Reichsthaler	Silbergroschen	Pfennige*
Für den Wagen	10	0	2	15	0
Für jeden Träger	1	50	0	9	5
Für den Gaffelboten	3	0	0	18	10
Für den Einsegner	1	0	0	6	3
Für den Todtengräber	1	60	0	10	0
Für die Verzierung erster Klasse	1	0	0	6	3
Bei Kindern von 8 Jahren und darunter	0	50	0	3	1
Für die Verzierung zweiter Klasse	6	0	1	13	9
Bei Kindern	3	0	0	18	10
Für die Verzierung dritter Klasse ohne Altersunterschied	15	0	3	22	6

Die Tabelle stand so in der Kölnischen Zeitung vom 14.2.1818. Interessant ist u.a., dass man in Köln noch immer mit Francs bezahlen konnte, obwohl die Franzosen schon vier Jahre weg waren. In der Regel, so heißt es in dem Artikel, begleiteten zwei Träger den Leichenwagen. Wer die zweite Verzierung wünschte, brauchte drei Träger, und für die dritte Verzierung schlug zusätzlich ein so genannter Leichenbitter (Gaffelbote) zur Leitung des Zuges ins Kontor.

* 1 Taler = 30 Silbergroschen = 360 Pfennige. Zum Vergleich: Im selben Zeitraum kostete ein achtpfündiges Schwarzbrot (das Pfund damals à 467,4 gr) rund 3 Silbergroschen.
Quelle: Heinz Weber (Hg.): In alten Zeitungen geblättert

• ERHALTENE BAUWERKE VON •
WILHELM RIPHAHN

WILHELM RIPHAHN wurde 1889 in Köln geboren. Bis zu seinem Tode 1963 wurden hier auch die meisten seiner Baupläne verwirklicht, zuweilen in Zusammenarbeit mit anderen Architekten. Sein Œuvre umfasst Villen, Siedlungen und Hochhäuser ebenso wie Theater, Fabriken und eine Kirche. Die hier zusammengestellte Liste führt lediglich einige der bedeutendsten jener Bauten auf, mit denen er die Stadt architektonisch in die Moderne lenkte. Vollständig ist sie längst nicht.

*Häusergruppe Ecke Deutzer Freiheit/Justinianstraße, 1914 ·
Straßenbahnausbesserungswerk Weidenpesch, 1921 ·
Siedlung Bickendorf I, 1921 · Die Bastei, 1924 · Siedlung Grüner Hof ·
Mauenheim, 1924 · Siedlung Am Merheimer Wäldchen, 1929 · Siedlung
Am Südfriedhof, 1930 · Katholische Pfarrkirche St. Petrus Canisius in
Buchforst, 1931 · Ufa-Palast, 1931 · Siedlung Bickendorf II, 1931 ·
Siedlung Kalkerfeld Buchforst, 1932 · Siedlung Weiße Stadt Buchforst, 1932
· Sartory-Gaststätten, 1948 · Hahnenstraße/Marsilstein, 1950* ·
Wohnhochhaus im Volkspark Raderthal, 1951 ·
Französisches Institut, 1953 · DuMont-Haus Breite Straße, 1954 ·
Opernhaus, 1957 · Theater-Restaurant Offenbachplatz, 1958 ·
Wi-So-Fakultät der Universität, 1960 · Schauspielhaus, 1962*

* Die hohen, flach gedeckten Baublöcke mit den vorgesetzten niedrigen Geschäftspavillons geben der Hahnenstraße noch heute ihr markantes Gesicht. Zu diesem Projekt gehörte auch das Kulturinstitut »Die Brücke«, das bis zum Jahr 2000 das British Council beherbergte.

• KARNEVAL UND KOHLE •

*340 Mio. Euro**	geben allein die Kölner Narren während der »tollen Tage« aus.**
30 Mio. Euro	Mehreinnahmen an Steuern streicht die Stadt Köln ein.
100.000 Euro	muss man anlegen, um »eimol Prinz zo sin«.
5.000 Euro	kostet allein die Prinzenuniform.
50.000	Jobs hängen bundesweit vom Karneval ab.***
60	Betriebe fertigen jährlich
2,2 Mio.	Orden und machen damit
25 Mio. Euro	Umsatz.

* Alle Zahlen basieren auf Schätzungen und sind gerundet.   ** Bundesweit sind es 4,8 Mrd. Euro.   *** Nicht zuletzt deshalb ist die in Köln stattfindende Messe Inter Karneval recht groß: Rund 150 Aussteller locken 20.000 Besucher mit gut 1 Mio. Karnevalsartikeln.

114

• DICHTUNG UND WAHRHEIT •

∿ 1288 · DIE SCHLACHT VON WORRINGEN ∿

Die Kölner feiern dabei die Vertreibung des bis dato die Stadt beherrschenden Erzbischofs und ihren Aufstieg zur Freien Reichsstadt. In Wirklichkeit ging es um einen ganz unrheinischen Streit, den »Limburger Erbfolgekrieg« zwischen den Grafen von Geldern, Berg und Luxemburg. Die Kölner Kämpfer spielten eine recht unbedeutende Rolle als Fußtrupp.

∿ 1396 · DER VERBUNDBRIEF ∿

400 Jahre, bis zum Einmarsch der Franzosen, bildete er die Verfassung der Stadt Köln. Schönredner sprechen im Zusammenhang mit dem Verbundbrief von der ersten Demokratie am Rhein. In Wirklichkeit wurde 1396 zwar die alteingesessene Patriziergilde entmachtet, zugleich aber der Grundstein für eine neue, allein herrschende Oberschicht gelegt: für die Gaffeln. Nur ihre 6.000 Mitglieder (ausschließlich Männer natürlich) waren von den rund 40.000 Einwohnern als Vollbürger registriert.

• DIE KD-FLOTTE •

Schiff	Baujahr	PS	Länge in m	Breite in m	Passagiere max.
Schaufelraddampfer Goethe	1913	700	83	15,70	900
MS Wappen von Mainz	1961	2.000	93	15,50	2.000
MS Wappen von Köln	1967	2.000	93	15,90	1.985
MS Heinrich Heine	1969	460	36	6,50	250
MS Stolzenfels	1979	1.460	77	10,00	1.000
MS Drachenfels	1985	796	65	8,70	600
MS Jan von Werth	1992	640	40	7,80	250
MS Godesberg	1994	900	66	11,40	600
MS Jeverland	1994	900	53	11,40	250
MS Warsteiner	1994	900	53	11,40	250
MS Asbach	1996	470	68	11,40	600
MS Boppard	1996	470	50	10,50	400
MS Loreley	1996	470	68	11,40	600
MS RheinEnergie*	2004	2.340	90	19,30	1.680

* Beim neuen Party- und Veranstaltungsschiff der Köln-Düsseldorfer handelt es sich um einen Katamaran mit drei Decks, großer Bühne und zahllosen Event-Extras.

ZWEI DEUTZER ERFINDUNGEN VON WELTRANG

DER OTTO-MOTOR

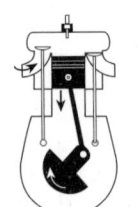

Er ist es leid. Alle möglichen Leute experimentieren mit Motoren und Kraftmaschinen, auch ein gewisser Etienne Lenoir, aber noch immer sind es Pferde, die Kutschen und Wagen ziehen. Man müsste, so denkt er, Lenoirs Maschine weiterentwickeln und mit Spiritus betreiben.

Er, das ist Nicolaus August Otto, geboren am 14. Juni 1832 in Holzhausen an der Haide im Taunus, gelernter Kaufmann, nun in Köln in Stellung bei einem Kolonialwarenhändler. Otto ist ein Tüftler, ein technisches Genie. Es knallt und stinkt, einige Teile fliegen ihm um die Ohren. Das mit dem Spiritusmotor wird nichts, noch nicht. Er stellt den Motor ins Lager und sucht einen Partner mit Geld und Ausdauer. In Eugen Langen findet er einen Mann mit Geschäftssinn und Gespür für das, was die Kleinindustrie von ihm verlangt. Sie will einen Motor, und den bekommt sie von der ersten Motorenfabrik, der späteren Gasmotoren-Fabrik Deutz, aus der noch später die Deutz AG wurde.

Ottos Durchbruch kam dann 1867: Die atmosphärische Gaskraftmaschine, ein halbes PS stark, findet reißenden Absatz. Man kann damit bohren, sägen, hämmern usw. In einem Werbeprospekt heißt es: »Die Ausgabe für das consumirte Gas ist der einzige Kostenpunkt des Betriebs. Arbeitslöhne für die Bedienung der Maschine erwachsen in keiner Weise.«

Die Firma expandiert. 1872 kommt ein neuer Mitarbeiter in den Betrieb: Gottlieb Daimler, zuständig für die Werkstätten und für das Personal. Aber schon bald stellt sich heraus: Otto kann mit Daimler nicht, denn der will alles anders machen als Otto, der Firmengründer. Bald wird Daimler gehen und seine eigene Fabrik gründen; an seinen Stern denkt er wohl schon zur Deutzer Zeit. Übrigens: Wilhelm Maybach ist auch bei Otto und Langen tätig.

1875: Otto holt sein altes Modell aus dem Lager, seinen Viertaktverbrennungsmotor. Niemand weiß, wann er dann zum ersten Mal gelaufen ist. Als Geburtsstunde des Otto-Motors gilt der 9. Mai 1876.

Aber es ist noch immer Gas, das den Motor antreibt. Erst mit der Entwicklung der Zündung von außen und der Verwendung flüssiger Kraftstoffe wird der Otto-Motor von der städtischen Gasleitung unabhängig.

Es ist unwahrscheinlich, dass Otto jemals daran gedacht hat, Menschen könnten sich irgendwann einmal mittels seines Motors in einem Gefährt fortbewegen. Das Auto wurde erst 1886 durch Daimler und Benz aus der Taufe gehoben. Nicolaus August Otto jedenfalls, gestorben am 26. Januar 1891, ist nie in einem Wagen mit Otto-Motor gefahren.

→ ZWEI DEUTZER ERFINDUNGEN VON WELTRANG ←

DER DEUTSCHE SCHÄFERHUND

Max von Stephanitz, ein junger Offizier des Kürassier-Regiments Graf Gessler in Köln-Deutz, langweilte sich beim Manöver. Seine Kameraden ritten Attacken, ihm in der Etappe blieb nur der Blick über die Rheinebene. Dort geschah nichts. Doch halt, war da nicht eine Bewegung? Der Kavallerist blickte durchs Spektiv und sah einen Schäfer. Um die Herde herum liefen zwei Hunde. Sie dirigierten die Schafe nach links und nach rechts, trieben sie vorwärts und brachten sie zum Stehen. Aha, dachte der Offizier, das kenne ich doch: Oberkommandierender ist der Schäfer, Meldereiter sind die beiden Hunde, als Armee gehorchen die Schafe. Da hatte der Offizier seine Bestimmung gefunden. Er kaufte sich einen solchen Hund namens »Hector Linksrhein«, taufte ihn in »Horand von Grafrath« um und begann, den Deutschen Schäferhund zu züchten, den Inbegriff des Diensthundes, einen deutschen Exportschlager.

Quelle: schael-sick-online.de

———→ STECKBRIEF MARIE LUISE NIKUTA ←———

Geboren:	1938 in Nippes
Wohnhaft in:	Mauenheim
Beruf:	Sekretärin (bis 1968), Komponistin, Texterin, Sängerin
Bühnenerfahrung:	seit 1968
Durchbruch:	1972 mit dem Lied »Kölsch, Kölsch, Kölsch«
Lieder insgesamt:	ca. 150*
Davon Mottolieder zum Karneval:	26
Auftritte pro Session:	ca. 100
Bedeutendste Auszeichnungen:	Ostermann-Medaille**
Auslandsauftritte:	u.a. Steuben-Parade in New York, Karneval in Namibia
Spitznamen:	Motto-Queen, Doyenne des Kölner Karnevals, La Nikuta
Besondere Kennzeichen:	extrem rote Haare

* Die Sängerin schreibt ihre Songs grundsätzlich selbst.
** Sie erhielt sie 1973 und ist bis heute die einzige Frau in der Liste der Preisträger.

────────── • BE-EMMER • ──────────

Sammelbegriff für den typischen Umland-Kölner, festgemacht am Autokennzeichen der Kreisstadt Bergheim (BM).* Der Be-Emmer spricht ein breites Vorgebirgsplatt, und dies mit Vorliebe recht laut. Sein Auto (Golf GTI, Opel Manta, BMW-3er-Reihe) ist so tief gelegt wie breit bereift und nicht dazu gebaut, selbst in den engen Straßen der Domstadt langsamer als 100 zu fahren. Weibliche Vertreter dieser Spezies heißen Susi und sind ausnahmslos blond. Ihr beliebtester Kopfschmuck ist die so genannte »Bergheim-Palme«, ein Zopf, der nicht hinten in den Nacken fällt, sondern senkrecht vom Oberkopf absteht. Die Be-Emmer machen vor allem am Wochenende auf sich aufmerksam, wenn sie in Scharen in die einschlägigen Vergnügungsviertel der Domstadt einfallen.

* Alles Folgende gilt auch für Insassen von Autos mit den Kennzeichen EU, SU, GL und GM.

──────── • DIE GRÖSSTEN KALKER • ────────
INDUSTRIEBETRIEBE IM JAHRE 1903

Das rechtsrheinische Kalk war einst die Heimat zahlloser Industriebetriebe. Mit der Schließung der Chemischen Fabrik 1993 ist dieses Kapitel so gut wie beendet, heute herrscht in dem ehemaligen Arbeiterviertel eine hohe Arbeitslosigkeit. Martin Köllen, 1891 bis 1918 Pfarrer an der Marienkirche, listete für 1903 31 Kalker Betriebe auf. Hier die zehn größten:

Arbeiter

1. HUMBOLDT · *Maschinenbau-Anstalt* 1.232
2. VORSTER & GRÜNEBERG · *Chemische Fabrik* 784
3. MANNSTAEDT · *Walzwerk* 562
4. PETER STÜHLEN · *Eisengießerei* 459
5. BREUER, SCHUMACHER & CIE. · *Werkzeugmaschinenfabrik* 360
6. GOTTFRIED HAGEN · *Akkumulatorenfabrik* 318
7. MAYER & CIE. · *Trieurfabrik** 187
8. SCHUSTER & CIE. · *Metallgießerei* 173
9. SILLER & DUBOIS · *Maschinenfabrik und Eisengießerei* 134
10. SCHEIBLER & CIE. · *Düngerfabrik* 98

* Ein Trieur ist eine Unkraut-Samen-Auslesemaschine. Firmengründer Johann Mayer entwickelte sie 1867 nach dem Besuch der Pariser Weltausstellung. Zuvor hatte giftiger Unkrautsamen häufig zu schweren Krankheiten geführt. Die Kalker Firma (gelegen an der Hauptstraße, dort, wo heute der Kaufhof steht) wurde schnell zur bedeutendsten Trieurfabrik der Welt. Bis 1925 hatten rund 250.000 Maschinen das Werk verlassen.
Quelle: Fritz Bilz (Hg.): Einschnitte. Veränderung der Industriearbeit in Köln-Kalk

⸺• EINE GRÜNANLAGEN-CHRONIK •⸺

1829 ✣ Stadtgarten

1864 ∾ Flora

1886 ❧ Ringstraße*

1889 ∾ Volksgarten**

1891 ✣ Rathenauplatz***

1898 ❧ Römerpark**** und Stadtwald

1907 ✣ Erzbergerplatz und Klettenbergpark*****

1910 ∾ Vorgebirgspark

1913 ❧ Blücherpark

1914 ✣ Botanischer Garten (Riehl)

1916 ∾ Friedenspark******

1924 ❧ Innerer Grüngürtel und Volkspark Raderthal*******

1929 ✣ Äußerer Grüngürtel

1932 ∾ Merheimer Heide********

1957 ❧ Rheinpark

1964 ✣ Forstbotanischer Garten (Rodenkirchen)

1984 ❧ Rheingarten

1987 ∾ Kaiser-Wilhelm-Ring********* und Olof-Palme-Park

1991 ✣ Mediapark

* Entlang der Ringe standen einst durchgehend zwei bis vier Baumreihen, unterbrochen von Schmuckplätzen.   ** Volksgärten wurden für die einfache Bevölkerung angelegt, die frische Luft schnappen und sich bewegen sollte. Dennoch war die Wiese zunächst nur einmal wöchentlich zum Betreten freigegeben.   *** Hieß anfänglich Königsplatz, seit 1922 Rathenauplatz, zwischendurch für einige Jahre Horst-Wessel-Platz.   **** Entstand als Ausgleich für die dem Hafenbau gewichene Rheinau-Anlage.   ***** Die Muldenform ist kein Zufall: Hier lag einst eine Kiesgrube.   ****** Ursprünglich Hindenburgpark.   ******* Wurde nach dem Zweiten Weltkrieg durch den Bau einer Siedlung für die englische Besatzungsarmee stark verkleinert.   ******** Gewachsen aus einem ehemaligen Exerzierplatz.   ********* Gegen die Abholzung der dortigen Stadtbäume gab es große Proteste, dokumentiert in dem Lied »Platania« von Wolfgang Niedecken, Klaus der Geiger, Tommy Engel, Wolf Maahn u.a.

⸺• VIER RECHT EINLEUCHTENDE PARALLELEN •⸺

Jahr	Scheidungen von Ehen mit Kindern	Bei der Mutter lebende Scheidungskinder	Anzahl der Singlehaushalte	Allein lebende Männer zwischen 40 und 59 Jahren
1990	947	21.852 (82,3 %)	212.751	48.668
1994	983	23.198 (81,9 %)	226.452	53.868
1998	1.059	23.857 (79,0 %)	241.309	58.775
2002	970	29.837 (79,9 %)	246.226	61.902
2004	923	32.484 (79,7 %)	255.392	67.398

DIE ZWÖLF TORBURGEN DER MITTELALTERLICHEN STADTMAUER

Name	Lage	Zustand
Bachtor	Am Weidenbach/Pantaleonswall	1883 abgerissen
Pantaleonstor	Waisenhausgasse/Pantaleonswall	1894 abgerissen
Ulretor	Ulrichgasse/Kartäuserwall	teilweise erhalten
Weyertor	Weyerstraße/Mauritiuswall	1889 abgerissen
Friesentor	Friesenstraße/Friesenwall	1882 abgerissen
Hahnentor	Hahnenstraße/Friesenwall	erhalten
Schaafentor	Schaafenstraße/Mauritiuswall	1882 abgerissen
Eigelsteintor	Eigelstein/Thürmchenswall	erhalten
Gereonstor	Christoph-/von-Werth-Straße	1882 abgerissen
Ehrentor	Ehrenstraße/Friesenwall	1882 abgerissen
Severinstor	Severinstraße/Severinswall	erhalten
Kahlenhausener Tor*	Unter Kahlenhausen/Gereonswall	vor 1571 abgerissen

Die genannten Tore entstanden im 13. Jahrhundert und unterbrachen die landauswärts gelegene, halbkreisförmige Stadtmauer. Am Rhein entlang zog sich zwischen Bayen- und Kunibertsturm eine drei Kilometer lange Mauer, durch die rund 30 Ausgänge zum Fluss hinführten. Die drei herausragenden Durchlässe: das Rheingassen-, das Frankenturm- und das Trankgassentor (alle im 19. Jahrhundert niedergelegt).

* Auch Judenpforte genannt, es handelte sich nur um einen ausgebauten Mauerdurchbruch.
Quelle: Peter Fuchs (Hg.): Chronik zur Geschichte der Stadt Köln

DIE HÖCHSTEN HOCHWASSER DER LETZTEN 100 JAHRE

Jahr	Durchfluss	Pegelstand
1926	11.100 m²/s	10,69 m
1993*	10.800 m²/s	10,63 m
1995	10.940 m²/s	10,69 m

Das letzte Sommerhochwasser: Am 29. Mai 1983 mit 9.910 m²/s und einem Pegelstand von 9,96 m. Sommerhochwasser sind äußerst selten und ereignen sich statistisch betrachtet etwa alle 300 Jahre. Für die Schiff-fahrt problematisches Niedrigwasser beginnt ab 1,50 m. Mittelwasser führt der Rhein bei Pegelständen zwischen 2,90 und 3,00 m.

* 70 Stunden stand die Altstadt damals unter Wasser. Zum Vergleich: Das bislang höchste bekannte Hochwasser ereignete sich am 28. Februar 1784 in Folge Eisstaus: Pegelstand 13,63 m.

GASTSTÄTTEN MIT BEI/BEIM

Bei

Bruno
d'r Tant
Hansi em Kannebüttche
Janusz
Karin
Lotti
Marko
mir
Papperoni
Pino

Beim

Albert
Dietmar
Erika
Ingrid
Knodde Friedrich
Mäus
Sobreira

ZAHNARZT-WERBUNG ANNO 1777

Es wird einem jeden nach Standes-Gebühr zu wissen gemacht, dass Laurentius Schildt berühmter Zahn-Arzt der freyen Reichs-Stadt Köln ist, welcher besondere Wissenschaften besitzet. Er nimmt

1. *alle Zähne, Stümpfe, Fisteln, sie mögen einen Namen haben wie sie wollen, mit aller Geschicklichkeit aus;*
2. *verlohrne Zähne setzt er wieder ein, ohn daß dieselbe von den andern können unterschieden werden;*
3. *alle Arten fauler Zähne curiret er;*
4. *die wankelnde Zähne macht wieder vest;*
5. *hat er ein Elixir für das blutende Zahnfleisch und den Scharbock*;*
6. *ein vollkommenes Opiat, die Zähne zu unterhalten;*
7. *eine Essenz für die verdorbene Zähne zu unterhalten, wie auch ein gutes Zahnpulver;*
8. *ein Salvolatile** im Augenblick die Zahnschmerzen zu stillen;*

Er Bietet allen hohen und niedern Standespersonen seine Dienste an, und ist Morgens um 9 Uhr und Nachmittags bis 3 Uhr anzutreffen. Dames können sich nach Belieben von seiner Frau bedienen lassen, selbige wird ihnen mit nemlicher Geschicklichkeit auffwarten, wie er selbst. Er logiret unter Goldschmidt.***

* Skorbut.   ** Sal volatile = flüchtiges Salz, Riechsalz.   *** Da er hier keinen Hausnamen angibt, war Herr Schildt vermutlich ein ambulanter Zahnarzt.
Quelle: Heinz Weber (Hg.): In alten Zeitungen geblättert

WIE MAN DEN OTZE MACHT

Frank Ordenewitz spielte von 1989-93 beim 1. FC Köln. In 155 Spielen schoss er 40 Tore. Ein »Otze« bezeichnet im heutigen Fußballdeutsch eine gewiefte Ausnutzung von Regellücken. Das Wort geht zurück auf ein Match vom 7. Mai 1991: »Otze« Ordenewitz hatte im Verlauf des Pokalhalbfinales gegen den MSV Duisburg eine gelbe Karte gesehen. Es war seine zweite im laufenden Wettbewerb, für das Endspiel wäre er somit gesperrt gewesen. Hätte er sich jedoch eine rote eingehandelt, so hätte er diese Sperre in einem zwischenzeitlichen Ligaspiel absitzen dürfen und wäre dann im Finale dabei gewesen. Nach kurzer Rücksprache mit seinem Trainer – er hieß seinerzeit Erich Rutemöller – drosch Ordenewitz kurz vor Schluss einen Ball weg, wurde des Feldes verwiesen und war glücklich.

Aber der Schuss ging nach hinten los: Während der Spieler nach dem Abpfiff hartnäckig leugnete, was allen längst klar war, plauderte sein Coach munter drauflos. »Ja«, sagte Rutemöller, »er hat mich gefragt, und ich habe gesagt ›Mach et, Otze!‹« Auch beim DFB nahm man dieses Interview zur Kenntnis und zog seine Konsequenzen daraus: Ordenewitz wurde nachträglich verurteilt und konnte sich seinen Einsatz im Berliner Olympiastadion abschminken. Auch für den 1. FC Köln und seinen Trainer endete die Aktion tragisch: Das Endspiel gegen Werder Bremen ging mit 4:5 im Elfmeterschießen verloren, Rutemöller wurde bald darauf entlassen.

SUPERLATIVE DES DOMS III

DIE HOLZARBEITEN: Seit der Gotik wurden große Teile der immer kunstvoller gearbeiteten Kirchenausstattung aus Holz gefertigt: Chorgestühl und Baldachine, Lettner, Kanzeln und Pulte, die die christliche Symbolik des mittelalterlichen Weltbildes ikonographisch verarbeiteten.

Eine Besonderheit des Kölner Doms ist sein Chorgestühl: Mit 104 Sitzen ist es das größte seiner Art in Deutschland. Es wurde in den Jahren 1308 bis 1311 aus Eichenholz geschnitzt. Von besonderem Reiz sind die unter den Sitzen angebrachten figürlichen Darstellungen – die als Misericordien bezeichneten Menschen, Tiere und Fabelwesen. Überraschend ist, dass sie in sehr weltlichen Situationen festgehalten sind. Vermutlich stellten die sich liebenden und bekämpfenden Figuren für den hohen Adel und die Priesterschaft eine willkommene Ablenkung von langweiligen Predigten dar.

──────• WER WIE WO WOHNT •──────

Das Gefälle bezüglich Wohnfläche und -komfort in den verschiedenen Kölner Stadtteilen und -bezirken. Eine Auswahl*:

Stadtteil	Anteil 1–2-Familienhäuser in %	Durchschnittliche Fläche pro Wohnung in m²	Wohnfläche pro Einwohner in m²	Anteil Sozialwohnungen in %
Altstadt Süd	14,4	**56,6**	35,4	8,9
Bilderstöckchen	42,3	69,1	31,0	22,1
Chorweiler	35,8	71,2	**27,9**	**83,7**
Hahnwald	**97,8**	**175,6**	**70,4**	**0,0**
Kalk	11,0	56,7	29,0	16,3
Lindweiler	82,0	81,5	33,3	46,0
Marienburg	58,7	104,1	52,6	12,0
Meschenich	87,7	76,3	30,3	2,6
Neustadt Süd	**7,1**	60,0	38,1	32,5
Weiß	85,5	91,8	42,0	5,0
Widdersdorf	89,1	97,0	40,8	7,3

* Die Spitzenreiter und Letzten jeder Rubrik sind jeweils gefettet.

──────• KLOSTERGEMEINSCHAFTEN •──────

∼ FRAUEN ∼

Augustinerinnen · Benediktinerinnen von der ewigen Anbetung · Franziskanerinnen – Missionarinnen Unserer Lieben Frau · Genossenschaft Cellitinnen nach der Regel des hl. Augustinus · Haus Miriam Caritas · Kapuziner Terziarinnen von der Hl. Familie · Karmeliterinnen Maria vom Frieden · Klarissenkloster · Kloster der Cellitinnen zur hl. Maria · Kloster zur hl. Elisabeth · Mägde Mariens · Missionsschwestern U. L. Frau von Afrika (Weiße Schwestern) · Provinzialat der Töchter Vom Herzen Mariä Haus St. Lucia · Provinzialat der Vinzentinerinnen · Schwestern unserer Lieben Frau · Schwestern von der Liebe Gottes · St. Monika Pfarramt · St. Pantaleonskloster

∼ MÄNNER ∼

Dominikaner Heilig Kreuz · Eliashaus · Gemeinschaft der Franziskaner · Jesuiten Canisiushaus · Johanneshaus · Karmeliterkloster an St. Joseph · Maristen · Minoritenkloster · Missionsgesellschaft vom Hl. Geist · Nordeutsche Provinz S.J. · Provinzialat der Dominikaner · Provinzialat der Redemptoristen · Salvatorianer

• 12 URSPRÜNGE •
DES VEEDELSNAMENS NIPPES

1) Nippes stammt von *nie Pest*, kölsch *nie Pess*. An der Ecke Neusser und Mauenheimer Straße hat einst ein (bislang nicht nachgewiesenes) Pesthaus gestanden, dessen Isoliertheit die Bevölkerung vor Ansteckung schützte.

2) Wie 1), mit dem Unterschied, dass hier eben kein Pesthaus stand, sondern die Kölner hierhin vor der Pest flohen.

3) Wie 1), mit dem Unterschied: Das Örtchen hat zunächst *Nip* geheißen, und nachdem hier dann erstmals die Pest wütete, hing man voller Hoffnung auf künftige Verschonung das *pes* an das *Nip*.

4) Nippes kommt von *nippen/in kleinen Schlucken trinken*, weil der Vorort in seiner Frühzeit vor allem aus kleinen Fuhrmannskneipen bestand.

5) Nippes, ursprünglich *Niphaus/ Nephaus*, war der Name eines Gutshofs aus dem 17. Jahrhundert, der einer Familie de Nepa gehörte.

6) Ähnlich 5), aber die Familie hieß *Nepp* bzw. *Nipp*, woran man das *-es* hängte, was im Kölschen so viel wie »Haus« bedeutete, s. z.B. Backes = Backhaus.

7) Nippes entwickelte sich aus dem mittelniederdeutschen Wort *nip*, hdt. *nahe*, weil es vor den Toren Kölns lag.

8) Nippes leitet sich von *Knipp* her, was so viel wie »kleiner, spitzer Hügel« bedeutet. Ein kleiner Knipp ist ein Nippel, sodass es richtig Köln-Nippel heißen müsste.

9) Nippes hat seinen Namen von einer ehemaligen Porzellanfabrik, in der allerlei Figürchen und sonstiger Kleinkram, vulgo *Nippes*, hergestellt wurden.

10) Die Bezeichnung Nippes entwickelte sich aus *nip* (= Dunkelheit, Nebel, Wolke) und *nipan* (= dunkeln, sich verfinstern), meint also ursprünglich »Schwarzhaus«, weil es dort im Gegensatz zum Weißhaus* so düster war.

11) Mit *Nippes, Neppes, Nips, Nipes* bezeichnete man früher eine bauliche Anlage. Hier war es eine Brauerei mit weißem Türmchen, das zum Wahrzeichen und Namensgeber wurde.

12) Nippes kommt von *Niep*, womit man Sumpfgebiete und verlandete Flüsse bezeichnete. Im heutigen Nippes verlief eine Altrheinrinne.

---

* Das Weißhaus ist das Wasserschlösschen an der Luxemburger Straße, Nähe Weißhauskino.
Quelle: Reinhold Kruse: Nippes – wat es dat eijentlich

⟶ SELTENE WANZEN IN DER WAHNER HEIDE ⟵

Von den etwa 800 in Deutschland vorkommenden Wanzenarten finden sich nach Schätzungen von Heteropterologen* mindestens 300 in der Wahner Heide. Wanzen werden immer wieder mit Käfern verwechselt, aber im Gegensatz zu diesen sind ihre Flügeldecken nicht vollständig chitinisiert. Außerdem verfügen Wanzen über Stechrüssel und Stinkdrüsen. Das Schönste an ihnen sind, wie die folgende kleine Auswahl zeigt, ihre deutschen Spitznamen.

Gelbfuß-Troll	–	*Stygnocoris pedestris*
Heide-Steilnase	–	*Orthotylos ericetorum*
Kielian	–	*Tropistethus holosericeus*
Kleiner Griesel	–	*Nystus ericae*
Schönes Geistchen**	–	*Trigonotylos pulchellus*
Grasgespenst***	–	*Chorosoma schillinghi*
Kiefernerk	–	*Sthenarus modestus*
Gewöhnlicher Klausner****	–	*Eremocoris plebeius*

* Ein Heteropterologe ist ein Wanzenkundler. ** Entwickelt sich an Silbergras. *** Lebt v.a. an Dünengräsern. **** Bevorzugt den sandigen Boden lichter Kiefernwälder und Heiden. Quelle: Arbeitskreis Wahner Heide: Wahner Heide

⟶ ZAHLEN ZUM TRINKWASSER ⟵

Länge des Wasserleitungsnetzes ....2.500 km
Wasserwerke 8*
Förderbrunnen 165
Hydranten 24.000**

Geförderte Menge pro Stunde ....ca. 30.000 m³
Verbrauch im Hochsommer pro Stunde ....bis zu 20.000 m³
Nachtverbrauch pro Stunde ....mindestens 2.000 m³
Durchschnittlicher Tagesverbrauch pro Person ....130 l

Geschwindigkeit des Leitungswassers pro Sekunde ....0,5 m***
Kosten eines Liters Trinkwasser ....rund 16 ct
Wassertemperatur ....12°

* Drei links-, fünf rechtsrheinisch. ** Mit ihrer Hilfe werden in Köln jährlich 200–300 Brände gelöscht. *** Also 1,8 km/h.

VIERTEL MIT ÄHNLICHEN NAMEN

Buchheim – Buchforst
Chorweiler – Lindweiler – Weiler*
Esch – Pesch
Höhenhaus – Höhenberg
Hohenlind – Lind – Lindenthal
Holweide – Weiden – Weidenpesch – Pesch
Langel – Langel**
Merkenich – Meschenich
Neubrück – Dellbrück – Brück
Raderberg – Raderthal – Rodenkirchen – Rath***
Riehl – Niehl – Kriel****
Thenhoven – Volkhoven – Gremberghoven – Michaelshoven – Westhoven
Zollstock – Bilderstöckchen*****

* Meist mit dem Vorsatz »Volkhoven/«. ** Einmal bei Merkenich, einmal bei Porz. *** Die Ähnlichkeit liegt nicht auf der phonetischen, sondern auf der etymologischen Ebene: Möglicherweise stammen sämtliche vier Namen von »roden« ab, bezeichnen also Orte, die dem Wald abgerungen wurden. **** Heute verschwunden, gehört zu Lindenthal. ***** Zugegeben, die Ähnlichkeit hält sich in Grenzen. Aber welche Stadt hat schon direkt zwei Stock-Viertel.

DIE FAN-CLUBS DES KEC

100 % KEC · Agneshaie · Arenahaie · Bkvfs-KEC · De Bömmel · Clownfische-Cologne · Cologne Devil · Cologne Thunder & Friends · Crazy Sharks · De Ahrtal Bömmelche · De Bömmelche · De Lumpe · Die HAIni's · Die ScheinHAIligen · Drittelflitzer · Drunken Sharks · Eifel-Haie · Eishockeyfreunde der Kölner Haie e.V. · Eiskratzer.net · Fangemeinschaft Revier Sharks · Haie an der Sieg · HAI-de-witzka · HaiLife · HAInoon · HAI Power Brühl · Haie ruut wiess · HAISCORER · Hai-Society Cologne · Haieschwärmer · Hander Haie · HANDICAP HAIE · Halunkenloge · HFC Porz-Mitte · Icehaie · IMMER HAIe · Knallbotze · Koijnitschi Akula · Kölle deluxe · Kölner Haie Fans Ostbelgien · Koelnerfans.de · Kölner Sputniks · Kölsche Kufenflitzer · Lethal Sharks · NBTC Köln NEV · Out of Cologne · Päffgen Haie · Penaltykiller 607 e.V. · Porz-Urbach · Rhein-Neckar-Haie · Rhein-Sieg Haie · Rursee-Haie · RurTalHaie · Schäl-Sick-Haie · Shark Attack & Friends · Shark-friends-cologne · Spich 83 · Squalifosi '98 · Stachel Bonn · Stammtisch der Online Sharks-Cologne · Stammtisch Mr. Mo's Friends Dellbrück · Stammtisch Pudelmützen · Stammtisch der Weißbierhaie von 1990 · SurferHaie · Treppensteher · Vienna Brave Sharks · Viva Sharks · Weißer Hai-Society · Wupperhaie · Young Blue Sharks

—• DIE STADT NACH DEM ZWEITEN WELTKRIEG •—

Zerstörung der Innenstadt..100 %*
Zerstörung der Altstadt-Süd...93 %
Zerstörung der Altstadt-Nord ....87 %

Zerstörte Gebäude im gesamten Stadtgebiet............... 30.000 von 68.582
Zerstörte Wohnungen...120.000 von 252.373
Noch vorhandene Krankenhausbetten ....1.627 von 7.264
Noch vorhandene Klassenräume in Volksschulen ....212 von 2.176
Noch vorhandene Turnhallen ....7 von 93
Noch vorhandene Badeanstalten ....2 von 14
Noch vorhandene Museen..0 von 7
Noch befahrbare Brücken..0 von 5
Noch bewegliche Straßenbahnen..37 von 1.150

In diese Trümmerwüste verwandelten Köln u.a.: 1.274 Minen, 39.649 Phosphorbrandbomben und -kanister, 42.950 Sprengbomben und 1.401.939 Stabbrandbomben. Nur noch 40.000 Menschen (und nur 10.000 davon linksrheinisch) lebten nach Kriegsende in den Stadtgrenzen, der große Rest war ins Umland geflohen. Einwohnerzahl vor dem Krieg: 768.000. Den alliierten Luftangriffen fielen wahrscheinlich etwa 20.000 Menschen zum Opfer.

* Alle Prozentangaben beziehen sich auf den Stand von 1945 im Vergleich zu 1939. Von der vollständigen Zerstörung der Innenstadt ausnehmen muss man den Dom: Obwohl von 14 Sprengbomben und 19 Granaten getroffen, überstand er die Angriffe nahezu unbeschadet.

—————————• EIN KURZER BLICK AUF •————————— DIE STÄDTISCHEN SCHULDEN

Jahr	Schulden in Mio. Euro	Zinsen in Mio. Euro	Tilgung in Mio. Euro
1990	2.108	139	124
1994	2.556	184	76
1998	2.507	195	255
2002	2.536	150	100
2004	2.560	157	255

Zum Vergleich: Der Wert der städtischen Unternehmen wird auf rund drei Mrd. Euro geschätzt. Ginge die Stadt also pleite und müsste veräußert werden, blieben jedem Bürger nach Begleichung der Schulden etwa 500 Euro.

─────── • **EINIGE WENIG BEKANNTE HEILIGE** • ───────

IRMGARD VON ASPEL *(geb. um 1010)*
Tochter wohlhabender Eltern, die ihren Reichtum für Arme und Kranke einsetzte. Zahlreiche Schenkungen an Abteien und den Dom. Ließ in Domnähe ein Hospital errichten.

FAMIAN *(um 1090–1150)*
Geboren in Köln, hieß eigentlich Gerhard. Verteilte sein Erbe unter den Armen und ging auf Pilgerschaft. Verbrachte 25 Jahre als Einsiedler in Spanien, bevor er in Italien starb. Über seinem »noch heute unversehrten« Leib wurde eine Kirche gebaut. Erhielt seinen Namen wegen der vielen Wunder, die an seinem Grab geschehen sein sollen (Famian = der Weltberühmte).

GEROLD/GERWALD *(gest. 1241)*
Kölner Pilger, der in den Alpen von Räubern ermordet wurde. Teile seiner Reliquien wurden in die hiesige Jesuitenkirche überführt.

CHRISTINE *(1242–1312)*
In Stommeln geboren, lebte sie einige Zeit als Begine in Köln. Von Jugend an wurde sie von Erscheinungen des Heilands und von Dämonen heimgesucht. Starb in ihrem Geburtsort, in dessen Kirche sie auch begraben liegt.

GEZELIN *(Lebzeiten unbekannt)*
Der Legende nach ein Hirte und Einsiedler aus dem rechtsrheinischen Mülheim. 1814 begrub man das, was man für seine Gebeine hielt, in der Schlebuscher Kirche. Dort ist ihm auch eine Kapelle geweiht.

HEINRICH,* RICHTER *(1898–1945)*
Mit 24 Jahren wurde der gebürtige Mülheimer Priester. 1931 ernannte man ihn zum Lokalpräses der Kölner Kolping-Familie. Auch nach seiner Verhaftung durch die Gestapo im August 1944 blieb er ein standhafter Christ. Er wurde wahrscheinlich im April 1945 während der Räumung des Konzentrationslagers Ohrdruf ermordet, weil er wegen schwerer Krankheit nicht mehr transportfähig war.

THEODOR, BABILON *(1899–1945)*
Engagierte sich ab 1919 beim Kolpingwerk, dessen Kölner Geschäftsführer er 1932 wurde. Galt als ebenso gläubiger wie fröhlicher Mensch. Von der Gestapo verhaftet, zeitweise im EL-DE-Haus eingesperrt, wurde er später in ein Konzentrationslager überführt. Eine Fluchtmöglichkeit ließ er ungenutzt, um seine Familie nicht zu gefährden. Starb angeblich an einer Hirnhautentzündung im KZ Buchenwald oder Ohrdruf.

* Das Komma steht hier, weil man nicht vom heiligen Heinrich Richter, sondern schlicht vom heiligen Heinrich spricht.

KLEINGARTENVEREINE
MIT HÜBSCHEN NAMEN

Am Alten Wasserturm		Kletterrose
Am Eichenwald		Kuchenbuch
Am Flutgraben		Kühzäller Weg
Am Paradiesgarten	Flügelrad	Nibelungen
Am Springborn	Grüner Winkel	Niehl in der Mulde
Am Strunder Bach	Heidegarten	Ontario
An den Büchen	Hirschgraben	Rosengarten
Distelfink	Hoffnung	Schneebergtal
Erholung	Im alten Feld	Sonnenhang
Erntesegen	Im Wasserfeld	Steinhügel
Fliedergarten	Im Weidenbruch	Waldfriede

»DER KONTRABASS« IM BAUTURM-THEATER

Beginn ....Juli 1984*
Dauer der Aufführung...ca. 100 Minuten
Regisseur...Alexandre Guini**
Darsteller...Axel Siefer
Plot ....Unglückliche Liebe zu einer Frau
plus Hassliebe zu einem
unförmigen Instrument
Bisherige Aufführungen 900***
Höchste Zuschauerzahl..800 (Münster, Audimax)
Niedrigste Zuschauerzahl ....10 (First Class Hotel, Ruhrgebiet)****
Ein Satz, der sich jedes Jahr ändert.................»Als Schubert so alt war wie
ich, da war er schon X Jahre tot.«
Die Frage, die Axel Siefer
am häufigsten gestellt wird ....»Ist das Bier echt?«
Seine Antwort... »Ja.«*****
Die Frage auf Platz 10.......................»Kennt Siefer den Kontrabass-Autor
Patrick Süskind?«
Seine Antwort...»Nein.«

* Die Premiere fand im April '84 bei den Ruhrfestspielen in Recklinghausen statt. ** Starb 1987.
*** 150 davon waren Gastspiele. Stand: 1.10.2005.   **** Es handelte sich um eine Privatvor-
führung für den Vorstand von Sony/Japan. Dass Darsteller Siefer in diesem Zusammenhang
von seiner »schlechtesten Vorstellung« spricht, wird u.a. an den fehlenden Deutschkenntnissen
seiner Zuschauer gelegen haben.   ***** Der Schauspieler trinkt pro Aufführung drei Dosen
Bier, hat für den Kontrabass also insgesamt schon 900 Liter heruntergespült.

• NAPOLEONS VERSEHRTE FREUNDE •

Für seine Hochzeit am 22. April 1810 hatte sich Kaiser Napoleon etwas Besonderes ausgedacht: 6.000 seiner Feldzug-Veteranen sollten an diesem Tag vermählt und mit einer Aussteuer von jeweils 600 Franken bedacht werden. Auch zehn Kölner Soldaten waren darunter:

1) JOH. TILMANN CHRISTEL, in der Schlacht von Eylau an der linken Hand verwundet.

2) JOH. MICHAEL GRONEN, am rechten Bein in der Schlacht von Nieport verwundet.

3) FRANZ HAMMELMANN, verlor drei Finger der rechten Hand in der Schlacht von Wagram.

4) JOH. BAPT. HETZELER, in Madrid an der rechten Schulter und am linken Bein verwundet.

5) PETER PAUSEN, in Spanien an der linken Hand verwundet.

6) JOH. WILH. PESCH, leicht verwundet in der Schlacht von Wagram.

7) KONSTANTIN ROSER, erlitt durch Sturz mit dem Pferde eine Verletzung des rechten Armes.

8) HEINRICH TÖLLER, in der Schlacht von Landsberg an der linken Hand verwundet.

9) ANTON WEBER, verlor am 22. April 1809 drei Finger der rechten Hand.

10) CLAUDIUS ZORN, bei Austerlitz am rechten Bein verwundet.

Die Festivitäten an jenem Ostermontag wurden von Glockengeläut und Artilleriesalven begleitet. Die Brautpaare, mit Kutschen zum Dom gefahren, erhielten vornehme Plätze gegenüber dem Hochaltar.

• DIE NEBENBÄCHE DES RHEINS •

Von den zahlreichen Zuflüssen im Stadtgebiet erreicht heutzutage kein einziger mehr das Ufer des Rheins. Manche versickern bereits auf dem Weg, andere – wie die »Bäche« zwischen Waid- und Heumarkt – sind komplett verrohrt. Im Einzelnen:

LINKSRHEINISCH	RECHTSRHEINISCH
Fletschbach	Eggerbach, Flehbach
Frechener Bach	Giesbach, Kurtenwaldsbach
Duffesbach*	Sellbach, Strunderbach

* Namensmäßig aufgeteilt in Duffesbach, Weidenbach, Rothgerberbach, Blaubach und Mühlenbach. Von der nördlichen Terrasse des Schokoladenmuseums aus kann man ihn – bei niedrigem Wasserstand – sehen, wie er aus der Ufermauer tritt.

• DAS HAIE-ALL-STAR-TEAM •

Der Kölner Eishockey-Club besteht seit 1972. Stars und Publikumslieb-linge hat das alte Stadion an der Lentstraße und die neue KölnArena viele gesehen. Das Haie-Fanprojekt kürte in einer groß angelegten Wahl die besten sieben:

JOSEF »PEPPI« HEIß (Torwart)
13 Jahre beim KEC (1988–2001),
in dieser Zeit
ein Mal Deutscher Meister

UDO KIESSLING
13 Jahre beim KEC
(1976–79 und 1982–92),
sechs Mal Deutscher Meister

MIRKO LÜDEMANN
Seit 1993 beim KEC,
zwei Mal Deutscher Meister

SERGEJ BERESIN
Drei Jahre beim KEC (1994–96),
ein Mal Deutscher Meister

COREY MILLEN
Fünf Jahre beim KEC (1997–2002),
ein Mal Deutscher Meister

ERICH KÜHNHACKL
Drei Jahre beim KEC (1976–79),
zwei Mal Deutscher Meister

HARDY NILSSON (Trainer)
Spieler beim KEC in der Saison 1978/79,
Trainer von 1985–92,
drei Mal Deutscher Meister

• KÖLNARENA UND MUSICAL-DOME •

	KÖLNARENA	MUSICAL-DOME
Lage	Deutz	Zentrum
Spitzname	Henkelmännchen	Müllsack
Eröffnung	1998	1996
Höhe Innenraum	42 m*	33 m
Fläche	rd. 84.000 m²	rd. 4.500 m²
Zuschauerkapazität	rd. 18.000	1.740
Abbau/-riss	?	2008

* Die Oberkante des Bogens liegt bei 76 m.

DIE KÖLSCH-KONVENTION

Sie ist das Grundgesetz des Kölner Brauerei-Verbandes. Die 1985 aufgesetz-
te Schrift regelt bis in Details hinein, was Kölsch ist, wer es vertreiben darf
und wie es serviert werden sollte. Ein Auszug:

§ 1 Herkunftsbezeichnung

(1) Die Bezeichnung »Kölsch« ist eine qualifizierte geographische Herkunftsbezeichnung.

(2) Die Bezeichnung »Kölsch« darf nur für nach dem Reinheitsgebot her-
gestelltes helles, hochvergorenes, hopfenbetontes, blankes obergäriges
Vollbier verwendet werden, das innerhalb des Herkunftsbereichs von
»Kölsch« hergestellt wird und dem dort herkömmlich und unter der
Bezeichnung »Kölsch« hergestellten und vertriebenen obergärigen Bier
entspricht. Der Herkunftsbereich von Kölsch ist das Stadtgebiet von
Köln.

§ 2 Vermeidung von Irreführungen, Verwechslungen und Verwässerungen

(2) Die Bezeichnung »Kölsch« darf insbesondere nicht mit weiteren die
geographische Herkunftsbezeichnung verwässernden Zusätzen (zum Beispiel, aber nicht ausschließlich: »Echt Kölsch«, »Original Kölsch«, »Ur-
Kölsch«, »Kölsches Kölsch«) oder in Verbindung mit anderen geographi-
schen Zusätzen (zum Beispiel, aber nicht ausschließlich: Rheinisches
Kölsch, Bergisches Kölsch) oder in Verbindung mit anderen Bezeichnungen, Marken, Warenzeichen, Ausstattungen, Ausstattungselementen, Fir-
men, Firmenbestandteilen, Firmenschlagworten, Firmenabkürzungen,
Bierbezeichnungen, Biersorten oder anderen Zusätzen verwendet werden,
die mittelbar oder unmittelbar zu Irreführungen über die geographische
Herkunft oder zu Verwechslungen oder zu einer Verwässerung der
Bezeichnung (zum Beispiel, aber nicht ausschließlich: Spezial-Kölsch,
Super-Kölsch, Top-Kölsch, Premium-Kölsch) oder zu sonstigen Verstößen
gegen das Gesetz gegen unlauteren Wettbewerb führen können.

§ 3 Behältnisse, Verpackungen und Werbung

(6) Die Hersteller von »Kölsch« werden sich nach besten Kräften dafür
einsetzen, dass »Kölsch« nur in der so genannten »Kölsch-Stange« (Kölner Stange) zum Ausschank kommt, wie sie üblicherweise beim Ausschank von »Kölsch« verwendet wird.

§ 9 Rechte und Pflichten des Kölner Brauerei-Verbandes

(1) Der Kölner Brauerei-Verband ist berechtigt und verpflichtet: a) die Einhaltung dieser Wettbewerbsregeln zu überwachen (…) c) gegen jeden unberechtigten Gebrauch der Bezeichnung »Kölsch« sowie gegen jedwede sonstige Störung oder Beeinträchtigung der Bezeichnung »Kölsch« im eigenen Namen vorzugehen.

§ 10 Verstöße gegen die Wettbewerbsregeln

(1) Gegen ein Mitglied des Kölner Brauerei-Verbandes, welches gegen die Bestimmungen dieser Wettbewerbsregeln verstößt, wird eine Maßnahme gemäß Absatz 2 verhängt.

(2) Maßnahmen im Sinne von Absatz 1 sind: a) Warnung – b) Abmahnung – c) Verweis – d) Vertragsstrafe – e) Ausschluß aus dem Kölner Brauerei-Verband.

—• DIE ERSTEN ZEHN WELTURAUFFÜHRUNGEN •— DER PHILHARMONIE

10.10.1986	*Manfred Trojahn:* … une campagne noire de soleil … – sept scènes de ballet pour ensemble
12.12.1986	*Hans Werner Henze:* Sieben Liebeslieder – für Violincello und Orchester
6.2.1987	*Hans-Jürgen von Bose:* Fünf Gesänge nach Gedichten von Frederico Garcia Lorca – für Bariton und zehn Instrumente
25.3.1987	*Sofia Gubaidulina:* Hommage à T.S. Eliot – für Sopran und Oktett
28.4.1987	*Rodion Schtschedrin:* Geometrie des Tones – für 18 Musiker
15.5.1987	*Wilfried Hiller:* Lilith
4.6.1987	*Wolfgang Rihm:* Compresenze
23.10.1987	*Giacinto Scelsi:* Uaxuctum – für Chor und Orchester
25.10.1987	*Luca Lombardi:* Tre pezzi per due pianoforti con accompagnamento – für zwei Klaviere und Orchester
29.11.1987	*Robert Schumann:* Konzert für Violine und Orchester a-Moll, nach dem Konzert für Violincello und Orchester

Karlheinz Stockhausen kommt bei den Kölner Weltpremieren erst an 13. Stelle, *Mauricio Kagel* an 24.

• DER ROSENMONTAGSZUG •

Länge des Zuges: 6 km*
Länge des Zugweges: 7 km
Vorbeimarschzeit: 3 Stunden
Fest- und Prunkwagen: 80
Traktoren: 70
Pferde: 570
Kapellen: 120
Teilnehmer: 10.000**
Zuschauer: 1.000.000

WURFMATERIAL
140 t Süßigkeiten, darunter
700.000 Tafeln Schokolade,
220.000 Schachteln Pralinen sowie
300.000 Strüssjer und
100.000e weitere Präsente

FERTIGUNGSMATERIAL
4.200 m Dachlatten
5.000 m Bindedraht
6.500 m Maschendraht
2.000 m^2 Hartfaserplatten
75 kg Nägel und Krampen
3.600 kg Farbe
10 kg Kleber
500 m^2 Span- und Tischlerplatte
10 m^2 Schaumstoff

* Alle Zahlen basieren auf – seriösen – Schätzungen, sind gerundet und poliert. ** Ein Drittel davon ist weiblich.

• SUPERLATIVE DES DOMS IV •

DIE FASSADE: Mit 7.000 m^2 Fläche war die Westfassade des Doms seinerzeit die weltgrößte Kirchenwand. Im gotischen Stil konzipiert, wurde sie im 19. Jahrhundert nach einem mittelalterlichen Bauplan ausgestaltet. »Plan F«, der auch die Grundlage für den Weiterbau des Doms im 19. Jahrhundert bildete, ist selbst rekordverdächtig: Das Pergament misst über vier Meter und ist damit einer der größten und ältesten erhaltenen Baupläne der Welt.

⚫ TORE FÜR DEN 1. FC KÖLN ⚫

Die meisten Bundesliga-Tore schossen ...	*Torschützenkönige der Bundesliga waren ...*
Hannes Löhr 166	Hannes Löhr ....1968...27 Treffer
Dieter Müller............................159	Dieter Müller* ......1977...34 Treffer
Pierre Littbarski........................116	Dieter Müller........1978...24 Treffer
Klaus Allofs.................................88	Klaus Allofs..........1985...26 Treffer
Wolfgang Overath 83	Thomas Allofs**...1989...17 Treffer

* Gemeinsam mit Gerd Müller.   ** Gemeinsam mit Roland Wohlfahrt.

⚫ WOHNPLATZ STATT STADTTEIL ⚫

In Köln gibt es eine Reihe von Vierteln, die verwaltungstechnisch nicht als eigenständige Stadtteile auftreten. Die Gründe dafür sind vielfältig: Manche fielen einer Eingemeindung zum Opfer oder verloren über die Jahrhunderte ihre Bedeutung, manche sind schlicht zu klein. Für einige von ihnen hat die offizielle Sprachregelung die Bezeichnung »Wohnplätze« geschaffen. Hier also einige Kölner Wohnplätze:

Bergheimerhöfe *bei Seeberg*	Kasselberg *bei Merkenich*
Broich *bei Blumenberg*	Konraderhöhe *bei Rondorf*
Feldkassel *bei Merkenich*	Kreuzfeld *bei Blumenberg*
Flughafen *bei Porz-Wahnheide**	Langel *bei Merkenich, nicht bei Porz*
Hochkirchen *bei Rondorf*	Marsdorf *bei Junkersdorf*
Höningen *bei Rondorf*	Rheinkassel *bei Merkenich*
Horbell *bei Junkersdorf*	Üsdorf *bei Weiden*

Daneben gibt es noch Flure oder Gemarkungen, die einst Ansiedlungen mit eigenem Namen waren. So wurden beispielsweise 1905 die Orte Dellbrück, Hagedorn, Strunden und Thurn zu Dellbrück zusammengefasst. Holweide besteht seit 1910 aus Holweide, Schnellweide, Schweinheim und Wichheim. Mannsfeld (Ecke Bonner und Brühler Straße) und Arnoldshöhe (etwas weiter südlich) gingen in Raderberg und Bayenthal auf und überdauern die Geschichte lediglich als Bushaltestellen der Kölner Verkehrs-Betriebe.**

* Als Porz noch nicht zu Köln gehörte, hatte man den Flughafen als eigenständigen Stadtteil gegründet. Seit der Eingemeindung ist er nun seltsamerweise ein Wohnplatz.   ** Bei der KVB muss man allerdings aufpassen: Haltestellen wie Deckstein, Königsforst oder Thielenbruch suggerieren, dass es sich um Stadtteile handelt. Dörfer dieser Namen hat es jedoch nie gegeben.

DIE VERSCHWUNDENEN ROMANISCHEN KIRCHEN

Zwischen Chlodwig- und Ebertplatz stehen zwölf romanische Kirchen. Weil es genau ein Dutzend sind, behauptet so mancher Stadtführer, ihre Zahl orientiere sich an der biblischen Apokalypse. Die heilige Zwölfheit erinnere an die zwölf goldenen Tore des Himmlischen Jerusalem. Das ist jedoch falsch. Denn jenseits von St. Severin, St. Kunibert und Co. gab es im Stadtgebiet einst noch weitere romanische Kirchen. Hier vier bedeutende:

∼ DER ALTE DOM ST. PETRUS UND MARIA ∼

Von der vorgotischen Kathedrale an gleicher Stelle sind keine aufragenden Teile mehr vorhanden, sondern lediglich Ausgrabungsfunde zu besichtigen. Als 1164 die Gebeine der Hl. Drei Könige nach Köln kamen, wurden sie zunächst einmal hier ausgestellt.*

∼ ST. HERIBERT ∼

Nur wenige Jahre nach der Einweihung stürzte die Kirche wieder ein. Mehrere Neubauten auf dem Gelände des alten Deutzer Kastells wurden – jeweils aus strategischen Gründen – wieder abgerissen. Auf eine neuromanische Basilika des 19. Jahrhunderts folgte nach der Zerstörung im Zweiten Weltkrieg das heutige modernisierte Gebäude.

∼ ST. MARIA AD GRADUS ∼

Die Kirche wurde 1039–60 über der Nordostecke der römischen Stadtmauer errichtet, sie lag östlich in der Längsachse des Doms. Ab 1817 zerstört, verschwanden 1866 sogar ihre Fundamente, als man den Abhang des Domhügels noch weiter ausgrub.

∼ ST. MAURITIUS ∼

Geweiht 1141, stand das Gotteshaus bis 1859 auf dem Mauritiuskirchplatz. Dem Abriss folgte der Aufbau einer neugotischen Kirche. Den Westbau von St. Mauritius hatte zuvor ein Konvent von Benediktiner-Nonnen genutzt.

Außerdem ließe sich noch die ein oder andere kleinere Kirche außerhalb des mittelalterlichen Stadtgebiets aufzählen, die romanischen Ursprungs ist. Bis heute erhalten sind etwa St. Stephan in Lindenthal (das »Krieler Dömchen«), St. Severinus in Lövenich, Alt-St. Katharina in Niehl, St. Amandus in Rheinkassel und St. Nikolaus in Dünnwald.

* Der Grundstein für den Dom wurde erst 1248 gelegt.
Quelle: Clemens Kosch: Kölns Romanische Kirchen

KLÜNGEL UND PATRONAGE
IM 16. JAHRHUNDERT

Nahezu alle Bürgermeister des 16. Jahrhunderts standen in engerer oder weiterer verwandtschaftlicher Beziehung zueinander. Von den 36 Bürgermeistern zwischen 1513 und 1600 waren die Hälfte Söhne von ehemaligen Bürgermeistern oder Ratsherren, sechs weitere waren als Angeheiratete ins Amt ihrer Schwiegerväter aufgestiegen. So hatte etwa Melchior Hittorf, der Sohn des Bürgermeisters Gotthard Hittorf, die Tochter Heinrich Krudeners geheiratet, welcher als Ehemann der Schwester des Bürgermeisters Philipp Geil gleichzeitig dessen und des späteren Bürgermeisters Gerhard Pilgrums Schwager war. Gerhard Pilgrum wiederum heiratete in zweiter Ehe in die Familie des Bürgermeisters Constantin Lyskirchen ein, wodurch er als Schwager Johann von Lyskirchens über dessen Frau Catharina, die Tochter des Bürgermeisters Johann von Huype, zugleich in verwandtschaftliche Beziehung zu den Bürgermeistern Berthold und Peter von Heimbach sowie den Söhnen der Bürgermeister Johann von Aiche und Arnold von Bruwiler trat, die jeweils Schwiegersöhne Johann von Huypes waren.

Auch in der Folge regierte in Köln die Sippenherrschaft: 76 Prozent aller Bürgermeister des 17. und 18. Jahrhunderts waren nachweislich Söhne und/oder Schwiegersöhne von Bürgermeistern oder Ratsherren.

Quelle: Alexandra Vullo: Eine Ratslaufbahn im 16. Jahrhundert, in: Hermann Weinsberg, Kölner Bürger und Ratsherr

DIE SAMMLUNG DES
FERDINAND FRANZ WALLRAF

Der Mann, auf dessen Kunstsammlung die Gründung des Wallraf-Richartz-Museums zurückgeht, lebte von 1748 bis 1824. Im Jahre 1818 wurde eine Inventur seiner Schätze durchgeführt, die Folgendes ans Licht brachte:

488	Urkunden	13.248	Bücher
521	Handschriften	38.254	Kupferstiche
1.724	Gemälde		
3.089	Siegel		
3.165	Holzschnitte		
3.875	Zeichnungen		

Hinzu kommen zahllose antike Stücke, geschnittene Steine, Münzen, Fossilien, Mineralien, Glasgemälde, Waffen u.v.m.

• EHEMALIGE RHEIN-INSELN •

WERTHCHEN
wurde 1849/50 als Halbinsel an das Ufer gebunden
und landseitig zum Hafenbecken Rheinau ausgebaggert

POLLER WERTH
vor Poll

DEUTZER WERTH
beim heutigen Hafen

KATZENKOPF
eine Kiesbank, die 1890/95 anlässlich der
Hafenanlage an Mülheim gebunden wurde

• EIN SELBSTVERLIEBTES POTPOURRI •

Die Kölner, so sagt man, neigen zur Selbstbeschau. Eine Durchsicht von Alben mit kölschen Stimmungsliedern vermag diese Ansicht nicht wirklich zu entkräften. Vermutlich gibt es keine knackig-positive Kombination mit den Wörtern Köln/Kölle/Colonia/Kölsch/kölsch*, die nicht mindestens einmal für einen Songtitel herhalten musste. Hier eine Auswahl, wie gesammelt, so notiert:

Jo, dat es Kölle
Kölle mi Kölle
Kommt nach Colonia
Der Himmel vun Kölle
Kölle am Rhing
Mi Hätz schlät kölsch
Mi Hätz dat schlät für Kölle
Mi Mädche us Kölle
Ich bin verliebt in mi Kölle

Ich ben ene kölsche Jung
Wat wör ming Levve ohne Kölle
Kölle ming Stadt
Dat letzte Kölsch
Met d'r Musik trekke mir durch Kölle
Su wor et en Kölle
Mer losse d'r Dom en Kölle
Kölle im Rän
*Kölle Alaaf***

* Ganz zu schweigen von den Variationen mit Dom, Rhein/Rhing, Karneval/Fastelovend/Fasteleer.   ** Niederschrift wegen akuter Übermüdung abgebrochen.

• DER BLICK DER FREMDEN IX •

»Die Kölner halten untereinander zusammen wie die Israeliten
in der Wüste.«

JOHANN GEORG KOHL, 1850

• SCHÖNE KÖLSCHE SCHIMPFWÖRTER •

Aaschkruffer – *Arschkriecher.*

Baselemanes – *von spanisch besamanos (Handkuss). Ein übertriebener Scharwenzeler, ein Charmeur, der zum Schleimigen neigt.*

Föttchesföhler – *Hinterngrapscher. Jemand, der seine Hände nicht bei sich behalten kann.*

Fressklötsch – *ein verfressener Mensch. Ursprünglich Spitzname von Arnold Klütsch (1775–1845), einem Kölner Alträucher (Schrotthändler) und Original.*

Halvjehangs – *ein Schlappi, Schluffi, kein »ganzer Kerl«.*

Kniesbüggel – *Geizhals, von Knies = Dreck, also Drecksbeutel. Der K. greift so selten in seine Taschen, dass sie schon voller Knies sind.*

Knüssel – *Dreckspatz, dreckiger, knüsselijer Mensch.*

Krabitz – *widerborstige Nervensäge, vorzugsweise weiblich. Komposition aus Kratzer und Biss.*

Mömmesfresser – *wie der Kniesbüggel ein Geizhals, so sehr, dass er lieber seinen eigenen Nasendreck isst, als Geld auszugeben.*

Möpp, fiese – *gemeiner Mensch, Mistkerl. Vom Mops-Hund abgeleitet.*

Muuzepuckel – *beleidigte Leberwurst.*

Nümaatskraat – *ein ungehobelter Mensch, Asi.*

Öllig, jecke – *verrückte Zwiebel, Ausdruck für eine komplett abgedrehte Frau.*

Pappnas – *Dussel, immer harmlos-freundlich gebraucht.*

Quallmann – *Dickwanst, ursprünglich Ausdruck für (leicht aufplatzende) Pellkartoffeln.*

Raderdoll – *völlig verrückt, Steigerung von »jeck«. Kann in Richtung Wut gehen, kann auch Verliebte bezeichnen.*

Sackjeseech – *eben ein Sackgesicht.*

Schwaadlappe – *ein endloser Parlierer oder Schwätzer.*

Stenz – *ursprünglich Zuhälter, heute auch Yuppie, Modefuzzi.*

Stiev Jedresse – *verklemmter Langeweiler, hat sich »steif geschissen«.*

Strunzer – *Angeber.*

Wibbelstätz – *jemand, der nicht stillsitzen kann. Vom Wackelschwanz der Elster abgeleitet.*

Bei allen Übersetzungen gilt es zu bedenken, dass sie im Dialekt weitaus weniger derb und beleidigend daherkommen.

Quelle u.a.: Tobias Bungter: Sackjeseech

• DIE DREI TRAGISCHSTEN SPIELE •
VON FORTUNA KÖLN

18. Mai 1974: OFFENBACHER KICKERS – FORTUNA KÖLN 4:0

Es war der letzte Spieltag der Saison 1973/74, und es war das letzte Spiel der Fortuna in der 1. Bundesliga. Die Ausgangslage vor dem Match: Mit 25:41 Punkten stand man einen Punkt besser als der Wuppertaler SV, der als Vorletzter auf einem Abstiegsplatz rangierte. Allerdings sprach das Torverhältnis deutlich gegen die Südstädter. Nach dem Schlusspfiff herrschte deshalb große Trauer – die Bergischen hatten beim VfB Stuttgart ein 2:2 über die Zeit gerettet, hieß es zunächst über den Rundfunk. Als wenn dies alles nicht schlimm genug gewesen wäre, schlug wenige Minuten später das Schicksal in Form einer Radio-Falschmeldung zu: Stuttgart habe in der Schlussminute den Siegtreffer geschossen, Fortunas Verbleib sei somit gesichert. Der Glückseligkeit und dem grenzenlosen Jubel in der Kabine und bei den Fans im Stadion folgte jedoch drei Minuten später die Ernüchterung: Nichts war's mit einem dritten Treffer, Fortuna war endgültig abgestiegen.

11. Juni 1983: 1. FC KÖLN – FORTUNA KÖLN 1:0

Zum ersten Mal in der Geschichte des Deutschen Fußball-Bundes standen sich zwei Teams aus derselben Stadt im Endspiel gegenüber. Fortuna Köln war die bessere Mannschaft in diesem legendären Pokalfinale. Die Südstädter wussten jedoch keine ihrer Chancen zu verwerten. Dies gelang schließlich auf der Gegenseite Pierre Littbarski, der den haushohen Favoriten zum Sieg schoss.

30. Mai 1986: FORTUNA KÖLN – BORUSSIA DORTMUND 0:8

Es war die Zeit der Relegationsspiele: Der Dritte der 2. Liga kämpfte mit dem Drittletzten der 1. um einen Platz im Oberhaus. Das Hinspiel in Köln gewann die Fortuna mit zwei Toren von Bernd Grabosch und Karl Richter. Köln stand Kopf, erst recht, als man beim Rückspiel mit 1:0 in Führung ging. Aber der Vorsprung schmolz dahin, und in der 83. Minute gelang den Dortmundern das 3:1. Weil Auswärtstore damals noch nicht doppelt zählten, bedeutete dies: Entscheidungsspiel an neutralem Ort, also im Düsseldorfer Rheinstadion auf halbem Wege zwischen Köln und Dortmund. Aber Fortuna lag schon vor dem Anpfiff am Boden: Zwei Spieler gesperrt, 13 weitere verletzt oder krank. Weil der DFB sich einer Spielverschiebung verweigerte, wurde die Relegation zur Farce.

REIME IN »FRANKREICH, FRANKREICH« VON DEN BLÄCK FÖÖSS

Baguette	Voyeur	Côte d´Azur	Tour Eiffel	Strandcafé	Fromage
Jeanette	Verhör	Haute	Rita Schnell	Baggersee	Blamage
Claudette	Malheur	Couture	Rahmkamell	Beaujolais	Leck ens am
Sehr nett	↝	Vill ze düür	↝	KVB	Aasch
Cigarette	↝	↝	↝	↝	↝
↝	↝	↝	↝	↝	↝

DER RATSSAAL
WÄHREND EINER LANGWEILIGEN SITZUNG

Leuchter an der Decke:...6
Lampen pro Leuchter:...60
Deckenlampen insgesamt:...360
Unter der Mittelschale versteckte Birnen pro Leuchter:..............12
Deckenbirnen insgesamt: 360 plus 6 mal 12, also 432

Lochplattenreihen (weiß) an der Ratssaaldecke längs:................34
Lochplattenreihen quer: 21
Gesamt:..714

Schalbretterreihen horizontal an der
Rückwand hinter dem Oberbürgermeistersessel:.......................23
Schalbretterreihen vertikal: 4
Davon mit Lüftungsgitter: 14
Gesamt: 90*

Bänke für Ratsmitglieder: 58
Sitzplätze pro Bank:..2
Sitzplätze insgesamt:...116**
Schrauben pro Bankbefestigung am Boden:................................16
Schrauben insgesamt:..928

Sitzplätze auf der Zuschauertribüne: 128***
Halogenstrahler über der Zuschauertribüne: 44

---

* Zwei Schalbretter gehen ab für die beiden Notausgänge an der Rückwand.   ** An der Fensterfront zum Theo-Burauen-Platz stehen außerdem stets einige banklose Notsitze. *** Sie sind verteilt auf zwei äußere Blöcke mit je sechs Reihen à vier Plätze und einen zentralen mit acht Reihen à zehn.

KÖLNER MASSE UND MÜNZEN

Als eine der bedeutendsten Städte Europas war Köln in so mancher Hinsicht maß-gebend:

1) FLÄCHEN- UND LÄNGENMASSE*
  1 Morgen = 4 Viertel = 16 Pinten = 150 Ruten = 2.400 Fuß[2]
  1 Viertel = 4 Pinten = 37 Ruten und 8 Fuß
  1 Pinte = 9 Ruten und 6 Fuß
  1 Rute = 16 Fuß
  1 Fuß = 0,2875 Meter
  1 Elle = 0,575 Meter

2) HOHLMASSE
  1 Fuder = 6 Ohm = ca. 975 Liter
  1 Carrada = 1 Fuder
  1 Stückfass = 3 Ohm
  1 Zulast = 4 Ohm
  1 Ohm = 26 Viertel = 104 Quart = 136,6 Liter**
  1 Viertel = 4 Maß = 16 Pinten = 5,254 Liter
  1 Maß = 4 Pinten = 1,316 Liter
  1 Pinte = 1/4 Maß = 0,329 Liter***

3) MÜNZEN
  1 Radergulden = 64 Albus
  1 Taler köln. = 52 Albus
  1 bescheidener Gulden = ca. 6,5 Mark
  1 Gulden = 24 Albus = 4 Mark
  1 Mark = 12 Schilling = 6 Albus
  1 Blaffert = 4 Albus = 48 Heller
  1 Raderalbus = 2 2/3 Albus = 24 Pfennig = 2 Schilling
  1 Stüber = 1 1/3 Albus = 16 Heller
  1 Albus (Weißpfennig) = 1 1/8 Kreuzer = 11/2 Fettmännchen = 12 Heller
  1 Heller = 2 Pfennig
  1 Ort = 1/4 Gulden
  1 Denar = 2 Heller
1 Fettmännchen = 8 Heller

---

* Die Angaben stammen weitgehend aus dem 18. Jahrhundert. ** Nach anderen Berechnungen konnten es aber auch 141,86 oder 145,6 Liter sein. *** Zum Vergleich: Ein irisch-englisches Pint unserer Tage entspricht 0,568 Litern.
Quelle: Karlheinz Ossendorf: »Sancta Colonia« als Weinhaus der Hanse

• FARINA GEGENÜBER •
ODER DER KLAU VON MARKENNAMEN

Die Familie Farina war einer der ersten und renommiertesten Hersteller und Vertreiber von Echt Kölnisch Wasser. »Johann Maria Farina gegen-über dem Jülichplatz« – dieser Name stand jahrhundertelang für erst-klassige Qualität. Und weil dem so war, wollten auch andere Parfümeure an diese eingeführte Marke andocken. Wenn heutzutage Bekleidungs-firmen versuchen, mit zwei oder vier Streifen die berühmten drei von Adidas zu kopieren, stehen sie damit in einer langen Reihe von Logo- und Namensimitationen.

Schon im 19. Jahrhundert gingen einige besonders findige Geschäftsleu-te so weit, dass sie Gesellschafterverträge mit italienischen Familien schlossen, die den Namen Farina trugen. Entsprechend inflationär tauch-te er dann in Köln und drumherum auf.* Der echte Farina (nämlich der »gegenüber dem Jülichplatz«) prangerte Anfang des 20. Jahrhunderts den Missbrauch auf einem Aushang an, der 114 Namenswellenreiter aus deutschen Landen auflistet.

Die drei Dreistesten:
> *Johann Maria Farina gegenüber dem Altenmarkt*
> *Johann Maria Farina gegenüber dem Altenmarkt No. 4*
> *Johann Maria Farina gegenüber dem Altenmarkt No. 11*

Drei, die in Italien keinen richtigen »Farina« oder »Johann Maria« gefunden hatten:
> *Johanna Maria Farina gegenüber dem Julius-Platz*
> *Johenn Martino Farina gegenüber dem Jünglings-Platz*
> *Johann Mario Forzia gegenüber dem Johann-Platz*

Drei, die zumindest irgendwo »gegenüber« residierten:
> *Julius Coryn gegenüber dem Korn-Platz*
> *Gebrüder Bengen gegenüber dem Schloß-Platze*
> *Karl Heinrich Fareira gegenüber dem Heidelberger-Platz*

Und drei besonders Einfallslose:
> *Kölnisch Wasser gegenüber dem Wormser Platz*
> *Eau de Cologne gegenüber dem Krantor*
> *Parfümerie gegenüber der großen Mühle*

---

* Das »Adressbuch für Köln, Deutz und Mülheim« von 1860 führt allein 23 Eau-de-Cologne-Fabrikanten namens Johann Maria Farina. Die Inhaber heißen dann allerdings Kürten, Pelzer oder Faßbender.

—• DIE ENTWICKLUNG DER EINWOHNERZAHLEN •—

Um 50 n. Chr.....................20.000	*1922*****..............................674.000
3. Jh.*..................................40.000	*1939*....................................768.293
12. Jh.*................................20.000	*1945**...................................40.000
1490*...................................37.000	*1946*....................................486.576
1794....................................44.512	*1970*....................................847.037
1888**..............................261.444	*1975******..........................984.958
1905....................................428.722	*1976*...............................1.017.636
1910***...........................516.540	*1985*....................................965.274
1914*..................................635700	*1991*................................1.000.799
1919*..................................643.000	*2005*******......................1.022.627

* Geschätzt.   ** Am 1.4.1888 gingen u.a. Deutz, Ehrenfeld, Longerich, Nippes, Poll sowie Teile von Mülheim in Köln auf.   *** Jahr der Eingemeindung von Höhenberg, Kalk, Vingst und Teilen von Ostheim.   **** Im Rahmen einer Stadterweiterung gen Nordwesten kamen u.a. Worringen, Fühlingen, Merkenich und Roggendorf hinzu.   ***** Ohne Wesseling gerechnet. Die Stadt war zum 1.1.1975 samt ihrer Teile Berzdorf, Eichholz, Keldenich und Urfeld eingemeindet worden. Köln interessierte sich für die Steuerabgaben der dortigen Industriewerke, aber Wesseling wehrte sich erfolgreich: Am 1.7.1976 wurde die Stadt wieder selbstständig. Anders erging es hingegen der im Jahr davor eingegliederten Altgemeinde Rodenkirchen (mit Godorf, Hahnwald, Rondorf, Sürth, Weiß, Meschenich usw.): Sie blieb bis heute ein Teil Kölns.   ****** Seit Jahrzehnten kämpft Köln um seinen Status als Millionenstadt. Mitgerechnet werden deshalb stets jene rund 50.000 Menschen, die hier eine Nebenwohnung haben.

——• DIE NEUE NORD-SÜD-STADTBAHN •——

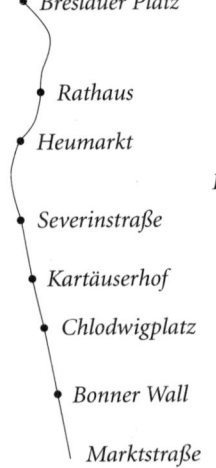

Breslauer Platz

Rathaus

Heumarkt

Severinstraße

Kartäuserhof

Chlodwigplatz

Bonner Wall

Marktstraße

Länge..4,3 Kilometer*
Tiefe der beiden Tunnelröhren.........8 bis 30 Meter
Tunneldurchmesser...............................7,30 Meter
Baukosten..........................ca. 700 Millionen Euro
Vorlauf der Bauplanung..........................20 Jahre
Voraussichtliche Fertigstellung....................2010

* Ein zweiter Bauabschnitt führt sodann vom Bonner Wall zum Rheinufer. Über eine oberirdische Verlängerung über die Bonner Straße bis zum Verteilerkreis wurde noch nicht abschließend entschieden.

—• DIE UKW-FREQUENZEN VON WDR 4 •—

Aachen: *93,9* | Eifel: *104,4* | Kölner Bucht: *90,7* | Bergisches Land: *101,3*
Rhein/Ruhr: *101,3* | Münsterland: *100,0* | Sauerland: *104,1* | Kreis
Olpe: *103,8* | Siegerland: *100,7* | Siegen: *101,2* | Ostwestfalen: *100,5*

—• DAS KÖLSCHE G •—

Im Kölner Dialekt gibt es kein einziges Wort, das mit einem gesprochenen g beginnt oder endet. Auch im Wortinnern ist der Buchstabe überaus selten zu finden. Insgesamt lassen sich im Kölschen sechs verschiedenen Aufspaltungen des g-Lautes ausmachen.

1) ALS ANLAUT
   jonn – gehen; jläuve – glauben; jroß – groß:
   Das hochdeutsche *g* wird am Wortanfang grundsätzlich zu einem *j*.

2) ALS INLAUT
   a) Sigge – Seiten; schnigge – schneiden, ligge – leiden:
      Beispiele für im Kölschen gesprochenes *g*.
   b) sare – sagen; jare – jagen; Aure – Augen:
      Hierbei handelt es sich um das so genannte Zäpfchen-*r*.*
   c) fäje – fegen; krijje – kriegen; müjje – mögen:
      Wie im Anlaut wird das *g* als *j* gesprochen.

3) ALS AUSLAUT
   a) Daach – Tag; Wooch – Waage; saach ens** – sag mal:
      Worte, die auf ein hartes, im Rachen geformtes *ch* enden, wie in
      hdt. flach, schwach, Krach.
   b) Wäsch*** – Weg; winnisch – wenig; jrümmelisch – krümelig:
      Der Endlaut liegt im Kölschen etwas näher an *sch* (wie in hdt.
      schön) als an *ch* (wie in hdt. mich). Die mehr oder weniger offizielle
      Schreibweise ist jedoch Wäch, winnich, jrümmelich.

Außer der Reihe, aber nicht weniger elegant: Das ersatzlose Streichen des *g* in Wörtern wie Mahd (hdt. Magd), verlaat (hdt. verlegt) oder jesaat (hdt. gesagt).

---

* Die meisten Wörterbücher schreiben das gesprochene Zäpfchen-r als g. Auch über die Schreibweisen am Wortanfang und -ende herrscht Uneinigkeit. Dialekte werden halt weitestgehend mündlich überliefert.   ** Mündlich läuft das meistens auf »saarens« hinaus. *** Mit langem ä.

--- • **DER BLICK DER FREMDEN X** • ---

»Die Physiognomie, die Gestalt und das ganze äußere Wesen der echten Kölner deuten durch mancherlei Eigentümlichkeiten auf eine in längst vergangenen Zeiten sich verlierende Abstammung.«

JOHANNA SCHOPENHAUER, *1830*

--- • **DIE SOCKELFIGUREN** • ---
DES HEUMARKT-DENKMALS

Die Reiterstatue von Friedrich Wilhelm III. spiegelt wie kaum ein anderes Monument den Kölner Umgang mit dem preußischen Erbe. 1878 errichtet, wurde sie 1945 vom Sockel gebombt, eingeschmolzen und dann für Jahrzehnte vergessen. Ab 1979 ragte der Pferdehintern für ein paar Jahre als Mahnung über dem Heumarkt in die Höhe, und in einer Nacht- und Nebelaktion installierte der Künstler Herbert Labusga 1985 sogar einen Styropor-Wilhelm auf dem Platz. Als dann endlich ein Nachguss auf dem Sockel* stand, musste man ihm schon nach wenigen Jahren ein rückwärtiges Stützkorsett verpassen. Zugesehen bei diesem Treiben haben stets die folgenden Herren:

Wilhelm von Humboldt (1767–1835) ....Philosoph, Sprachforscher, Politiker
Peter Christian Beuth (1781–1853) ......Direktor im Innen- und Finanzministerium
Friedrich von Kleist (1762–1823)...............................Generalfeldmarschall
Alexander Freiherr von Humboldt (1769–1859) ....Naturforscher
Barthold Georg Niebuhr (1776–1831) ....Historiker
Ernst Moritz Arndt (1769–1860) ....Publizist
Gebhard Leberecht von Blücher (1742–1819)......................Generalfeldmarschall
Friedrich Wilhelm Graf von Bülow (1755–1816) ....General
August Neidhardt von Gneisenau (1760–1831) ....Generalfeldmarschall
Karl August Fürst von Hardenberg (1750–1822) ....Politiker
Friedrich von Motz (1775–1830)...Politiker
Gerhard Johann David von Scharnhorst (1755–1813) ..General und Heeresreformer
Heinrich vom und zum Stein (1757–1831)**......................Politiker und Reformer
Theodor von Schön (1771–1856) ....Verwaltungsbeamter, Reformer
Johann Graf Yorck von Wartenburg (1759–1830)................................Feldmarschall
Friedrich zu Solms-Laubach (1769–1822) ....1. Regierungspräsident Kölns

* Der Reiter stammt ursprünglich von Gustav Blaeser, der Sockel von Hermann Schievelbein. Beide starben vor der Einweihung.   ** Wegen Männern wie ihm gilt das Denkmal manchen Kölnern bis heute als Zeichen des Widerstands gegen die preußische Obrigkeit. Zivilisten und Reformer in Stein zu verewigen war seinerzeit nicht gerade üblich.

• DIE HIERARCHIE DER FEUERWEHR •

Die Kölner Feuerwehr gliedert sich in zahlreiche Dienstgrade.
(Fast) Allen gemeinsam ist das Wort »Brand«.

MITTLERER DIENST

Brandmeisteranwärter*
Brandmeister
Oberbrandmeister
Hauptbrandmeister

GEHOBENER DIENST

Brandinspektor
Brandoberinspektor
Brandamtmann
Brandamtsrat

HÖHERER DIENST

Brandrat
Oberbrandrat
Branddirektor
Direktor

* Das Brandmeisteranwärter-Dasein beginnt mit der Einstellung, endet nach 18 Monaten mit der so genannten Laufbahnprüfung.

• GESUNDHEIT UND ALTER •

• ZWEI REVOLUTIONÄRE KATALOGE •

3. MÄRZ 1848

5.000 Menschen ziehen zum Rathaus, wo soeben ein Antrag für eine liberale Verfassung abgelehnt wurde. Andreas Gottschalk vom »Bund der Kommunisten« verliest folgende Forderungen:

1 *Gesetzgebung und Verwaltung durch das Volk. Allgemeines Wahlrecht und allgemeine Wählbarkeit in Gemeinde und Staat*
2 *Unbedingte Freiheit der Rede und der Presse*
3 *Aufhebung des stehenden Heeres und Einführung einer allgemeinen Volksbewaffnung mit vom Volke gewählten Führern*
4 *Freies Vereinigungsrecht*
5 *Schutz der Arbeit und Sicherstellung der menschlichen Lebensbedürfnisse für alle*
6 *Vollständige Erziehung aller Kinder auf öffentliche Kosten**

Die Folgen: Der Stadtrat lehnt auch diese Forderungen strikt ab. Militär treibt die Menge vor dem Rathaus auseinander, Gottschalk und andere Mitstreiter werden zeitweilig inhaftiert.** Am 21. März führen Berliner Aufstände zu Zugeständnissen des Königs. Die Bewegung verliert an Kraft, die Revolution findet nicht statt.

8. NOVEMBER 1918

Mehrere tausend Menschen bejubeln auf dem Neumarkt die Forderungen des neu gegründeten Arbeiter- und Soldatenrates, bestehend aus SPD- und USPD-Mitgliedern:

1 *Sofortiger Friedensschluss*
2 *Vereidigung des Heeres auf die Verfassung*
3 *Freilassung aller politischen Gefangenen*
4 *Abschaffung aller Monarchien*
5 *Errichtung der sozialen Republik*
6 *Sofortiges Aufhören der Einberufungen*
7 *Annullierung der Kriegsanleihen unter Schonung der kleinen Zeichner*
8 *Aufhebung des militärischen Grußes*
9 *Bildung von Arbeiter- und Soldatenräten*

Die Folgen: Oberbürgermeister Adenauer stellt den – doch sehr gemäßigten – Aufrührern einige Räume im Rathaus zur Verfügung. Der nahende Wahlkampf für eine Nationalversammlung macht die Räte bereits im Dezember überflüssig, die britischen Besatzer lösen sie schließlich auf. Eine sozialistische Revolution findet nicht statt.***

* Als siebter Punkt stand zudem auf einem Teil der Flugblätter: »Friede mit allen Völkern«.
** Nichtsdestotrotz wird in Köln Karneval gefeiert. Der 3. März ist Weiberfastnacht. *** Am 12. November 1918 schreibt die Rheinische Zeitung über die Kölner Ereignisse: »Nie wohl ist eine Revolution von so gewaltigem Ausmaß in solcher Ruhe vorübergegangen.«
Quelle: Carl Dietmar, Werner Jung: Kleine illustrierte Geschichte der Stadt Köln

—————• **SUPERLATIVE DES DOMS V** •—————

DAS GEROKREUZ: Es entstand um 970 und prangte bereits im alten Dom. Heute findet es sich an der Nordseite des Chorumgangs, im Aufbau des Kreuzaltars. Das 2,88 Meter hohe und 1,66 Meter breite Kruzifix aus Eichenholz galt als Wunder wirkend und ist die älteste erhaltene Großplastik des Gekreuzigten nördlich der Alpen. Das Kunstwerk war Vorbild für zahlreiche Kreuzigungsdarstellungen bis ins späte Hochmittelalter.

—————• **DIE PARTNERSTÄDTE WELTWEIT** •—————

IN DEUTSCHLAND:
Neukölln *(Berlin)*
Treptow-Köpenick *(Berlin)**

IN EUROPA:
Barcelona *(Spanien)*
Cork *(Irland)*
Esch-sur-Alzette *(Luxemburg)*
Istanbul *(Türkei)*
Kattowitz *(Polen)*
Klausenburg *(Rumänien)***
Lille *(Frankreich)*
Liverpool *(England)****
Lüttich *(Belgien)*
Rotterdam *(Niederlande)*
Thessaloniki *(Griechenland)*
Turin *(Italien)*

Turku *(Finnland)*
Wolgograd (Russland)

IN NORDAMERIKA:
Indianapolis *(USA)*

IN SÜDAMERIKA:
Corinto/El Realejo *(Nicaragua)*

IN AFRIKA:
Tunis *(Tunesien)*

IN ASIEN:
Bethlehem *(Palästina)*
Kyoto *(Japan)*
Peking *(China)*
Tel Aviv-Yafo *(Israel)*

* Während die Verbrüderung mit Neukölln wegen der Namensähnlichkeit nahe liegt, geht die zweite Berliner Partnerschaft auf die Wiedervereinigung zurück: Treptow und Köln schlossen sich am 3.9.1990 zusammen.   ** Die Liaison mit Klausenburg/Cluj-Napoca wurde 1976 begründet. Sie blieb bis zur Gorbatschow-Ära die einzige mit einer Stadt des Ostblocks. *** Die Tradition der Partnerstädte begann nach dem Zweiten Weltkrieg. Liverpool machte im Mai 1952 den Anfang.

—————• **ANGRENZENDE STÄDTE UND GEMEINDEN** •—————

Dormagen	Monheim	Leverkusen	Bergisch-Gladbach
Rösrath	Troisdorf	Niederkassel	Wesseling	Brühl
Hürth	Frechen	Pulheim

• NIEMALS GEHT MAN SO GANZ •

Das Lied von Trude Herr avancierte im Laufe des letzten Jahrzehnts zur
jüngsten kölschen Hymne. Möglicherweise bis in alle Ewigkeit rangiert es
jetzt zwischen Willi Ostermanns »Heimweh nach Köln«, dem »Veedel«
der Bläck Fööss und anderen Klassikern. Die Worte des Refrains, die trot-
zige Wehmut dieses Textes haben den Song nicht zuletzt bei Begräbnis-
feiern beliebt gemacht. Andererseits gibt es auch Leute, die Trude Herr –
zumindest in ihren Liedern – eine Nähe zum Kitsch unterstellen.

Wenn man Abschied nimmt, geht nach unbestimmt
mit dem Wind wie Blätter weh'n,
sing mer't Abschiedsleed, dat sich öm Fernweh drieht,
öm Horizonte, Salz un Teer.
Wer singe Püngel schnürt, söök wo'e hinjehührt,
hätt wie ne Zochvujel nit nur ei Zohuss.
Man lässt vieles hier, Freund, ich danke dir,
für den Kuss, den letzten Gruß.
Ich will weitergeh'n, keine Träne seh'n,
so ein Abschied ist lang noch kein Tod.

Niemals geht man so ganz,
irgendwas von mir bleibt hier,
es hat seinen Platz immer bei dir.

Wenn't och noch su stich', stutz die Flüjel nit
dämm, dä in de Kält' kein Zokunft sieht.
Maach nem Vagabund doch et Hätz nit wund,
fleech e Stöck met op singem Wääch,
doch dann lass mich los, sieh' – die Welt ist groß,
ohne Freiheit bin ich fast schon wie tot.

Niemals geht man so ganz ...

Ich verspreche hier, bin zurück bei dir,
wenn der Wind von Süden weht.
Ich saach nit »Lebwohl«, dat Woot klingk wie Hohn,
völlig hohl – »maach et joot« –
sieh', ich weine auch, Tränen sind wie Rauch,
sie vergeh'n, dieser Käfig macht mich tot.

Niemals geht man so ganz ...

Refrain (Variation):
Nie verlässt man sich ganz,
irgendwas von dir geht mit,
es hat seinen Platz immer bei mir,
immer bei mir.

(Musik: Jürgen Fritz, Text: Trude Herr)

Das Kölsch von Trude Herr war – zumindest in geschriebener Form – sehr eigenwillig. Den fliegenden Wechsel vom Kölschen ins Hochdeutsche und zurück pflegen hingegen sämtliche Kölner Bands. Hier regiert rigoros Reim vor Reinheit.

Quelle: Chlodwig Musik

TIERE IM TELEFONBUCH

Hund(t)	27	Amsel	2
Katz(e)	15	Drossel	4
Maus(s)(ß)	89	Fink	117
		Star*	6

* Ausnahmslos Unternehmen und wohl eher dem Englischen als dem Piepmatz verbunden.

DER BLICK DER FREMDEN XI

»Köln ist eine Stadt der Mönche und Gebeine, des mörderischen Straßenpflasters, der Lumpen, der alten Weiber und zänkischen Dirnen.«
SAMUEL TAYLOR COLERIDGE, Anfang des 19. Jahrhunderts

BERÜHMTE BRAUHÄUSER DES MITTELALTERS

Name	Erstmals erwähnt	Lage
Ehrenstraßer Örtchen	1235	Ehrenstraße
Zur Griechenpforte	1276	Griechenpforte
Zum Slyen	1277	Herzogstraße
Zum Stern	1412	(unbekannt)
Em Baat	1589	(unbekannt)
Zum Salzrümpchen	1589	An der Rechtschule
Zur Kloog	1589	Bollwerk 15

→• EINIGE JOBS BEI DEN STÄDTISCHEN BÜHNEN •←

DAMENGEWANDMEISTER/-IN
FRAUENBEAUFTRAGTE
HAUSDAME*
HERRENGEWANDMEISTER/-IN
KÖRPERTRAINER/-IN
OBERMASCHINIST/-IN
PUTZMACHER/-IN
QUALITÄTSSICHERER/-IN
RÜSTKAMMERWART/-IN
SCHWERBEHINDERTENVERTRETER/-IN
WÄSCHEKAMMERWART/-IN

* Die maskuline Form »Hausherr« bietet hier keine akzeptable Entsprechung.

——• DER UNTERIRDISCHE RIESEN-STROM •——

Auf Köln fallen übers Jahr 700 mm Regen, also ungefähr 284 Millionen Kubikmeter. Zwei Drittel davon fließen oberirdisch ab oder verdunsten, der Rest (etwa 95 Mio. m³) versickert und reichert das Grundwasser an.

Die Grundwassermenge pro Quadratkilometer liegt bei gigantischen vier Millionen Kubikmetern. 20 Meter hoch ist dieser Strom, der zehn Meter unter der Oberfläche liegt. Mit einer Geschwindigkeit von zwei Metern pro Tag fließt er durch die Bodenporen dem Rhein zu.

——• DIE TITEL DES BSC SATURN •——

DEUTSCHER MEISTER
1981 · 1982 · 1987 · 1988

DEUTSCHER POKALSIEGER
1980 · 1981 · 1983

Der BSC wurde 1977 gegründet. Sponsor damals: Fritz Waffenschmidt, Besitzer der Saturn-Kette. Mit den Pokalsiegen 2004 und 2005 begannen die Basketballer von RheinEnergie an die alten Kölner Erfolge anzuknüpfen. Der FC Bayern München war übrigens zuletzt 1955 Deutscher Basketballmeister.

DIE BERÜHMTESTE SZENE DER »LINDENSTRASSE«

Es war die 224. Folge der Endlosserie, ausgestrahlt am 18. März 1990, die der deutschen Fernsehnation einen schwulen Kuss mit anschließender Liebesszene bescherte. Die Folge: säckeweise Protestpost beim WDR, Mord- und Bombendrohungen inklusive. Hier der Originalauszug aus dem Drehbuch:

Wohnzimmer Carsten Flöter – Innen/Abend

Robert sitzt auf dem Wohnzimmersofa und ordnet auf dem Couchtisch diverse Notizzettel. Carsten kommt mit einem Stapel Manuskriptpapier zur Tür herein.

Carsten (begeistert): *Es ist toll, Robby! Liest sich wie 'n Krimi!*

Robert: *Es gefällt dir? Wirklich?*

Carsten: *Es macht süchtig! Ich kann kaum das nächste Kapitel erwarten!*

Er setzt sich neben Robert aufs Sofa.

Carsten (enthusiastisch): *Ich hab noch nie was gelesen, was so offen und sensibel die Gefühle von Schwulen beschreibt! Du hast wirklich Talent!*

Robert: *Findest du? Manchmal hab' ich meine Zweifel ...*

Carsten: *Quatsch! Wie du zum Beispiel diese Szene beschreibst, als du das erste Mal einen Mann angefasst hast – genauso war's bei mir auch!*

Er reicht Robert das Manuskript. Robert nimmt es. Dabei berühren sich ihre Fingerspitzen.

Robert (sanft): *Ich hab's ja auch von dir übernommen. Du hast mir das* damals so faszinierend beschrieben.

Er zieht seine Hand nicht zurück.

Carsten (durch die Berührung verwirrt): *Ich hab doch kein Talent zum Erzählen.*

Robert streicht nun mit der anderen Hand sanft über Carstens Gesicht.

Robert (leise, zärtlich): *Oh doch ... Mäzen! Ich werd' dich noch oft beklauen, geistig ...*

Carsten: *Heißt das, du bleibst hier?*

Robert (zweideutig): *Wenn du mich noch haben willst ...!*

Er legt seine Hand um Carstens Nacken und zieht sein Gesicht sanft näher.

Carsten (fasziniert): *Ich wollte immer. Aber du ...*

Robert (sehr erotisch): *Das ist lange her ...*

Ihre Gesichter sind nun nahe beieinander. Robert lächelt ein sehr rätselhaftes sinnliches Lächeln.

Robert (weich, unglaublich sanft): *Lass uns ein neues Kapitel anfangen.*

Carsten (atemlos): *Robby ...*

Er schlingt seine Arme um Robert. Die beiden umarmen und küssen sich leidenschaftlich.

Die Darsteller damals: Georg Uecker als Carsten Flöter, Martin Armknecht als Robert Engel. Aus Angst vor neuerlichen Protesten und Angriffen sendete der WDR bei der Wiederholung der Folge eine deutlich »entschärfte« Version. Der auch im richtigen Leben schwule Uecker bekommt bis heute mit Hakenkreuzen versehene Hassbriefe.

→ DIE MENSCHEN AUF DEM JUBILÄUMSALBUM ←
DER BLÄCK FÖÖSS

Als die Band 1990 ihren 20. Geburtstag feierte, kopierte sie für ihre Jubiläums-LP das Sgt.-Pepper's-Cover der Beatles. Darauf abgebildet sind rund 90 Köpfe, die für die Musiker und die Geschichte der Stadt Köln von Bedeutung waren. Im Einzelnen und mit Fööss'scher Berufsbezeichnung:

Karl-Ludwig Cremer (Gandhi), Jaques Offenbach (Komponist), Chargesheimer (UKB-Fotograf), K.H. Stockhausen (Komponist), Holger Czukay (Musiker), Peter Horn (Musiker), Hermann Schulte (Fotograf), Alexandra Kassen (Theater-Direktorin), Rolf Stommelen (Rennfahrer), Ralf Morgenstern (Schauspieler), Willi Ostermann (Komponist & Sänger), Elsa Scholten (Schauspielerin), Udo Kier (Schauspieler), Heinrich Böll (Schriftsteller), J. Kardinal Frings, Wolfgang Niedecken (Musiker), Schäl, Rolli Brings (Lehrer & Musiker), Joko Jaenisch (Musiker), King Size Dick (Sänger), Klaus der Geiger (Straßenmusiker), Oskar der freundliche Polizist (Comicfigur), Die Kill (Straßensänger), Karl Küpper (Büttenredner), Klaus »Major« Heuser (Musiker), Franz Schneider (Schauspieler), Günter Wallraff (Schriftsteller), Konrad Adenauer, Alice Schwarzer (Journalistin), Willy Millowitsch (Schauspieler), Milan Sladek (Pantomime), Hans Süper (Colonia-Duett), Hans Schäfer (Fußballer), Hans Zimmermann (Colonia-Duett), Kurt Rossa (ehem. Oberstadtdirektor), Hennes Junkermann (Radsportler), Hans Hachenberg (Büttenredner – Doof Noss), Conny Plank (Tonmeister & Produzent), Arno Steffen (Musiker), Petermann (Schimpanse), Studenten Lui (An- und Verkauf), Horst Muys (Entertainer), Dumm'se Tünn (Pferdestallbesitzer und Taubenzüchter), Jürgen Klauke (Künstler), Dirk Bach (Schauspieler), Theo Burauen (ehem. Oberbürgermeister), Karl Blömer (ehem. Mister Universum), Werner Dies (Arrangeur & Produzent), Toni Schumacher (Torwart), Samy Orfgen (Schauspielerin), Hans Löring (Fortuna-Boss), Jürgen Zeltinger (Rock-Sänger), Hans Knipp (Komponist), Tünnes, Reiner Hömig (Komponist), Glücks-Theo (Express), Arno Faust (Maler & Karikaturist), Willi Schneider (Sänger), Wally Bockmayer (Schauspieler), Sakir Bilgin (Lehrer), Rolf Lammers (Musiker), Max Ernst (Maler), Rune Miehls (Malerin), Jupp Schmitz (Komponist und Sänger), Willy Schnitzler/Hartmut Prieß/Tommy Engel/Erry Stoklosa/Peter Schütten/Günter Lückerath (Bläck Fööss), Karl Berbuer (Komponist & Sänger), Kathrin Löring (»et Kättche«), Carmen Thomas (Journalistin), Winfried Bode (Musiker), Ingo Kümmel (Galerist), Jean Jülich (Edelweißpirat), Trude Herr (Schauspielerin), Belinda (Kinderstar), Peter Müller (Boxer), Richard Engel/Phillip Herrig/Hans Süper/Jakob Ernst (Die 4 Botze), John Lennon/Ringo Starr/Paul McCartney/George Harrison (The Beatles)

DIE INSIGNIEN DES KARNEVALS-PRINZEN

DAS GEWAND

Das heutige Ornat des Prinzen entspricht der burgundischen Mode in der zweiten Hälfte des 15. Jahrhunderts. Es hat sich langsam aus dem ursprünglichen kaiserlichen Ornat des »Helden Karneval«* entwickelt, der einen mit Hermelin besetzten Purpurmantel trug.

DIE PRITSCHE

Die »Pritsche« genannte Peitsche des Prinzen erinnert an die Fruchtbarkeitsrute der alten Germanen. Ein Schlag mit der Rute, so wollte es deren Glaube, tat magische Wirkung. Seit der Reform des Karnevals 1823 gehört die Pritsche zur festen Ausstattung des Prinzen, als Zeichen seiner Macht schwingt er sie über seinem Narrenvolk. Überreicht wird sie ihm am Tag der Proklamation**, und zwar durch den Oberbürgermeister. Am Karnevalsdienstag, dem Ende seiner Regentschaft, gibt er sie diesem zurück.

DIE KAPPE

Der alte »Held Karneval« trug eine goldene Krone mit einem Pfauenschweif als Symbol der Unsterblichkeit. Die vier gefärbten Fasanenfedern an der Mütze des heutigen Prinzen stehen für die vier Karnevalsfarben Rot, Grün, Gelb und Weiß. Rot und Weiß symbolisieren die Stadt Köln, Gelb die Kirche. Das Grün steht möglicherweise für die kurkölnischen Farben Rot und Grün.

---

* 1870/71 wurde der »Held« Karneval zum »Prinzen« degradiert, denn nach dem Kriegserfolg gegen Frankreich und der Reichsgründung durfte es nur noch einen Helden geben: den preußischen König, am 18.1.1871 im Versailler Spiegelsaal zum Kaiser gekrönt.   ** Eine Prinzenproklamation wie heutzutage im Gürzenich gibt es erst seit 1936. Aber schon 1823 wurde die Pritsche in einem feierlichen Akt durch den Zeremonienmeister übergeben. Damit galt die Fastnacht als eröffnet. Noch früher bestieg der »Held« seinen Thron im Rahmen eines Volksfestes auf dem Neumarkt und bekam von seinen Untertanen, den Kölner Bürgern, den Ehrenwein gereicht.

——▸ DIE KÖLNER BUCHT IN GRAUER VORZEIT ◂——

Es gab in Köln ein Leben vor den Ubiern und Römern. So sah es aus:

PRÄKAMBRIUM *(vor 4,6 Mrd.–530 Mio. Jahren)* | Zehn Milliarden Jahre nach dem Urknall entsteht die Erde und mit ihr ein Stück Land, das man irgendwann später einmal »Köln« nennen wird. Wenn es zum Festland gehört, handelt es sich um eine grau-schwarze Steinwüste. Liegt es unter Wasser, ist es von primitiven Algen besiedelt.

KAMBRIUM *(vor 530–495 Mio. Jahren)* | Köln gehört noch zu Gondwana, der Süd-Erde. Da sich die Küste etwa von Mainz über Frankfurt nach Nürnberg und Linz/Österreich zieht, liegt Köln unter Wasser.

KARBONZEIT *(vor 360–290 Mio. Jahren)* | Köln liegt mal wieder im Meer, hat sich allerdings von Süd-Erde abgetrennt.

JURA *(vor 205–130 Mio. Jahren)* | Eine große Insel zieht sich von London über Köln bis Nürnberg. Für Bayern sind Urvögel und Saurier nachgewiesen, für Köln nicht.

KREIDEZEIT *(vor 130–70 Mio. Jahren)* | Gondwana zerfällt endgültig, im Sauerland bei Brilon lebt der Iguanodon-Saurier. Gegen Ende der Kreidezeit sterben die Saurier aus, Köln liegt an der Küste, Düsseldorf im Meer.

ALT-TERTIÄR *(vor 70–30 Mio. Jahren)* | Vorstoß des Meeres bis zum Raum Erkelenz. Allmähliches Absinken der niederrheinischen Bucht und Hebung der Scholle des Rheinischen Schiefergebirges. Entstehung der Braunkohlewälder und -sümpfe.

JUNG-TERTIÄR *(vor 30–2 Mio. Jahren)* | Subtropisches Klima. Entstehung des Ur-Rheins durch Tiefenerosion (vor ca. 25 Mio. Jahren). Vor ca. 6 Mio. Jahren letztmaliges Vordringen des Meeres.

QUARTÄR *(Beginn vor ca. 2 Mio. Jahren)* | Eiszeiten mit gemäßigten Zwischeneiszeiten.

180.000–120.000 V. CHR. | Dritte Zwischeneiszeit. Vor-Neandertaler der Kulturstufe Moustérien lagern am Worringer Bruch.

100.000–60.000 V. CHR. | Neandertaler-Niederlassungen auf den Rheindünen bei Langel und Worringen.

10.000–4.000 V. CHR. | Mittelsteinzeit. Bandkeramiker besiedeln den Kölner Raum (u.a. Domhügel, Müngersdorf, Deckstein).

2.500–2.200 V. CHR. | Erste dörfliche Niederlassungen im Kölner Raum. Bandkeramikersiedlung in Lindenthal.*

2.000–800 V. CHR. | Bronzezeit. Schnurkeramikersiedlung auf der linksrheinischen Mittelterrasse. Um 1.000 v. Chr. kommen von Süden und Osten her neue Nomadenvölker ins Niederrheingebiet.

1.000–450 V. CHR. | Hallstattzeit. Hügelgräber der keltischen Hallstatt-Kultur auf der Iddelsfelder Hardt und in anderen rechtsrheinischen Gebieten.

UM 800 V. CHR. | Nach dem Ende der letzten Eiszeit prägen Wälder die Landschaft der Kölner Bucht.

UM 600 V. CHR. | Erste eisenzeitliche Niederlassungen in Dellbrück und Dünnwald.

UM 500 V. CHR. | Germanische und keltische Stämme (Ubier, Eburonen) besiedeln die Kölner Bucht.

UM 300 V. CHR. | Germanen verdrängen mehr und mehr die Kelten, die sich hinter die Mainlinie zurückziehen und in Italien einfallen.

54 V. CHR. | Mitten im Gallischen Krieg (58–54) ziehen die mit den Ubiern verbündeten Römer unter Julius Caesar gegen die Eburonen unter Ambiorix zu Felde. Die Eburonen schlagen die Römer mehrmals empfindlich.

53 V. CHR. | Nach seinem zweiten Rheinübergang schlägt Caesar die Eburonen vernichtend. Ihre Dörfer werden eingeäschert, ihr Anführer Ambiorix hingerichtet.

50 V. CHR. | Unter römischer Aufsicht besiedeln die Ubier das linksrheinische Gebiet der vertriebenen Eburonen. Das Schicksal nimmt seinen Lauf. Genau 100 Jahre später wird der alte Eburonen-Flecken »Köln«** heißen.

* Wurde 1929–31 ausgegraben.   ** Bzw. zunächst Colonia Claudia Ara Agrippinensium.
Quelle u.a.: Rolf Zerlett: Köln von den Römern bis heute

DAS ROM DES NORDENS

Im Jahr 1608 behauptete der Reiseschriftsteller Thomas Coryat, in Köln gebe es so viele Kirchen, wie das Jahr Tage hat. Das klingt nach ironischer Übertreibung, aber vermutlich hatte er Recht, wie die folgende Aufstellung für jene Zeit zeigt:

11 Stifte
69 Klöster
158 (Beginen-)Konvente
35 Hospitalkirchen und -kapellen
19 Pfarrkirchen
27 Kapellen

Hinzu kam dann noch eine unbestimmte Zahl von Hauskapellen wohlhabender Familien, sagen wir 46.

Quelle: Hiltrud Kier: Kleine Kunstgeschichte Kölns

KÖLSCHE VOKABELN, DIE IHRESGLEICHEN NICHT HABEN

HOCHDEUTSCH   KÖLSCH

Akkordeon..............*Quetschebüggel (wörtlich: Quetschbeutel)*
drücken/ziehen.......*däue/trecke (hat Entsprechungen im Niederdeutschen)*
etwas.....................*jet*
Eisbein ....*Hämsche*
Kind, Kinder..........*Panz, Pänz*
nackt ....*bläck*
oder.......................*ov (entspricht dem Niederdeutschen)*
reden.....................*kalle, schwaade*
Schmutz.................*Knies (auch enthalten in Kniesbüggel = Geizkragen)*
schon.....................*ald (im Umland auch ad)*
Spatz bzw. Fliege.....*Mösch (von frz. mouche, dort ursprünglich für beide Begriffe belegt)*
verrückt ....*jeck*

Und es gibt da in Köln noch etwas, das man anderswo vergeblich sucht: Man kann hier Kölsch reden, trinken und sein. – Versuchen Sie das mal mit Alt!

KLETTENBERG 1909

Der Stadtteil Klettenberg im Kölner Westen wurde 1901 auf dem Reißbrett entworfen. Während das benachbarte Sülz sich nach und nach entwickelte, existierten in Klettenberg zu Anfang des 20. Jahrhunderts lediglich drei Bauernhöfe und ein Mörtelwerk. Noch 1909 sah es dort folgendermaßen aus:

Gottesweg ....*links zehn Häuser, rechts unbebaut*
Geisbergstraße ....*links drei Häuser*
Hirschbergstraße...*unbebaut*
Honnefer Platz* ....*unbebaut*
Klettenberggürtel...*links ein Haus, rechts ein Haus*
Königswinterstraße* ....*unbebaut*
Lohrbergstraße..*unbebaut*
Löwenburgstraße ....*unbebaut*
Luxemburger Straße ....*links 27 Häuser*
Nonnenstrombergstraße..*unbebaut*
Ölbergstraße..*rechts drei Häuser*
Petersbergstraße...........................*links drei Häuser, rechts sechs Häuser*
Rhöndorfer Straße.......................................*rechts sechs Häuser*
Siebengebirgsallee.............................*links acht Häuser, rechts 20 Häuser*
Stenzelbergstraße ....*unbebaut*

* Seinerzeit nicht einmal im Adressbuch erwähnt.
Quelle: Hans-Michael Becker: Äbte, Kies und Duffesbach

DIE STÄDTISCHEN NATURSCHUTZGEBIETE

LINKSRHEINISCH	RECHTSRHEINISCH
Rheinaue Worringen – Langel	*Oberer Mutzbach, Kiesgruben*
Rheinaue Langel – Merkenich	*Am Grünen Kuhweg und Am*
An der Ziegelei (Chorweiler)	*Hornpottweg (alle Dünnwald)*
Chorbusch (Worringen/Chorweiler)	*Thielenbruch und Thurner Wald*
Worringer Bruch	*Kiesgrubensee Gremberghoven*
Flittarder Rheinaue	*Langeler Auenwald*
Kiesgrube Am Ginsterpfad (Nippes)	*Königsforst*
Am Vogelacker (Rodenkirchen)	*Wahner Heide*
Sürther Aue – Godorfer Hafen	*Scheuerbachsenke (Porz)*
Kiesgruben Meschenich	*Kiesgrube Wahn*

• DER BLICK DER FREMDEN XII •

»Gelacht wird sehr viel; ja ich möchte sagen, dass die Freude und das Lächerliche die Hauptzüge des hiesigen Gesellschaftsgeistes sind.«
ERNST VON SCHILLER, 1893

• DER TONNENPARAGRAPH •

1985 verabschiedete die Stadt Köln eine neue Straßenordnung. Gemäß Paragraph 7, Absatz 2 war plötzlich ein altes Gewohnheitsrecht für Obdachlose abgeschafft worden: das Durchsuchen von öffentlichen Mülleimern nach Pfandflaschen. Obwohl nie angewendet, wurde der Passus im März 2005 noch einmal verschärft: Fünf Euro sollte fürderhin berappen, wer nur in einem solchen Behälter wühlte. Entnahm er ihm womöglich eine Pfandflasche, drohte die Verdopplung der Strafe. Eine Bürgerinitiative, die »Aktion Hammelschreck«, machte durch Öffentlichkeitsarbeit und eine Unterschriftensammlung mobil gegen diese widersinnige Maßnahme. Und sie hatte Erfolg! Im September 2005 wurde der Tonnenparagraph ohne Gegenstimmen entschärft. Er verbietet nun nicht mehr die Entnahme, sondern nur noch die Verstreuung von Abfall. Im Amtskölnisch lautet er wie folgt:

»DAS VERSTREUEN VON GEGENSTÄNDEN,
DIE ABFALLBEHÄLTERN ALLER ART, SAMMELBEHÄLTERN
ZUR RÜCKGEWINNUNG VON ROHSTOFFEN
ODER BEHÄLTNISSEN FÜR STREUGUT ENTNOMMEN
WURDEN, IST UNTERSAGT.«

Zum Vergleich einige mit Ordnungsstrafen belegte Delikte aus dem frühen 19. Jahrhundert:
· Unterlassenes Anzünden der Laterne vor einer Bierschänke
· Ausschütten von Wasser aus dem Fenster auf die Straße
· Auspumpen von stinkendem Wasser auf die Straße
· Schlechte Leitung eines Fuhrwerks*
· Fahren mit einer Schiebekarre über den Neumarkt
· Rauchen auf der Straße aus ungedeckter Pfeife**
· Hinfahren von Koth auf einen Platz zwischen bewohnten Häusern
· Ehrenrühriges, ruhestörendes Straßen-Lärmen***

* War zudem mit zwei Tagen Gefängnis verbunden.   ** Verbunden mit der Konfiskation der Pfeife.   *** Plus drei Tage Gefängnis.
Quelle u.a.: Heinz Weber (Hg.): In alten Zeitungen geblättert

WARUM NIPPES IM AUSLAND LIEGT

»Ihr gemeines Bürgerpack! Ich werde euch zerschmettern, aber lieber
verlasse ich Deutschland und gehe nach Nippes!«

Die Drohung soll der berühmte »Maler Bock« (1822–78) ausgestoßen
haben, dieweil er sich mal wieder beschimpft oder drangsaliert fühlte.
Im richtigen Leben hieß das stadtbekannte Original Heinrich Peter
Bock, ging keiner geregelten Arbeit nach und kleidete sich jenseits jedes
damals konformen Stils: mit Pluderhose, Federhut und langem Haar.
Die Meinung, dass Nippes nicht in Deutschland liege (und schon gar
nicht zu Köln gehöre), vertraten seinerzeit noch andere. Vermutlich hat
auch der Maler Bock nur eine längst gängige Redewendung aufgegriffen,
die ein typisches Vorurteil der Stadtmenschen spiegelt.

DIE KÖLNER RÖDERZEICHEN

Die Röder waren zuständig für die Vermessung von Weinfässern. Mit
Schnur und Rute bestimmten sie den Inhalt jedes einzelnen Fasses, ver-
merkten die Ergebnisse in den Eichbüchern und versahen das Gebinde
mit einer Marke, dem so genannten Röderzeichen bzw. der Ritzung. Die
Kölner Röder – erstmals 1310 erwähnt – waren städtische Angestellte,
hatten einen (Röder-)Eid abzulegen und waren hoch angesehen.
Entsprechend wurden die Zeichen der »Kölner Ritzung« überall anerkannt, in den Niederlanden genauso wie in England und Skandinavien.
Werte oberhalb der Ohmzeichen werden subtrahiert, unterhalb addiert.

Die Zeichen

∇ 1 Fuder oder 6 Ohm	C ⊃ ⌐ 1/2 Ohm oder 13 Viertel	∣ 1 Viertel
—— 1 Ohm oder 26 Viertel	O ∨ ∧ 5 Viertel	

Beispiele

1 Ohm 21 Viertel   2 Ohm 21 Viertel   4 Ohm 10 Viertel   6 Ohm 22 Viertel   7 Ohm

7 Ohm 1 Viertel   7 Ohm 3 Viertel   7 Ohm 5 Viertel   7 Ohm 5 Viertel   8 Ohm

Quelle: Karlheinz Ossendorf: »Sancta Colonia« als Weinhaus der Hanse

→ DIE RIPUARISCHEN WURZELN DES KÖLSCHEN ←

Wer mit einem Geburtskölner über dessen Heimatstadt redet, wird irgendwann hochtrabend gesagt bekommen: »Eigentlich sprechen wir ja Ripuarisch!« Und wenn es ganz dicke kommt, wird das Gegenüber von der »Benrather Linie«* schwärmen. Das klingt nämlich geheimnisvoll und nach mythenumwobener Abstammung. Auf Nachfrage wird man dann jedoch höchstens noch erfahren, dass die Ripuaren ein fränkischer Volksstamm waren und Benrath in Düsseldorf liegt. Genau genommen verhält es sich folgendermaßen:

Ripuarisch – auch Ripwarisch oder Rheinisch genannt – ist eine kontinental-westgermanische Dialektgruppe. Die Grenzen des Dialektgebiets reichen von der angesprochenen Benrather Linie im Norden bis Siegen im Osten und Aachen im Westen. Im Süden stimmt die Dialektgrenze relativ genau mit der Landesgrenze Nordrhein-Westfalens südlich von Bad Honnef überein. Ein schmaler Streifen im Norden von Rheinland-Pfalz wird allerdings noch dazugerechnet, so die Region Bad Neuenahr-Ahrweiler in Rheinland-Pfalz. Ripuarisch wird oder wurde auch in einem kleinen Teil des deutschsprachigen Belgien gesprochen (das erst 1918 zu Belgien kam).

Die Kölsch-Dialekte des Ripuarischen sind am bekanntesten. Die übrigen Dialektvarianten weisen meist die Bezeichnung »Platt« in ihrem Namen auf, so das »Öcher Platt« oder »Eischwiele Platt«. Das Ripuarische ist mit dem Moselfränkischen verwandt, weist aber auch Gemeinsamkeiten mit niederrheinischen Dialekten auf, was es zu einem Übergangsdialekt macht. Der historisch nächste Verwandte des Ripuarischen ist das Südlimburgische in den Niederlanden und Belgien, das sich aber durch die Staatsgrenze vom Ripuarischen entfernt und auf das Niederländische zubewegt hat.

* Als »Benrather Linie« wird die Sprachgrenze zwischen den norddeutschen Regionalsprachen (Niederdeutsch) und dem hoch- bzw. mitteldeutschen Sprachraum bezeichnet. Die gedachte Linie verläuft von Benrath nach Osten in Richtung Magdeburg und Berlin.
Im Zuge der 2. Lautverschiebung der germanischen Sprachen (um 500 n. Chr.), welche die norddeutschen Gebiete nicht mitmachten, kam es entlang dieser Linie zur Trennung der westgermanischen Sprachen. Die Sprachgruppen südlich der Benrather Linie entwickelten sich zu Hochdeutsch, während sich die anderen westgermanischen Sprachen (Englisch, Niederfränkisch/Niederländisch, Niedersächsisch und Friesisch) weniger veränderten.
Die Benrather Linie wird auch »Maken-Machen-Linie« genannt – nach der Lautverschiebung von maken zu machen. In den letzten Jahrzehnten ist sie auf dem Gebiet der ehemaligen DDR nach Norden »gewandert«, sodass nun in Sachsen-Anhalt und großen Teilen Brandenburgs weitgehend ein vom ostmitteldeutschen Thüringisch-Obersächsisch und dem Lausitzischen beeinflusstes Hochdeutsch gesprochen wird. Bis etwa zum Zweiten Weltkrieg wurde im Norden des Landes vor allem die ostniederdeutsche Sprache gesprochen.
Quelle: Wikipedia

DIE GRÜNDUNGSBULLE DER UNIVERSITÄT
(1. SATZ)

In supreme dignitatis apostolice specula superni dispensatione consilii licet immeriti constituti ad universas fidelium regiones nostre vigilantie creditas earumque profectus et commoda tanquam universalis gregis dominici pastor commisse nobis speculationis aciem, quantum nobis ex alto permittitur, extendentes, fidelibus ipsis ad querendum litterarum studia et scientie margaritam, cuius, dum invenitur, gloriosa est possessio et fructus suavissimi, per quam pelluntur ignorantie nubila ac erroris eliminata caligine mortalium curiosa solertia suos actus et opera disponit et ordinat in lumine veritatis, per quam etiam divini nominis fideique catholice cultus protenditur, iustitia colitur, tam publica quam privata res geritur utiliter omnisque prosperitas humane conditionis augetur.*

* Was Papst Urban VI. da am 21. Mai 1388 verkündete, bedeutet auf Deutsch:
Wir, die wir auf die Warte der höchsten apostolischen Würde durch die Fügung des himmlischen Ratsschlusses, wenn auch unwürdig, gesetzt sind, richten auf alle Länder der Gläubigen, die unserer Wachsamkeit anvertraut sind, und auf deren Vorteil und Wohlergehen gleichsam als oberster Hirte der Herde des Herrn den Blick der uns übertragenen Ausschau, damit dieselben Gläubigen streben mögen nach den Studien der Wissenschaften und der Perle der Weisheit, deren Besitz, wenn man sie findet, herrlich ist und deren Früchte sehr süß sind, durch die die Wolken der Unwissenheit vertrieben werden und, indem die Dunkelheit des Irrtums beseitigt wird, die sorgsame Geschicklichkeit der Sterblichen ihre Handlungen und Werke einrichtet und ordnet im Licht der Wahrheit, durch die auch die Verehrung des göttlichen Namens und des katholischen Glaubens verbreitet, die Gerechtigkeit gepflegt, die Sache der Allgemeinheit und des Einzelnen vorteilhaft betrieben und alles Gedeihen der menschlichen Natur vermehrt werden.

BERÜHMTE SCHÜLER DES KELLER-THEATERS

Michael Degen
Eberhard Feik
Jürgen Flimm
Helmut Griem
Gudrun Landgrebe
Heiner Lauterbach
Susanne von Medvey
Elmar Nettekoven
Max Schautzer
Til Schweiger
Hella von Sinnen

EINE MICHAEL-JACKSON-REPORTAGE
AUF KÖLSCH

Dat wor ene Samstach. Ich han bei minge Frünt jeschloofe, dä es och Mai-kel-Dschäksen-Fään. Un ben isch da halt zo däm na Huss jefaare un han jesaat: »*Hör ens, d'r Maikel es hee.* Summ'r hük ovent net ens nam Haiet-Hotel faare?« *Meint-e:* »*Nää, esch han keinen Bock*«, *un suu,* »*dä es bestimp-at fott.*« *Jo, un dan han esch en örjentwie hab-esch jeschaft, den zu überreden. Un dan simm'r dann halt dahinjefaare, on da koome m'r do aan. Stande unjefähr hundert bes hundertfuffzesch Fäns standen dann do, all Plakate jemaat, han jesunge, vun däm e paar Leeder han se imitiert, on erjendwann so öm halver zehn koom dann so ne Typ aan, meint'r:* »*Hööd-ens, Maikel wor bereits en Rudekeesche es'r jewääse, un'r wööt jätz jede Moment wööt'r aankumme.*«

Un nachher es'r dann – däm singe Pressesprecher es'r aanjekumme un hät jesaat: »*Ier künnt jetz nohm Fenster loufe, er kütt glisch. Weet'r üsch ens zowinke*«, *un all sujet. Un dann koome m'r halt do aan, stunt'r schon am Fenster, hät uns zojewunke, mier natürlisch all am kriesche. Un da koom dan ene Pochtjee erunder on hät jesaat:* »*Hör ens, wenn'r Jeschänke oder Breefjer oder Plüschdier all sujet hat, jiff dat mir, isch brenge dat däm hu.*« *Un dann kom dan halt eine op die glorreische Idee un hät jesaat:* »*Wenn isch mir en ruut Schleif öm de Bouch binge un mir e Kaat en de Hoor stecke, nems-e misch dann och med-erop?*« *Sät'r:* »*Joo, isch gläuf nit, weil dat wee-t'r Maikel nit so besunders freue.*« *N'dann hamm'r dem hald-e Breefje jeschrevve un noohär simm'r dann op e Frettebud jestieje, ob-et Daach, damet m'r bess'r sin künne. On dan hamm'r dann emm'r jeschrie, un dann hät'r sesch unjefähr so zehn, zwölf Mal am Finster jezeisch, häd-ons zoje-wunke, un dann simm'r no Hus jefaare.*

Der Text stammt von einem damals (1996) 17-jährigen Kölner Schüler. Die Transkribierung wurde vom Autor anhand einer CD vorgenommen und erhebt keinerlei Anspruch auf schriftsprachliche kölsche Reinheit. Die CD wiederum ist Teil eines Forschungsprojekts zur kölschen Sprache.

Quelle: Christa Bhatt u. Markus Lindlar (Hg.): Alles Kölsch (Buch plus 4 CDs)

DER BLICK DER FREMDEN XIII

»*Laune und Scherz in Rede und Lied war der gesellschaftlichen Kreise Würze; ihnen war kein Kölner abhold.*«

ERNST WEŸDEN, 1862

—• ABSCHLÜSSE AN DER SPORTHOCHSCHULE •—

DOKTOR DER SPORTWISSENSCHAFTEN (Dr. Sportwiss.)
DIPLOM-SPORTWISSENSCHAFTLER/-IN
SPORT-LEHRER/-IN
SPORT-BA (*Bachelor*)*
Sport-MA (*Master*)*
FUSSBALLLEHRER**

* In Planung für das Wintersemester 2007/08. ** Ein Lehrgang des DFB (Deutscher Fußball-Bund).

—• DIE »KÖLNER MARK« ALS EXPORTSCHLAGER •—

Die
Mark war zunächst einmal
eine Gewichtseinheit für Münzen. Um
das Jahr 1000 herum wurde sie von schwedischen
Händlern* nach Deutschland gebracht, schon für 1050
ist sie in Köln nachgewiesen. Ein großes Problem für die
Kaufleute waren die schwankenden Maße der Mark – zwischen
186 und 281 Gramm. Nicht von ungefähr war es dann die Han-
delsmetropole Köln, deren Richtwert von 233,856 Gramm sich
durchsetzte. Die »Kölner Mark« wurde zum Vorbild für viele Städte des
Reiches, breitete sich über ganz Europa aus und war ab 1524 maßgebend
für die deutsche Reichsmünzordnung. Als Gewichteinheit bis 1857 in
Gebrauch, gewann die Mark dann nach der Gründung des deutschen
Reiches 1871 entscheidende Bedeutung als Kompromissmünze. Um
Streitigkeiten zwischen dem preußisch-norddeutschen Taler- und dem
süddeutschen Guldenblock zu vermeiden, entschied man sich per
Reichsgesetz vom 4.12.1871 für die »Reichsmark« (RM, zu 100
Pfennigen) als neue Währung. Die weitere Geschichte ist weid-
lich bekannt: Die alte Reichsmark wurde zur D(eut-
schen)-Mark, die dann schließlich dem Euro wei-
chen musste, welcher nun – ähnlich der einstigen Kölner Mark – ganz Europa
reguliert.

* Die Handelsbeziehungen zwischen Köln und Nordeuropa waren seinerzeit sehr eng. Von den rund 60.000 Münzen aus 72 Münzstätten, die in Schweden gefunden wurden, stammen allein 10.000 aus Köln.

→• KLEINE CHRONIK DER JÜDISCHEN GEMEINDE •←

321 · Erste Erwähnung der jüdischen Gemeinde in einem Schreiben Kaiser Konstantins an den Rat.*

Ende 8. Jh. · Bau der Mikwe. Um 800 dann Bau der karolingischen Synagoge auf dem heutigen Rathausvorplatz.

1096 · Erster Kreuzzug. Im Mai/ Juni erreichen die plündernden und mordenden Kreuzfahrer Köln. Viele Mitglieder der jüdischen Gemeinde werden umgebracht, ihr Wohnviertel und die Synagoge zerstört.

1321 · Gegen eine jährliche Zahlung von 1.600 Mark Kölner Münze garantiert der Rat den Juden Freiheit an Körper und Besitz.

1349 · Pestpogrome. Der Ausbruch der noch unbekannten Krankheit wird den Juden angelastet (»Brunnenvergifter«). Am 23./24. August wird das jüdische Viertel zerstört, beinahe sämtliche Bewohner werden ermordet.**

1372 · Den Juden wird wieder gestattet, sich in Köln anzusiedeln.

1404 · Die Kölner Judenverordnung reglementiert in 24 Vorschriften Kleidung und Verhalten.

1424 · Der Rat beschließt die Ausweisung der Juden.***

1798 · Das erste jüdische Ehepaar erhält von der französischen Stadtverwaltung die Erlaubnis, nach Köln zu ziehen.

1801 · Noch immer unter französischer Herrschaft gründen 18 Familien die erste jüdische Gemeinde der Neuzeit in Köln.

1899 · Einweihung der Synagoge in der Roonstraße.

1938 · Während des Novemberpogroms werden 800 jüdische Männer verhaftet. Synagogen, Geschäfte und Wohnungen werden geplündert und zerstört.

1941-44 · Etwa 8.000 jüdische Menschen werden vom Bahnhof Deutz-Tief aus deportiert.

1945 · Eine kleine Gruppe Überlebender gründet schon am 29. April die Kölner Gemeinde neu.

1959 · Einweihung der wieder errichteten Synagoge Roonstraße am 20. September.**** Gründung der Bibliothek Germania Judaica.

1965 · In Köln wird am 24. August die erste israelische Botschaft in der BRD eröffnet.

1979 · Am 6. August Besiegelung der Städtepartnerschaft Köln – Tel Aviv-Yafo.

2005 · Die Synagogengemeinde Köln zählt über 4.000 Mitglieder.

* Dabei geht es um die Erlaubnis zur Berufung von Juden in den Stadtrat.   ** Weder die Stadt noch der Erzbischof setzen sich für die Juden ein, obwohl beide Schutzverträge abgeschlossen haben. Infamerweise erhoben nach dem Pogrom beide Seiten Anspruch auf den herrenlos gewordenen jüdischen Besitz.   *** Viele der Kölner Juden siedeln sich daraufhin in Deutz an, wo dadurch eine neue jüdische Gemeinde entsteht. Die alte Synagoge am Rathaus wird zur christlichen Ratskapelle umgebaut.   **** Schon am 24./25. Dezember des Jahres wird sie durch Schmierereien geschändet.

Quelle u.a.: Synagogen-Gemeinde Köln (Hg.): Juden in Köln

—————————• **KÖLSCHE KULTFIGUREN** •—————————

HÄNNESCHEN – Markmannsgasse
HEINZELMÄNNCHEN – Am Hof
JAN VON WERTH – Alter Markt
KALLENDRESSER – Alter Markt
KARL BERBUER – Karl-Berbuer-Platz/Scverinstraße
KARL MARX – ???*
PLATZJABBECK – Alter Markt/Portalsgasse
REISSDORF-MÄNNCHEN – Rudolfplatz/Aachener Straße**
TÜNNES UND SCHÄL – An Groß St. Martin
WILLY OSTERMANN – Ostermannplatz
WILLY MILLOWITSCH – Eisenmarkt

* Marx, der hier in den 1840er Jahren als Zeitungsredakteur wirkte, wartet bis heute auf seine Statue. 1992 erregte eine »Bürgerinitiative für die Aufstellung eines Karl-Marx-Denkmals in Köln« Aufsehen. Ihr Vorschlag: Import eines der im Osten entfernten Marx-Köpfe. Hinter der – halbernsten – Aktion steckten Mitarbeiter der Kölner StadtRevue. Sie schlug wochenlang Wellen bis ins Regierungspräsidium hinein: Der damalige RP Antwerpes war sofort bereit, die Einweihung vorzunehmen.   ** Die 1968 geschaffene Leuchtreklame wird immer das »Männchen« genannt, obwohl sich dieses pausenlos mit einem Mädchen abwechselt. Entsprechend ändert sich auch der Schriftzug: Er trinkt...Sie trinkt.

—————————• **BETEILIGUNGEN DES WDR** •—————————

WDR mediagroup ....100 %
WDR Gebäudemanagement (GMG) ....100 %
Westdeutsche Programmentwicklungsgesellschaft (WPEG) ....100 %
Civis Medien Stiftung ....58 %
Film- und Theaterausstattungsgesellschaft (FTA) ....49 %
Digital Radio West (DRW) ....45 %
Filmstiftung NRW ....40 %
Deutsche Hörfunkakademie (DHA) ....33,3 %
German United Distributors (GUD) ....30 %
Der Deutsche Fernsehpreis (DFP) ....25 %
Radio NRW ....24,9 %
Europäisches Zentrum für Medienkompetenz (ECMG) ....12,5 %
Adolf Grimme Institut (AGI) ....12,1 %
ARTE Deutschland TV ....11,0 %
KölnMusik ....10,1 %
Deutsches Rundfunkarchiv (DRA) ....7,1 %
Sportrechte- und Marketing-Agentur (SportA) ....5 %
Deutsche Presse-Agentur (dpa) ....1,8 %

SPIELER DES FC, DIE ZUM »FUSSBALLER DES JAHRES« GEWÄHLT WURDEN

(1962) Karl-Heinz Schnellinger
(1963) Hans Schäfer

Toni Schumacher (1984/86)
Thomas Häßler (1989)

GEWESENE UND EXISTIERENDE KÖLSCH-SORTEN

ABD Kölsch, Agrippa Kölsch, Augustus Kölsch, Balchem Kölsch, Bartmann's Kölsch, Baums Ur-Kölsch, Belcher Kölsch, Bergisch Löwen-Bräu Kölsch, Bischoff Kölsch, Braumeister Kölsch, Bröcke Kölsch, Bürger Kölsch, Büze Kölsch, Conradin Kölsch, Cramer Kölsch, Creischer Echt Kölsch, Das 1. FC Kölsch, Dom Kölsch, Domkronen Kölsch, Dormagener Kölsch, Schreckenskammer Kölsch, Felskrone Kölsch, Früh Kölsch, Funke Kölsch, G Kölsch, Gaffel Kölsch, Ganser Kölsch, Garde Kölsch, Gatzweiler Echt Kölsch, Geißbock Kölsch, Gerda Kölsch, Gereons Kölsch, Germania Kölsch, Giesler Kölsch, Gilden Kölsch, Gildenbräu Echt Kölsch, Glocken Kölsch, Grenadier Kölsch, Hahnen-Bräu Echt Kölsch, Hänneschen Kölsch, Hansa Kölsch, Hellers Kölsch, Herzog Kölsch, Hüchelner Urstoff Kölsch,

Kalder Kölsch, Kess Kölsch, Knappen Kölsch, Kölsch, Kolter Echt Kölsch, Kontra Kölsch, Kronen Echt Kölsch, Küppers Kölsch, Kur Kölsch, Kurfels Kölsch, Kurfürsten Kölsch, Kurfürsten Maximilian Kölsch, lecker! Kölsch, Lüpges Kölsch, Martin Kölsch, Meister Kölsch, Metzmacher Rats Kölsch, Mühlen Kölsch, Neumarktbräu Echt Kölsch, Päffgen Kölsch, Peters Kölsch, Prinzen Kölsch, Rats Kölsch, Reissdorf Kölsch, Rheinisch Bürger Kölsch, Richmodis Kölsch, Römer Castell Kölsch, Römer Kölsch, Römer Prinzen-Kölsch, Rut Wiess Echt Kölsch, Schloß-Turm Kölsch, Schmitze Kölsch, Schöffen Kölsch, Sester Kölsch, Severins Kölsch, Sion Kölsch, Stecken Kölsch, Stern Kölsch, Stolz Kölsch, Sudhaus Kölsch, Sünner Kölsch, Treppchen Kölsch, Ubier Kölsch, Winnetou Kölsch, Zunft Kölsch*

* Die Aufreihung mag auf den ersten, nüchternen Blick ein bisschen stumpf wirken. Aber wenn man sie sich laut und melodisch vorliest – oder auch möglichst schnell – wird daraus ein veritabler Spaß.
Quelle: Achim Stump, stump-koeln.de

• FRINGS UND DAS FRINGSEN •

Am 31. Dezember 1946 verkündete der Kölner Kardinal Frings
in seiner Predigt zur Jahresschlussandacht: Unschuldig in Not geratene
Menschen sollen das Recht haben, sich das zu nehmen, was zum Erhalt
ihres Lebens und ihrer Gesundheit zwingend notwendig ist.
Die Anspielung galt vor allem dem so genannten »Klüttenklau«, also den
Kohlendiebstählen der notleidenden Nachkriegsbevölkerung. Wer weiterhin
heruntergefallene Kohlen einsammelte, sprach fortan von »fringsen«.
Wenig bekannt ist, dass der beliebte Kardinal seine Erlaubnis
des Mundraubs noch einmal leicht revidierte: Auf Bitten der Besatzungs-
macht hin gab er eine Pressemitteilung zur »Erörterung der Grenzen
der Selbsthilfe« heraus. Aber sie war – wohl ganz im Sinne des Erfinders –
nicht harsch genug formuliert, um dem Fringsen ein Ende zu setzen.

• DIE WURZELN DER WEIBERFASTNACHT •

Der offizielle Festplatz des »Möhnentags«* ist der Alter Markt. Es waren die dortigen Gemüsehändlerinnen, die traditionell einen separaten Karnevalstag feierten. Als »Weiberfastnacht« taucht er schriftlich zum ersten Mal 1824 auf, damals auch »Patronats-Tag der Weiber« genannt. Seine Ursprünge liegen jedoch vermutlich deutlich weiter zurück, möglicherweise entwickelte sich die Feier aus antiken Frauenfesten. Die eintägige Umkehr der Herrschaftsverhältnisse zelebrierten bereits die alten Römer: Jeweils am 17. Dezember trugen die Herrschaften ihren Dienern auf, durften sich die Sklaven und Sklavinnen in hoheitliche Schale werfen und große Reden führen. In Köln spielte sich der Machtwechsel hingegen zwischen Männern und Frauen ab: Einmal im Jahr, so heißt es in alten Quellen, schmissen die Frauen die Pfanne beiseite und rissen sich gegenseitig die Häubchen vom Kopf – offenes Haar durfte eigentlich ab der Hochzeit nicht mehr öffentlich gezeigt werden. Auch Männern wurde der Hut entwendet, ein Brauch, der sich heute auf Polizeikappen beschränkt. In den 1920er Jahren schließlich bürgerte es sich ein, Männern an Wieverfastelovend die (phallische) Krawatte abzuschneiden. Während also der Karneval insgesamt der Kirche und der Obrigkeit abgetrotzt wurde, bildet die Weiberfastnacht ein Subsystem dieser einmaligen »Auflehnung«. Danach, so ist es dem Brauch eingeschrieben, sei alles wieder beim Alten und die (Unter-)Ordnung wieder hergestellt.

---

* Der Ausdruck »Möhne« bezeichnete früher wahrscheinlich Muhmen, Hebammen, auch ganz allgemein die alten Mütterchen aus der Nachbar- und Verwandtschaft, die bei Geburten und Todesfällen ihre Aufwartung machten.

EINE CHRONIK DER APO-BEWEGUNG

Außerparlamentarische Opposition, '68, Studentenbewegung – das sind Schlagworte, die man zuvörderst mit Berlin, Frankfurt und München verbindet. Aber auch am Rhein gab es in der zweiten Hälfte der 1960er Jahre Aktionen, Proteste und Krawalle. Hier die aufsehenerregendsten:

21.–24.10.1966 · DIE KVB-SCHLACHT
Als im Oktober '66 über 6.000 Jugendliche am Neumarkt zusammenkommen, stehen Köln die gewaltsamsten Auseinandersetzungen der Nachkriegszeit bevor. Anlass: geplante Fahrpreiserhöhungen um 25 % (Erwachsene) bzw. 52 % (Schüler und Studenten) bei den Verkehrsbetrieben. Die Demonstranten blockieren Bahnen, die zum Teil aus den Gleisen springen. Die Polizei reagiert auf Eier- und Tomatenwürfe mit Knüppeln, Reiterstaffeln und Wasserwerfern. Auch in den nächsten Tagen gehen die Proteste weiter.[*]

24.4.1967 · »EIN VOLK TRAUERT«
Nach dem Tod Adenauers klebt eine Gruppe des Kölner SDS (Sozialistischer Deutscher Studentenbund) Plakate, die den einen, großen Toten den bislang 400.000 vietnamesischen Opfern des dortigen Krieges gegenüberstellen. Gegen Ende der Aktion werden die Studenten von Taxifahrern verfolgt und zusammengeschlagen.

28.5.1967 · DER SCHAH-BESUCH
Der für Willkür und Folter berüchtigte iranische Geheimdienst SAVAK hat auf der Bonner Straße seine Deutschlandzentrale. Anlässlich des Schah-Besuchs in Köln[**] wird dieser auf Plakaten des Mordes angeklagt. Einer der Plakatierer wird daraufhin wegen »Beleidigung eines ausländischen Staatsoberhauptes« vor Gericht zitiert.

3.2.1968 · DAS GRÖSSTE SIT-IN
Gut 3.000 Studierende versammeln sich zu einer Demonstration für mehr Mitbestimmung an der Universität. Sie waren einem Aufruf des SDS gefolgt, der die heiße Phase des Uni-Kampfes einläuten sollte.

13.4.1968 · AKTION GEGEN DIE BILD-ZEITUNG
400 Demonstranten blockieren den Verlag von DuMont Schauberg, um die Auslieferung der BILD-Zeitung zu verhindern. Zwei Tage zuvor war Studentenführer Rudi Dutschke bei einem Attentat schwer verletzt worden. Der Täter gab später zu, durch die ständige Hetze von BILD zu seiner Aktion animiert worden zu sein.[***]

30.5.1968 · PROTEST GEGEN DIE NOTSTANDSGESETZE

Das Hauptgebäude der Universität wird mit Brettern verbarrikadiert. Rechte Studenten setzen Feuerwehrschläuche gegen ihre Kommilitonen ein, ein Byzantinistik-Professor greift die Blockierer gar mit dünnflüssigem Teer an.****

22.8.1968 · DEMONSTRATION GEGEN DIE OKKUPATION DER TSCHECHOSLOWAKEI

Zwei Tage nach dem Einmarsch des Warschauer Paktes in Prag protestieren SDS und Republikanischer Club vor der russischen Handelsmission Ecke Aachener Straße und Gürtel. Gewaltsame Räumung durch die Polizei.

23.11.1968 · BESETZUNG DES UNIVERSITÄTSREKTORATS

Als eine neue Disziplinarordnung vom Senat nichtöffentlich beraten werden soll, besetzen 100 Studierende das Rektorat. Die Glastür wird mit Hammerschlägen geöffnet, das Rektorzimmer bleibt drei Tage besetzt.

14.2.1970 · »KÖLN IST EIN ARSCHLOCH«

In der Kunsthalle soll an diesem Tag der städtische Kunstpreis verliehen werden. Kurz nach Beginn der Feier stürmen zwei Männer den Saal und vernebeln ihn mit Staubfeuerlöschern. Der Maler Jörg Immendorf sprüht den Satz »Köln ist ein Arschloch« an die Wand. Die Aktion ist der Höhepunkt des jahrelangen Kampfes gegen die staatliche Kontrolle der Kunst.

12.5.1970 · DIE SCHLACHT AM AMERIKAHAUS

Von zahlreichen Aktionen gegen den US-amerikanischen Einmarsch in Kambodscha während des Vietnamkriegs war dies die größte. Am Amerikahaus fliegen Steine, Schaufenster gehen zu Bruch. Die Polizei reagiert überhart, auch Unbeteiligte werden zum Teil erheblich verletzt. Trauriger Höhepunkt ist ein Angriff der polizeilichen Reiterstaffel, die mitten in den Pulk der Demonstranten prescht.

---

* Im Express reagiert OB Burauen mit einem offenen Brief, der kopfloser Empörung Luft macht. Auszug: »Das waren (...) Gammler und sonstige Müßiggänger, die auf Kosten unserer Gesellschaft leben (...). Köln lebt und besteht auch ohne die, die mit unserer Stadt unzufrieden sind: Wir können auf eine ganze Reihe von ihnen ganz gern verzichten!«   ** »Ein duftender Teppich frischen Grüns wird (...) Schah Reza Pahlavi und seine Kaiserin Farah Diba in Köln zum gladiolengeschmückten Rathausportal geleiten. Innen werden 1.000 Rosen in lachsrot, rosa und gelb die Eingangshalle dekorieren«, schreibt der Stadt-Anzeiger. *** Verleger Alfred Neven DuMont hatte den Protest auf dem Firmengelände gestattet. Der Springer Verlag kündigt sofort den Druckauftrag. Den Job übernimmt daraufhin – Geld stinkt nicht – das SPD-eigene Druckhaus Deutz.   **** »Ich bin sportlich und habe die Muskeln spielen lassen«, erklärt Herr Rubin später seinen merkwürdigen Einsatz.
Quelle: Kurt Holl, Claudia Glunz: 1968 am Rhein

• DAS POLITISCHE NACHTGEBET •

Am 1. Oktober 1968 fand in der evangelischen Antoniterkirche das erste »Politische Nachtgebet« statt.* An die 1.000 Menschen zwängten sich in das Gotteshaus, um politischen Texten zu lauschen und zu diskutieren. Die Aktion war derart erfolgreich, dass zahlreiche Städte die Idee übernahmen. Die Kölner Themen von 1968 bis '71 decken nahezu vollständig die damals die Gesellschaft bewegenden Themen ab:

1) CSSR – Santo Domingo – Vietnam
2) Diskriminierungen
3) Wir – schuldige Christen. Buße 1968
4) Strafvollzug – noch/zu human?
5) Teufelskreis Entwicklungshilfe
6) Glaube und Politik
7) Wo kreuzigen wir Christus heute?
8) Alarmzeichen Griechenland
9) Mitbestimmung
10) Studenten
11) Politisches Nachtgebet vor den Wahlen
12) Schüler – Lehrlinge
13) Diktatur des Kapitals
14) Weihnacht, Weihnacht über alles
15) Indonesien, Massenmord im Paradies
16) Demokratie in der Kirche
17) Scandalum crucis – es ist nicht vollbracht
18) Kriegsdienst – Friedensdienst
19) Trautes Heim. Fürsorge-erziehung in der BRD
20) Kinder klagen an. Sie schlagen und sie küssen es
21) Konflikte von heute – Modelle für morgen?
22) Vereint leben – getrennt glauben. Mischehe – Chance oder Unglück?
23) Obdachlosigkeit: Eine Stadt aus der Randperspektive
24) Evangelium und wirtschaftli-che Mitbestimmung
25) Kirchensteuer für Revolutio-näre – Kirchensteuer für Kolonialherrschaft?
26) Emanzipation der Frauen

* Ursprünglich war die katholische St.-Peter-Kirche vorgesehen gewesen. Aber Kardinal Frings untersagte die Veranstaltung, nachdem er die Texte des geplanten Gebets gelesen hatte. Quelle: Kurt Holl, Claudia Glunz: 1968 am Rhein

• DER BLICK DER FREMDEN XIV •

»Der Charakter hat eine große Gutmütigkeit bei tüchtiger Derbheit und Gradheit, alles dies mit eigentümlichem Witz und Humor übergossen, den man nicht beschreiben kann, sondern der schlichtweg der kölnische heißen muss.«

ERNST MORITZ ARNDT, 1804

──• RIEHLER MIT SPRECHENDEN NAMEN •──

Erdbeerfrosch ⌇ Flossensauger ⌇ Goldbaumsteiger
Leopardbärbling ⌇ Nashornleguan ⌇ Palettenbader
Schachbrettbuntbarsch ⌇ Tannenzapfenfisch ⌇ Zebraseenadel

Alle wohnhaft Riehler Straße 173.

──• KUNSTDEPOTS IM ZWEITEN WELTKRIEG •──

Bereits am 1. September 1939, dem Tag des Überfalls auf Polen, verließen die ersten Kunstschätze Köln. Die Museen wurden geschlossen, wenig später jedoch wieder – begrenzt – geöffnet: Die abrupte Schließung hatte bei der Bevölkerung Unmut und Angst ausgelöst. Bis in den November 1944 hinein wurden Kölner Museumsbestände über ganz Deutschland verteilt. Eine Liste der wichtigsten Depots mag verdeutlichen, wie aufwendig diese Sicherungsexporte waren:

SCHLOSS BRONNBACH *bei Wertheim an der Tauber*
FESTUNG EHRENBREITSTEIN *in Koblenz*
SCHLOSS HARKOTTEN *im Münsterland*
SCHLOSS GAIBACH *bei Würzburg*
SCHLOSS HOHENZOLLERN *bei Hechingen/Württemberg*
SALZBERGWERK *Kochendorf**
KUCKUCKSSTADT/*Sachsen***
SCHLOSS HOLTZENSTEIN *bei Regensburg****
SCHLOSS LANGENAU *bei Nassau an der Lahn*****
SCHLOSS OBERAUDORF *bei Rosenheim*****

Trotz aller Rettungsmaßnahmen war die Bilanz nach Kriegsende verheerend. Erste Bestandsaufnahmen ergaben 25 % Verluste beim Rautenstrauch-Joest-Museum, 50 % bei der Römischen und Germanischen Abteilung des Wallraf-Richartz-Museums******. Besonders schlimm hatte es das ehemalige Museum für Naturkunde getroffen: 95 % seiner Bestände waren zerstört.

* Hier lagerten u.a. die Sammlungen des Hauses der Rheinischen Heimat, des Historischen Archivs, des Naturkunde-, Schnütgen- und des Ostasiatischen Museums.   ** Teile des Rautenstrauch-Joest-Museums.   *** Teile des Kunstgewerbemuseums.   **** Bilder des Wallraf-Richartz-Museums.   ***** Hier waren die kostbarsten Exponate der Römisch-Germanischen Sammlung untergebracht.   ****** Das Römisch-Germanische gab es damals noch nicht als eigenständiges Haus.
Quelle: Jost Düllfer: »Wir haben schwere Zeiten hinter uns«

DIE HEINZELMÄNNCHEN – KÖLSCH ODER PREUSSISCH?

August Kopisch wurde 1799 in Breslau geboren und starb 1853 in Berlin. 1836 schrieb er das berühmte Gedicht von jenen guten Gnomen, die nachts alle Arbeiten erledigen, die die Menschen tags hatten liegen lassen. So viel steht fest, und auch, dass die Kölner dieser Legende 1899 einen zentral gelegenen Brunnen widmeten. Aber schmücken sie sich auch nicht mit fremden Federn? Hat Kopisch wirklich die Domstadt gemeint?

DAFÜR SPRICHT DAGEGEN SPRICHT

DAFÜR SPRICHT	DAGEGEN SPRICHT
· *dass es einen Vorläufer der Sage von 1826 mit deutlichem Köln-Bezug gibt.**	· *dass Kopisch den Titel »Die Heinzelmännchen zu Cölln« wählte. Denn in Köln bevorzugte man seinerzeit die antifranzösische Schreibweise mit »K«.****
· *dass es zu einem Preußen wie Kopisch passen würde, die Rheinländer als faule Säcke zu verhöhnen.***	· *dass der Dichter zwar unter anderem in Dresden, Wien, Prag und Neapel**** lebte, nie jedoch in Köln.*
· *dass das im Gedicht geschilderte Laisser-faire dem Ruf Kölns entspricht.*	· *dass Kopisch im heutigen Berlin Mitte wohnte, wo es im Mittelalter ein Dorf namens Cölln gab.*
· *dass wahr sein muss, was wahr sein soll.*	

* Ernst von Weyden: »Cöln's Vorzeit – Geschichten, Legenden und Sagen«. In der entsprechenden Erzählung fehlt allerdings noch das Motiv der Erbsen. Dass auch von Weyden Köln mit einem Anfangs-C schreibt – nun ja (s. Anm. ***).   ** Das ist ohnehin ein interessanter Aspekt: Die Ballade, mit der die Kölner ihre Trägheit bzw. die »gute, alte Zeit« feiern, war ursprünglich als Spottgedicht angelegt.   *** Nach dem Ende der Franzosenherrschaft 1814 kämpfte die Stadt um ihr Anfangs-K. Das C war wegen frz. »Cologne« verhasst, wurde aber von der preußischen Post trotz allen Widerstands beibehalten. Um 1900 wurden sogar wissenschaftliche Gutachten in Auftrag gegeben: Ein C vor einem Vokal werde im Deutschen wie ein Z gesprochen, besagten diese, und »Zöln« sei doch nun wirklich historischer Unfug. Aber Kaiser Wilhelm II. blieb bockig. Erst mit dem 1.2.1919 hieß es wieder offiziell: Köln.   **** Nebenbei ist Kopisch auch der (Wieder-)Entdecker und Namensgeber der Blauen Grotte auf Capri.

DER BLICK DER FREMDEN XV

»Bei der angeborenen Zugänglichkeit des Kölners ist ein Abschließen in streng gesonderte Kasten viel weniger vorhanden, als dieses in anderen großen Städten so vielfach wie unangenehm bemerkbar wird.«

PH. M. KLEIN, 1863

━━━━• HANDWERK UND STRASSENNAMEN •━━━━

Die meisten Handwerke konnte man im Mittelalter einem bestimmten Stadtviertel, einer Straße oder gar dem Teilabschnitt einer solchen zuordnen. Manches hat sich bis heute in den Kölner Straßennamen erhalten. Einige Beispiele:

⁓

FLEISCHMENGERGASSE
eine Straße der Fleischer; hieß so bereits im 14. Jahrhundert.

FRIESENSTRASSE
Standort friesischer Kaufleute.*

GLOCKENGASSE
Glockengießer; auch Geschirr- und Geschützgießer;
hieß bereits im 12. Jahrhundert »Cloknergasse«.

LEYSTAPEL
Leyendecker, die seit dem 14. Jahrhundert
die Leyen (Schieferplatten) aus der Eifel bearbeiteten.

PERLENGRABEN
Loh- und Weißgerber, »Perle« ist eine Umbildung
von Pelle = Fell, meint also Fellgraben.

SCHILDERGASSE
Wappenmaler, ab dem 12. Jahrhundert nachgewiesen.**

SEIDMACHERINNENGÄSSCHEN
Seidenstickerinnen und Haubenmacherinnen,
vom 14. bis 16. Jahrhundert befand sich hier eine Tuchhalle.

SPIELMANNSGASSE
entweder Spielleute oder Wollweber; die Straße hieß bis 1976
»Spulmannsgasse«.

ULRICHGASSE
Töpfer, im Kölner Raum wurden sie auch »Auler« oder »Euler«
genannt. Eine Eule wiederum ist im Kölschen eine Ül.

UNTER GOLDSCHMIED
Goldschmiede; seit 1401 lag hier ihr Gaffelhaus.

WAIDMARKT
Hier boten Waidhändler ihre Ware feil. Aus dem Pflanzenstoff
gewann man das Indigo für das berühmte »Kölner Blau«.

---

* Friesen und Niederländer, die den Wasserweg nach Köln genommen hatten, siedelten in der damaligen Frisingasse (13. Jh.) in der Nähe des Heumarkts.   ** Demgegenüber hieß Kölns zweite große Einkaufsmeile, die Hohe Straße, auf einem Teilabschnitt »Unter Pfannenschläger«. Hier saßen die Kupfer- und Blechschmelzer, ihre Kessel wurden bis nach Paris exportiert.

4711 UND DIE ANDEREN HAUSNUMMERN

Am 6. Oktober 1794 wurde Köln von den Franzosen besetzt. Eine der ersten Amtshandlungen des Generals Daurier: Er ließ die Häuser mit Nummern versehen*, deren berühmteste die 4711 wurde. Fortan bestand Köln aus acht Quartieren, die sich wie folgt aufteilten:

ERSTES QUARTIER
Severinsviertel bis zur Rheingasse,
Nr. 1–980

ZWEITES QUARTIER
Markt- und Martinsviertel bis zur
Neugasse, Nr. 981–1739

DRITTES QUARTIER
Hohe-Straßen- und Rathausviertel,
Nr. 1740–2106

VIERTES QUARTIER
zwischen Budengasse und Eigelsteintor
östlich des Eigelsteins, Nr. 2107–3184

FÜNFTES QUARTIER
westlich vom Eigelstein,
Nr. 3185–4189

SECHSTES QUARTIER
nördlich der Schildergasse bis zur
nordwestlichen Stadtmauer, Nr. 4190–5343

SIEBTES QUARTIER
zwischen Schilder- und Sternengasse bis zur
Stadtmauer bei St. Mauritius, Nr. 5344–6446

ACHTES QUARTIER
südlich der Sternengasse bis zum Severinstor,
Nr. 6447–7404

Das heißt jedoch nicht, dass in Köln seinerzeit genau 7.404 Gebäude standen. Kirchen und öffentliche Gebäude erhielten nämlich Bruchzahlen, die sich an den benachbarten Häusern orientierten.

---

* Die Idee war übrigens nicht so revolutionär, wie sie in Köln gerne gehandelt wird. Im 18. Jahrhundert hatten bereits andere deutsche Städte Hausnummerierungen vorgenommen, und auch die Kölner waren auf dem Weg dorthin. Am 19. März 1785 hatte der Rat beschlossen, die Stadt zum Wohle des Fremdenverkehrs durchzunummerieren. Vier Jahre später wiederholte man den Beschluss. Dass es bis zum Einmarsch der Franzosen nichts damit wurde, deutet auf eine überzeugungsschwache Obrigkeit hin.
Quelle: Helmut Signon: Alle Straßen führen durch Köln

• DIE SCHIELENDE SEITE •

Die beliebteste Theorie zur Herkunft des Ausdrucks »Schäl Sick« lautet folgendermaßen:
In vorindustrieller Zeit mussten sämtliche Schiffe flussaufwärts gezogen werden. In Köln geschah dies durch Treidelpferde auf der linken Rheinseite. Die Tiere wurden durch die vom Wasser reflektierten Sonnenstrahlen geblendet. Deshalb begannen sie auf ihrem dem Wasser zugewandten Auge zu schielen, was auch einseitig montierte Sonnenschutz-Scheuklappen nicht verhindern konnten. Nach diesen Pferden nannte man die ihrem schielenden (»schälen«) Auge gegenüberliegende Seite die »Schäl Sick«. So häufig diese Erklärung auch wiederholt wird, es sprechen ein paar ganz simple Fakten gegen sie:

1) Das »schäle« Auge der Pferde wäre – beim linksrheinischen Trotten flussaufwärts – das linke gewesen. Die »Schäl Sick« dieser Tiere war demgemäß also gerade nicht die rechte Seite, sondern die linke.

2) Die »Treidel-Deutung« setzt voraus, dass nur auf der linken Seite des Flusses getreidelt wurde. Es existieren jedoch historische Belege für rechtsrheinische Treidelpfade, z.B. in Porz-Ensen und in Mülheim.

3) Wären die Treidelpferde von reflektierten Sonnenstrahlen geblendet worden, dann sicherlich nicht nur auf einem Auge. Man denke nur an den Wasserspiegel, den die Tiere bei jeder Flusskrümmung vor sich hatten.

4) Die Pferdemedizin sagt heutzutage: Es sind keine Augenkrankheiten bekannt, die durch grelles Licht ausgelöst werden. Pferde sind nie sonnengeblendet und nie schneeblind!

5) Gegenüber von Deutz wurden die Schiffe gar nicht von Pferden, sondern von Menschen, den so genannten Schiffsziehern, geschleppt. Pferdeleinen hätten sich in den Masten der vor Köln liegenden Schiffe sofort verheddert.

Quelle: Heinz Dick u. Theo Hoch: Ooßeköpp op d'r Schäl Sick

• SUPERLATIVE DES DOMS VI •

DIE FENSTER: Der Kölner Dom besitzt die größte Fensterfläche aller Kirchen der Welt. Auf über 10.000 m² erstrecken sich Glasmalereien aus sechs Jahrhunderten. Annähernd so groß ist nur die Fensterfläche der Stefanskathedrale in Metz, die 6.500 m² einnimmt.

DER LEBENSLAUF DER STADTMUTTER

Agrippina die Jüngere war die Tochter des Feldherrn Germanicus und von Agrippina der Älteren. Geboren wurde sie am 6. November 15 n. Chr. im Oppidum Ubiorum, dem heutigen Köln, das ihr seinen Namen verdankt. Denn auf ihren Wunsch hin wurde die Siedlung 50 n. Chr. zur Kolonie ernannt und hieß fortan ihr zu Ehren »Colonia Claudia Ara Agrippinensium«. Im Jahre 28 n. Chr. heiratete Agrippina Gnaeus Domitius Ahenobarbus, dem sie den späteren Kaiser Nero gebar. Zwölf Jahre darauf verbannte sie ihr wahnsinniger Bruder Caligula wegen einer Verschwörung, aber Agrippina war so gewieft wie mutig: Zunächst setzte sie durch, dass ihr Onkel Claudius sie nach der Hinrichtung seiner dritten Frau Messalina nach Rom zurückholte und heiratete. Sodann ließ sie sich den Titel »Augusta« (Kaiserin) verleihen und sorgte dafür, dass anstelle von Claudius' Sohn Britannicus ihr Filius Nero zum Thronfolger aufstieg. Schließlich ließ sie ihren Ehemann 54. n. Chr. vergiften* und Nero zum Kaiser ausrufen. Fünf Jahre lang regierte sie Rom mit Hilfe von Neros Erzieher Seneca. Im Jahre 59 n. Chr. jedoch wurde sie mit ihren eigenen Mitteln geschlagen: Nero, ihr Sohn, ließ sie in Baiae bei Rom ermorden.

* Dass der Giftmord auf die Kölner Stadtmutter zurückgeht, ist nicht ganz unumstritten. Die meisten Quellen berufen sich auf den römischen Historiker Tacitus. In seinen *Annales* schreibt er: »Sie entschied sich für ein ganz ausgezeichnetes Gift, das zunächst den Verstand verwirrte und den Tod erst nach einiger Zeit herbeiführte. (...) Alles wurde bald so bekannt, daß zeitgenössische Schriftsteller berichtet haben, das Gift sei in ein Pilzgericht, seine (Claudius) Lieblingsspeise, geträufelt worden. Die Wirkung des Giftes sei aber nicht sofort bemerkt worden, weil man sich nicht darauf verstand oder sie auf die Trunkenheit des Claudius zurückführte. Zugleich schien ein Durchfall die Wirkung abzuschwächen. Da erschrak Agrippina. Und weil alles auf dem Spiele stand, kümmerte sie sich nicht um den schlechten Eindruck, den ihr Handeln im Augenblick machen musste, sondern zog den schon längst eingeweihten Arzt Xenophon hinzu. Dieser soll dem Claudius, als wolle er ihm durch Erbrechen Erleichterung schaffen, mit einer Feder, die mit einem rasch wirkenden Gift bestrichen war, in den Hals gefahren sein. Er wusste, dass es zwar gefährlich sei, sich zu solch verruchten Freveltaten herzugeben, dass aber andrerseits der Erfolg belohnt werde.«

GRENZREGIONEN

WORRINGEN

LÖVENICH   WAHNHEIDE

GODORF/LIBUR

———— • DIE HIERARCHIE DER PRINZENGARDE • ————

Geschäftsführender Vorstand	Erweiterter Vorstand
～	～
Präsident	Vertreter des Fußkorps
Kommandant	Vertreter des Reiterkorps
Schatzmeister	Vertreter des Reservekorps
Schriftführer	Vertreter des Corps à la suite*
Sonderbeauftragter	Kooptierende Mitglieder

* »À la suite« war bis 1918 ein Ehrentitel des deutschen Heeres. Der Ausdruck bezeichnete eine Truppe ohne feste Aufgaben, vergleichbar dem einstigen »Gefolge« des Königs oder der heutigen »Entourage« eines Stars.

———— • DIE BEKANNTESTEN AUSLÄNDER • ————
IM GEISSBOCK-TRIKOT

Name	Geburtsjahr	Beim FC von/bis	Pflichtspiele	Tore
Frans de Munck*	1922	1950–54	113	2
Zlatko »Tschik« Cajkovski**	1923	1955–58	57	6
Coşkun Taş	1935	1959–61	28	9
Roger van Gool***	1950	1976–80	127	42
Yasuhiko Okudera	1952	1977–81	94	21
Tony Woodcock****	1955	1979–82 u. 86–88	155	46
Morten Olsen*****	1949	1986–89	88	2
Flemming Povlsen	1966	1987–90	80	20
Andrzej Rudy	1965	1989–95	134	14
Toni Polster******	1964	1993–98	168	88
Pablo Thiam	1974	1994–98	100	4
Sunday Oliseh	1974	1995–97	55	4
Dorinel Munteanu	1968	1995–99	141	24

* Der erste FC-Legionär nach dem Krieg kam aus Holland. Spitzname des Torwarts und Publikumslieblings: Der Schöne Frans. Wechselte zum FC, weil man ihn in seiner Heimat für ein Jahr gesperrt hatte. Der Grund: De Munck soll fürs Fußballspielen Geld genommen haben. ** Kehrte 1961 als Trainer zurück und führte die Kölner in derselben Saison zu ihrer ersten Deutschen Meisterschaft. Auch 1973–76 noch einmal FC-Trainer. *** Der Belgier war 1976 der erste Millioneneinkauf der Bundesliga-Geschichte. Gewann mit dem FC zunächst den Pokal und im Jahr darauf das Double. **** Woodcock hatte Köln mit Nottingham Forrest aus dem Europapokal-Halbfinale geschossen, bevor er für 2,5 Mio. DM an den Rhein wechselte. ***** Der Däne war schon 37, als er ins Geißbocktrikot schlüpfte, aber nichtsdestotrotz ein überaus wertvoller Lenker der Defensive. Kehrte 1992 als Trainer zurück und blieb knapp vier Jahre. ****** Kein anderer Ausländer errang in Köln einen solchen Kultstatus wie der Stürmer aus Österreich. Schoss oft zwei Tore in einem Match, daher auch sein Zweitname »Doppelpack«. Wechselte dann jedoch ausgerechnet zum Erzrivalen Borussia Mönchengladbach.

• ANNO ANNO 1074 •

Erzbischof Anno II. gilt als der große Kirchengründer, unter anderem weihte er St. Georg und St. Jakob. Seit seinem Amtsantritt 1056 herrschte er über Köln, das damals noch vom Klerus regiert wurde. Aber er war beim hiesigen Volk nicht sehr beliebt, und so kam es 1074 zum Eklat: Für den Bischof von Münster ließ Anno ein Kaufmannsschiff beschlagnahmen, das den Gast nach Hause bringen sollte. Der Kahn war jedoch gerade frisch beladen, und der Sohn des Eigners widersetzte sich Annos Befehl. Der Disput erregte großes Aufsehen, und mithilfe des umstehenden Volkes vertrieb der Kaufmann des Erzbischofs Büttel. In der Folge zog ein aufgebrachter Haufen vor Annos Palast, es flogen Steine, die Residenz wurde regelrecht belagert. Anno fürchtete um sein Leben und musste sich in Sicherheit bringen. In der ersten Panik flüchtete er sich in den Dom. Über verschiedene Schleichwege gelangte er schließlich in ein Haus direkt an der Römermauer und floh von dort aus der Stadt. Das Mauerloch, durch das er angeblich kroch, ist noch heute zu besichtigen: Es befindet sich in der Tiefgarage am Dom.

—• EIN PAAR SEHR WELTLICHE DOMFIGUREN •—

Heutzutage werden in der Dombauhütte verwitterte Figuren durch identische Duplikate ersetzt. So mancher frühere Dombaumeister ließ seinen Steinmetzen allerdings weitaus freiere Hand bei der Gestaltung. Wer suchet, der findet im Labyrinth des Domdaches deshalb unter anderem die folgenden, sehr weltlichen Figuren:

· eine Kreuzblume mit den Köpfen von General de Gaulle, Harold MacMillan, John F. Kennedy und Nikita Chruschtschow
· zwei Kicker vom FC mit Ball*
· ein Mahnmal für die im Ersten Weltkrieg gefallenen Werkleute der Dombauhütte, gekrönt vom Haupte Hindenburgs
· ein Fialenkapitell mit Selbst- und Kollegenbildnissen von Handwerkern der Dombauhütte
· den ehemaligen Betriebsratsvorsitzenden der Dombauhütte, Heinrich Wingender, als Wasserspeier
· ein Dreigestirn mit Prinz, Bauer und Jungfrau, ein Funkemariechen und einen ganzen Veedelszoch.

*Für die Fußball-WM 2006 wurden die Figuren nachgebaut, um als Kölner WM-Maskottchen zu dienen. Die Arbeit ist ursprünglich von 1966, aber der Linke der beiden sieht aus wie Kölns 70er-Jahre-Goalgetter Dieter Müller.

• DIE RHEINSEILBAHN •

Für die Bundesgartenschau errichtet, ist sie bis heute die einzige einen Fluss überquerende Seilbahn Deutschlands. Betrieben wird sie von der Kölner Seilbahn-Gesellschaft, einer Tochter der KVB.
Einige Daten:

Kabinen..50
Fahrstrecke...............................935 m
Inbetriebnahme*.........................26.4.1957
Durchmesser Tragseil..................45 mm
Durchmesser Zugseil ....22 mm
Tragkraft Tragseil.....................230.280 kg
Tragkraft Zugseil........................30.000 kg
Stützenhöhe linksrheinisch................36,4 m
Stützenhöhe rechtsrheinisch ....50,3/34 m
Passagiere seit 1957**.........................rund 14 Mio.
Kapazität pro Stunde.....................max. 2.000 Personen

* 1963 wegen Bau der Zoobrücke umgesetzt und 1966 wiedereröffnet. ** Und das bis heute völlig unfallfrei! Die Rheinseilbahn ist somit Kölns sicherstes Verkehrsmittel.

• STRASSEN, AUTOS, UNFÄLLE •

STRASSEN
Insgesamt..2.602 km
Davon Autobahnen ....235 km
Bundesstraßen..139 km
Landstraßen...174 km
Kreisstraßen...113 km
Gemeindestraßen ....1.941 km
Längste Straße: Militärring.................................21 km

KRAFTFAHRZEUGE		UNFÄLLE	
Private Pkw*	354.935	Insgesamt	35.690
Gewerbliche Fahrzeuge	55.157	Mit Sachschaden	31.394
Motorräder**	35.285	Mit Personenschaden	4.296
Autos pro 1.000 Einwohner***	401	Mit Todesfolge	20

* Sämtliche Angaben beziehen sich auf das Jahr 2004. ** Die Zahl der gemeldeten Krafträder ist in den letzten Jahren deutlich stärker nach oben geschnellt als die der Autos: Von 14.776 im Jahre 1990 über 26.013 sechs Jahre später bis zum hier angezeigten Stand. *** Den höchsten Schnitt hat dabei der Stadtbezirk Rodenkirchen mit 468 auf 1.000. Den niedrigsten Kalk mit 328.

• ZWEI ACHSEN •

Neusser Landstraße
Neusser Straße
Ebertplatz
Eigelstein
Marzellenstraße
Dom
Hohe Straße

Aachener Straße – Hahnenstraße – Neumarkt – Cäcilienstraße – Pipinstraße – Deutzer Brücke – Deutzer Freiheit – Deutz-Kalker-Straße – Kalker Hauptstraße – Olpener Straße

Hohe Pforte
Waidmarkt
Severinstraße
Chlodwigplatz
Bonner Straße
Verteilerkreis
A 555

• DIE BÜRGERMEISTER VON DEUTZ •

WILHELM FRANZ NEUHÖFFER *1808–42*
GERHARD SCHAURTE *1842–67*
ROBERT REICH *1867–88*

Dass die Deutzer es auf immerhin 80 selbstständige Jahre brachten, haben sie Napoleon zu verdanken. 1808 verlieh er der alten Römerfestung das Stadtrecht.* Im November 1811, bei seinem zweiten Aufenthalt in Köln, überquerte der Kaiser sogar den Rhein, um Deutz einen Besuch abzustatten. Ein halbes Jahr später sollte er zu seinem verheerenden Russland-Feldzug** aufbrechen, der das Ende seiner Herrschaft einleitete. Für Deutz jedoch änderte sich zunächst nicht viel. Die auf Napoleon folgenden Preußen beließen das Stadtrecht unangetastet. Erst 1888 war es vorbei mit der Freiheit: Am 1. April des Jahres unterzeichnete Bürgermeister Reich die Eingemeindungsurkunde, die Deutz wieder an Köln band.

* Zum Vergleich: Mülheim war bereits seit 1322 eine unabhängige Stadt und verlor diesen Status erst bei der widerwilligen Eingemeindung 1914.   ** An dem auch rund 300 Kölner teilnahmen.

• EIN KÖLSCHER ZUNGENBRECHER •

KANALLJEVÜJJELSCHESZÜNGELSCHESZÜPPSCHESZÄUSJE

Kanarienvogelzungensuppenbrühe

Quelle: Prof. Heribert A. Hilgers, Universität zu Köln

• DENKWÜRDIGE SENTENZEN •
KONRAD ADENAUERS

· *Machen Sie sich erst einmal unbeliebt, dann werden Sie auch ernst genommen.*

· *Nehmen Sie die Menschen, wie sie sind, andere gibt's nicht.*

· *Wir sind alle Sünder. Und das Beste ist, die Sünden aufrichtig zu bereuen, dann aber auch wirklich zu vergessen.*

· *Natürlich achte ich das Recht. Aber auch mit dem Recht darf man nicht so pingelig sein.*

· *In der Politik geht es nicht darum, Recht zu haben, sondern Recht zu behalten.*

· *Die Erfahrungen sind wie die Samenkörner, aus denen die Klugheit emporwächst.*

· *Ich bin ja mit dem lieben Gott so weit einverstanden, aber dass er der Klugheit Grenzen gesetzt hat und der Dummheit nicht, das nehme ich ihm wirklich übel.*

· *Die Weltgeschichte ist auch die Summe dessen, was vermeidbar gewesen wäre.*

· *Ehrungen, das ist, wenn die Gerechtigkeit ihren guten Tag hat.*

· *Alle menschlichen Organe werden irgendwann müde, nur die Zunge nicht.*

· *Mit kleinen Jungen und Journalisten soll man vorsichtig sein. Die schmeißen immer noch einen Stein hinterher.*

· *Alles, was die Sozialisten vom Geld verstehen, ist die Tatsache, dass sie es von anderen haben wollen.*

· *Wer Berlin zur neuen Hauptstadt macht, schafft geistig ein neues Preußen.*

· *Wir leben alle unter dem gleichen Himmel, aber wir haben nicht alle den gleichen Horizont.*

· *Man muss die Dinge so tief sehen, dass sie einfach sind.*

· *Wer sich ärgert, büßt die Sünden anderer Leute.*

· *Wer die Rheinländer kennt, der weiß genau, dass sie nicht übermäßig höflich sind, wenn sie auch so tun. Ich bin Rheinländer.*

· *Was kümmert mich mein Geschwätz von gestern.*

Und schließlich noch ein aufschlussreicher Dialog mit dem englischen Premierminister: Churchill: *Sie sind der größte deutsche Staatsmann seit Bismarck.* Adenauer: *Das will nicht viel heißen, Sir Winston.*

KÖLSCHE ABSCHIEDSLITANEI

Atschüss*, maat et jot, ich muss jonn.
Kutt jot heim, bess demnähx, bess die Dääch.
Ich maach mich fott, bin ald durch de Düür,
ävver Eines es klor: Niemals geht man so ganz.
Bye bye my love,**
M'r sieht sech.

* In dieser alten Form wird umso deutlicher, woher das Wörtchen stammt: von frz. »Adieu«
nämlich.   ** Imi-Spruch, von den Bläck Fööss eingekölscht.

ERSTE ZUGABE
DAS GESÜNDESTE GETRÄNK DER WELT

Immer wenn auf der Welt mal wieder nichts los ist, graben die Kölner
Zeitungen irgendeinen Wissenschaftler aus, der bezeugt, wie gesund das
hiesige Bier sei. Hier nur die gängigsten (Vor-)Urteile:

Kölsch löscht den Durst.
Kölsch beruhigt Magen und Darm.
Kölsch spendet Kalorien, ohne dick zu machen.
Kölsch beruhigt die Nerven und macht friedlich.
Kölsch hebt die Stimmung.
Kölsch hilft gegen Nierensteine.
Kölsch fördert durch seinen Hopfenanteil die Entschlackung.
Kölsch ist reich an Vitamin B.
Kölsch enthält wertvolle Mineralien.
Kölsch ist kochsalzfrei und trägt deshalb zur Entwässerung bei.
Kölsch beeinflusst den Blutdruck günstig.
Kölsch vermindert das Herzinfarkt-Risiko.
Kölsch regt den Schlaf und Appetit an.
Kölsch ist flüssiges Brot.
Kölsch passt zu beinahe jeder Speise.
Kölsch passt zu allen klaren Schnäpsen.
Kölsch verschönert den Teint und ist der Intelligenz zuträglich.
Im Kölsch steckt das Herzblut echter kölscher Brauer.
Brauhäuser sind die besten Apotheken.

• ZWEITE ZUGABE •
ZEHN SÄTZE ZUM SCHLUSS

Die Kriterien für die Aufnahme von Informationen in dieses Sammelsurium waren die folgenden: Sie mussten dem Autor

1) völlig unbekannt oder
2) vor mindestens zehn Jahren entfallen sein. *

Nicht alle Fragen, die im Laufe der Arbeit auftauchten, konnten eindeutig geklärt werden. Denn an manchen Stellen ist der Kölner Dschungel so dicht, dass keine Machete ihn zu lichten vermag. Und womöglich sind auch nicht alle Antworten richtig, die dieses Buch gegeben hat.** Leser und Leserinnen, die auf Fehler gestoßen sind, sollten ihre Entdeckungen nicht für sich behalten! – Autor und Verlag sind für jede Berichtigung*** dankbar.****

---

* Als dritter Punkt sei noch die Freude genannt, einen altbekannten Sachverhalt endlich einmal kurz und knapp und übersichtlich präsentiert zu bekommen.   ** Stand der Erkenntnis ist durchweg, falls im Text nicht anders vermerkt, der 1.1.2006.   *** Zu senden an: koelnersammelsurium@netcologne.de   **** Dabei fällt mir ein: Für die Initialzündung bedanken möchte ich mich bei den Damen Lübbeke, Naumann und Thoben.
Quelle: Bernd Imgrund

● REGISTER ●